科尔沁左翼中旗蒙古族语言使用现状及其演变

The Status Quo and Evolution of Language Use of Mongolian in Mid-banner Left Wing of Horqin

主编　哈斯额尔敦

副主编　波·索德　马志坤　高莲花

Editor in Chief　Hasi Erdun

Associate Editors　Bo Suode　Ma Zhikun　Gao Lianhua

戴庆厦　审订

Reviewer　Dai Qingxia

作者　哈斯额尔敦　波·索德　马志坤　高莲花
包淑梅　铁梅

Authors　Hasi Erdun　Bo Suode　Ma Zhikun
Gao Lianhua　Bao Shumei　Tie Mei

商务印书馆
创于1897　The Commercial Press

2012年·北京

图书在版编目(CIP)数据

科尔沁左翼中旗蒙古族语言使用现状及其演变/哈斯额尔敦主编. —北京:商务印书馆,2012
(新时期中国少数民族语言使用情况研究丛书)
ISBN 978-7-100-08681-3

Ⅰ.①科… Ⅱ.①哈… Ⅲ.①蒙古语(中国少数民族语言)—语言调查—调查研究—科尔沁左翼中旗 Ⅳ.①H212

中国版本图书馆CIP数据核字(2011)第212606号

KĒ'ĚRQÌN ZUǑYÌ ZHŌNGQÍ MĚNGGǓZÚ YǓYÁN SHǏYÒNG XIÀNZHUÀNG JÍQÍ YǍNBIÀN
科尔沁左翼中旗蒙古族语言使用现状及其演变
哈斯额尔敦 主编

商 务 印 书 馆 出 版
(北京王府井大街36号 邮政编码 100710)
商 务 印 书 馆 发 行
北京瑞古冠中印刷厂印刷
ISBN 978-7-100-08681-3

2012年6月第1版 开本 787×1092 1/16
2012年6月北京第1次印刷 印张 17½ 插页 1
定价: 48.00元

课题组成员

（前排从左到右：哈斯额尔敦、波·索德；后排从左到右：高莲花、马志坤、包淑梅、铁梅）

前　言

本课题是中央民族大学“985 工程”创新基地项目，于 2007 年 11 月立项。我们课题组一行于 2008 年 5 月和 7 月赴内蒙古自治区通辽市科尔沁左翼中旗（以下简称科左中旗）进行了近两个月的田野调查，获得了大量的第一手资料。2008 年年底，写出了初稿。于 2009 年 3 月，又赴科左中旗补充了一些材料，并向当地有关领导和人员征求了对初稿的修改意见。

本课题参考了戴庆厦教授主编的《基诺族语言使用现状及其演变》，吸收和引用了该书的许多观点和提法，特此说明，并向戴庆厦教授和该书的作者表示谢意。

本课题用国际音标记音，但是为了简便起见，用浊音标记不送气辅音，用清音标记送气辅音。

在本课题田野调查和编写的过程中，得到了当地许多部门的领导和干部的大力支持和帮助。他们是：内蒙古民族大学校长王顶柱、副校长吉日木图，通辽市副市长道尔吉、布仁特古斯，通辽日报社副总编吴金刚，科左中旗副旗长李寿江、宣传部长徐长春、民族事务局局长吴青山、副局长孟常青及工作人员九月、扎拉嘎呼，巴彦塔拉镇党委书记徐峰、镇长张宝兵、副镇长包海英及工作人员刘彬、李强，花胡硕苏木书记韩占峰、苏木达张勒、副苏木达额布日勒图，宝龙山镇党委书记时建国、镇长高利民及副镇长文慧杰及镇政府工作人员刘秦虎、贾立才、闫海宏。通辽日报社阿古拉、青艳，内蒙古民族大学研究生月梅、其日麦拉图、梅花、孔春艳和敖敦其其格等，还参加了田野调查工作。在此向他们表示诚挚的感谢。

由于种种原因，书中一定存在不足之处，请读者谅解并指正。

作　者

2011 年 7 月 1 日

于北京

目　　录

Contents

第一章 绪 论

第一节 研究目的和意义

语言是民族的一个重要特征。语言的使用和变化与民族的发展和变化息息相关。语言也是文化的一个重要组成部分，与民族的历史、习俗、宗教等密切相关。语言是历史范畴，随着社会的发展和变化而不断发展和变化。任何一个民族都会十分关心自己的语言状况及其发展的前途。

蒙古族有悠久的历史和文化传统，有优美的语言和古老的文字。蒙古族在我国有近500万人口（2007年统计），分布在内蒙古、辽宁、吉林、青海、甘肃、黑龙江、新疆和北京等地，其中内蒙古自治区有约400万人。

内蒙古自治区通辽市（原哲里木盟）科尔沁左翼中旗（俗称达尔罕旗）蒙古族语言属于我国蒙古语东部方言（也称科尔沁—喀喇沁—巴林方言）的科尔沁土语。学者们过去的研究侧重于科尔沁土语的语音、语法和词汇等内容。对他们的语言使用现状及其演变，进行调查研究的人不多，出版发表的论著也不多，主要有《科尔沁土语演变与发展趋势研究》①和《消除科尔沁混合话，为语言的纯洁健康而奋斗》②、《产生混合话的原因》③、《关于如何净化民族语言问题》④等论著。

科尔沁左翼中旗（以下简称科左中旗）是我国蒙古族中人口最多的一个旗，人口约39万。科尔沁土语在我国蒙古语方言土语中占有重要地位。使用科尔沁土语的人口最多，约有200余万，分布也很广，分布在内蒙古自治区通辽市、兴安盟和吉林省、黑龙江省。

科左中旗历史悠久，文化底蕴深厚，是蒙古族的发祥地之一。最先踏上科左中旗的科尔沁蒙古人是元太祖成吉思汗二弟哈布图哈萨尔的第十七代孙、奎蒙克塔斯哈喇的第四代孙莽古斯。科左中旗是较早开垦的地方。从18世纪中叶起，关内汉民逐渐流入当地开垦。至清朝光绪三年（1877年），随着清廷封禁政策的撤销，土地开垦面积进一步扩大。现在，科左中旗农业人口仍占多数。科左中旗文化教育较为发达。当地蒙古语受汉语影响较大，语言中汉语借词较多；很多蒙古人蒙汉兼通，甚至有人称当地人的话为“混合话”。

因此，考查研究科左中旗蒙古族语言使用的状况及其演变，准确地了解、估量他们的语言

---

① 图力古尔、波·索德等：《科尔沁土语演变与发展趋势研究》，内蒙古人民出版社，2008年8月。

② 陶高：《消除科尔沁混合话，为语言的纯洁健康而奋斗》，《蒙古语文》，1981年第2期。

③ 德力格尔：《产生混合话的原因》，《蒙古语文》，1982年第1期。

④ 莫·陶克陶夫：《关于如何净化民族语言问题》，《中国蒙古学》，2008年第3期。

使用现状，预测科左中旗蒙古族语言乃至整个蒙古语今后的发展趋势，对双语研究、对科尔沁土语和蒙古语方言土语的研究，以及推广蒙古语标准语具有重要的理论意义和现实意义。

第二节 科左中旗概况

一 科左中旗基本情况和蒙古族的人口、分布及历史沿革

科左中旗位于通辽市东部，地处内蒙古、辽宁、吉林三省交汇处，东接吉林省双辽县，南邻通辽市科尔沁左翼后旗，西连开鲁县，北与扎鲁特旗、吉林省通榆县和内蒙古兴安盟科尔沁右翼中旗接壤，距长春市180公里、沈阳市290公里，距港口城市大连500公里、天津700公里。其地域范围在东经121°08′至123°32′，北纬43°32′至44°32′之间。该旗位于松辽平原向内蒙古高原过渡地带，东西长191公里，南北宽32—116公里，西北部海拔230米，东南部海拔120米。西辽河、新开河、乌力吉木仁河三条河流贯穿旗境。属温带大陆性季风气候，四季分明。春季回暖快；夏季炎热，雨量集中，雨热同步；秋季雨少降温快；冬季寒冷。年均气温5.2℃；年均日照2906小时；极端最高气温37.8℃；极端最低气温－35.9℃；最热月平均气温24℃；最冷月平均气温－16.2℃。总土地面积9811平方公里。全旗辖18个苏木、镇、牧场，其中有11个建制镇、4个苏木、3个国有农场、512个嘎查、村。该旗以蒙古族为主体，汉族与少数民族杂居。总人口约54万人，其中农业人口44.9万人；蒙古族人口约39万人，其他回、满、朝鲜、达斡尔等15个少数民族1.3万多人。全旗各苏木、镇、牧场都有蒙古族人居住，其中珠日河牧场、宝龙山镇、巴彦塔拉镇、协代苏木、花胡硕苏木、花吐古拉镇、代力吉苏木、舍伯吐镇、巴彦塔拉牧场、架玛吐镇、白兴吐苏木、腰林毛都苏木等地蒙古族人口均占当地总人口的70%以上。科左中旗是全国县级区域蒙古族人口最多的旗。旗人民政府所在地保康镇，距通辽市区185公里。境内有大郑线、通霍线、通让线、平齐线等铁路和国道111线、303线，省道302线、304线、207线，县道461线等公路通过，交通十分便利。

科左中旗历史悠久，“科尔沁”名称来源于蒙古语“善于射箭的人或弓箭手”（音译为“科尔沁”）。“科尔沁”这个名称在《蒙古秘史》中被音译成“豁儿臣”，旁注称“带弓箭筒的”。在明末有关文献中音译成“尔慎”、“好儿趁”、“火耳趁”、“火儿慎”等。科尔沁的“科尔”一词，在《二十一卷本辞典》中有载：“用牛皮作里子的筒子，插箭所用者谓科尔”。后来，泛指弓箭为“科尔”。“科尔沁”是“科尔齐”的复数形式，“科尔齐”为带弓箭的人或带弓箭的卫士，指单数。据文献记载，成吉思汗的1000名科尔沁卫士包括在其10000名怯薛①中。设立科尔沁卫士之初，成吉思汗派弟弟哈布图哈萨尔指挥这支卫队。后来这支卫队的名称逐渐演化成一个部落名称，专指哈

① 蒙古汗国和元朝时期禁卫军，意为护卫军。

布图哈萨尔后裔。据有关学者研究,“科尔沁”这个名称到公元15世纪上半叶才成为部落名称。

科左中旗的土地是我国北方草原开发较早的地区。辽代时,设置信州彰圣军领武昌、武定两县,隶属东京道;金代,将武定划入武昌州,隶属上京路;元朝时,这里是蒙古民族的游牧地;明初,属兀良哈三卫之一。1620年之铁岭战役,内蒙古九部联军被后金努尔哈赤打败。1626年,第一代达尔罕巴图鲁亲王满珠习勒之祖父莽古斯,随同族长奥巴(图什业图亲王)归顺清朝。公元1636年(清崇德元年)封王建旗,为当时清政府的直辖旗,全称科尔沁左翼中央旗,简称科左中旗,因扎萨克是达尔罕巴图鲁满珠习勒郡王(1659年,晋和硕达尔罕巴图鲁亲王),所以也称达尔罕旗。1636年,清朝按满洲八旗制度,将漠南24个部落编为6盟49旗,科左中旗属哲里木盟。科左中旗的王公在漠南49个旗里被封为“世袭罔替”的最多。民国时期基本承袭了清朝对蒙古王公的政策,继续封王晋爵,并且保留了清朝的盟旗制,科左中旗仍然隶属哲里木盟。“九一八”事变后,日本帝国主义侵占我国东北,成立伪满洲国,设兴安省,1934年改为兴安总省,辖东、南、西、北四省,科左中旗隶属兴安南省,称东科中旗。1945年10月,科左中旗民主政府在巴彦塔拉成立,隶属辽北省。1947年5月1日,内蒙古自治区人民政府成立,同年6月,科左中旗隶属于内蒙古自治区哲里木盟管辖。

这里是清朝国母孝庄文皇后的故里,民族英雄嘎达梅林的家乡,也是著名的民歌之乡、版画之乡,以版画、民歌、马头琴为代表的璀璨民族艺术已走向世界,国际马头琴大师齐·宝力高就出生在这里。这里民风淳朴,独具草原风情的8·18哲里木赛马节每年在珠日河草原旅游区举办。

图1—1:内蒙古地图中的科左中旗

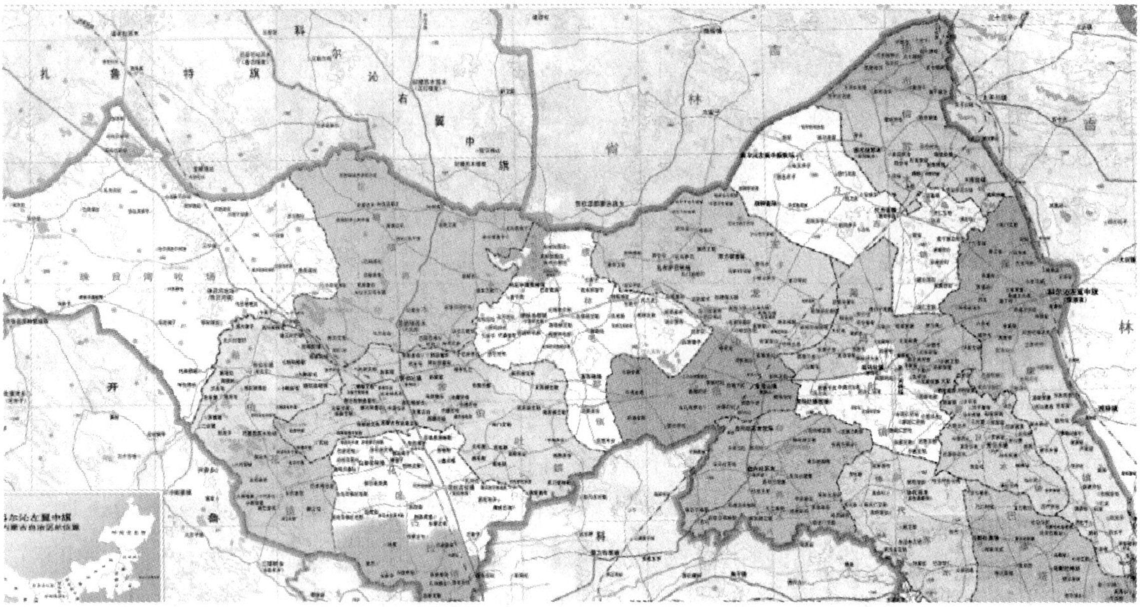

图 1—2:科左中旗地图

二　调查点镇、苏木的基本情况

科左中旗管辖 11 个镇、4 个苏木、3 个国营农牧场和一个自然保护区。我们选择了宝龙山镇、巴彦塔拉镇、花胡硕苏木的 7 个嘎查和科左中旗直属机关等 8 个调查点。这里简要介绍宝龙山镇、巴彦塔拉镇、花胡硕苏木的基本情况。

(一) 宝龙山镇基本情况

宝龙山镇位于科左中旗中部、通辽市东北部,西南与白兴吐苏木相连,北与吉林省通榆县接壤,距旗政府所在地保康镇 43 公里,距通辽市科尔沁区 68 公里。

全镇辖 48 个嘎查、4 个居委会、2 个林场、1 个牧场、1 个水库,共有 18307 户、63027 人,其中蒙古族 56161 人,占总人口的 89.1%,汉族 6239 人,其他民族 627 人。全镇总面积 157 万亩;耕地 35 万亩(其中水浇地 20 万亩);林地 20 万亩;草牧场 76 万亩;机电井有 3000 多眼。主要种植玉米、向日葵,还有高粱、豆类,粮食全年(2007 年)总产量达 1.4 亿斤;牲畜总数达 15.3 万头(只)。

宝龙山镇在乡镇、苏木机构改革时由原宝龙山镇、海力锦苏木、哈日干吐苏木和团结乡的 3 个嘎查、架玛吐镇 2 个嘎查合并而成为全旗第二大建制镇。镇内有旗中心医院等 4 家医院、1 所中等卫生学校、1 所中等职业学校、5 所中学、26 所小学,还有派出所、国土资源管理所、信用所、农电所、司法所、工商所、文化广播服务中心、林业工作站、客运站等机构。

宝龙山镇经济呈现快速发展的形势,已成为科左中旗工业重镇和农畜产品集散地,有旗、镇重点工业企业20多家；私营企业1000多家；民族传统工艺手工炒米业发展迅速，有50多家，年加工炒米3000余万斤，年销售额可达5000多万元，远销区内外；育肥牛和奶牛业具有一定规模，育肥牛年出栏超过1万头，被称为"通辽肥牛"原产地，出口香港地区及韩国，被通辽市列为秸秆养牛示范镇，日产鲜奶10吨以上；连接东北电网的220KV一次变电工程已投入运营，电力供应充足。全镇交通便利，通(通辽)让(让湖路)铁路穿过中部，有柏油公路80多公里，保(保康)开(开鲁)公路和304省道贯穿东西。镇内物产资源丰富，现已探明长焰煤储量达6000多万吨；风力资源前景可观；新开河从镇东北流向东南；西北部有"三八"水库；宝龙山工业园区是旗级工业园区，是全旗发展工业和招商引资的平台，总规划面积15平方公里。

我们选取了宝龙山镇的前查干花、后查干花和前查干吉三个嘎查作为调查点。

表1-1　宝龙山镇人口、户数、民族分布统计表(2008年)

序号	嘎查、居委会名	户数	总人口	蒙古族	汉族	其他民族
1	乌力吉吐	148	582	582		
2	立新屯	135	629	629		
3	前查干吉	79	307	280	20	7
4	西查干吉	262	1186	1186		
5	东查干吉	248	865	865		
6	前玛尼吐	320	1464	1464		
7	后玛尼吐	165	665	665		
8	东宝龙山	140	560	560		
9	西宝龙山	183	767	767		
10	嘎索克	293	1449	1449		
11	前查干花	83	332	330	2	
12	后查干花	67	280	272	8	
13	前烟灯吐	80	330	330		
14	东烟灯吐	91	405	393	12	
15	西烟灯吐	165	810	810		
16	东扎布萨日	127	638	638		
17	哲日根吐	208	1024	1024		
18	前满金敖	116	449	449		
19	中满金敖	422	1854	1854		
20	后满金敖	120	508	508		
21	王家套布	179	844	844		
22	固日本套布	180	545	545		

（续表）

23	包愣海力锦	135	648	648		
24	小哲日根吐	103	505	505		
25	毛敖海套布	120	483	483		
26	小哈日干吐	143	575	575		
27	西海力锦	126	480	480		
28	大海力锦	169	769	769		
29	东海力锦	210	1031	1031		
30	宝德乐	267	1358	1358		
31	北宝龙山	138	607	607		
32	哈布土改	280	1237	1237		
33	塔本格勒	308	1265	1265		
34	前额日吐胡硕	312	1480	1480		
35	后额日吐胡硕	178	824	824		
36	宝日罕吐	157	686	686		
37	小额伦索克	110	468	468		
38	努日木	112	446	446		
39	宁恩艾勒	521	2551	2551		
40	扎民胡都嘎	128	591	591		
41	敖林格勒	226	1014	1014		
42	红兴合	188	831	831		
43	哈日干吐	382	1688	1688		
44	格根仓	150	778	778		
45	努伦召	113	509	509		
46	白家套布	196	846	846		
47	扎布萨日	172	809	809		
48	查申艾勒	298	1319	1319		
49	工农居委会	1942	6981	4451	2530	
50	光明居委会	1458	6289	3759	2530	
51	宝通居委会	1396	5310	3010	2300	
52	宝龙山居委会	1130	4350	2020	2330	
合计		14979	63221	53482	9732	7

注：本表中未包括农牧场和自然保护区户数、人口数。

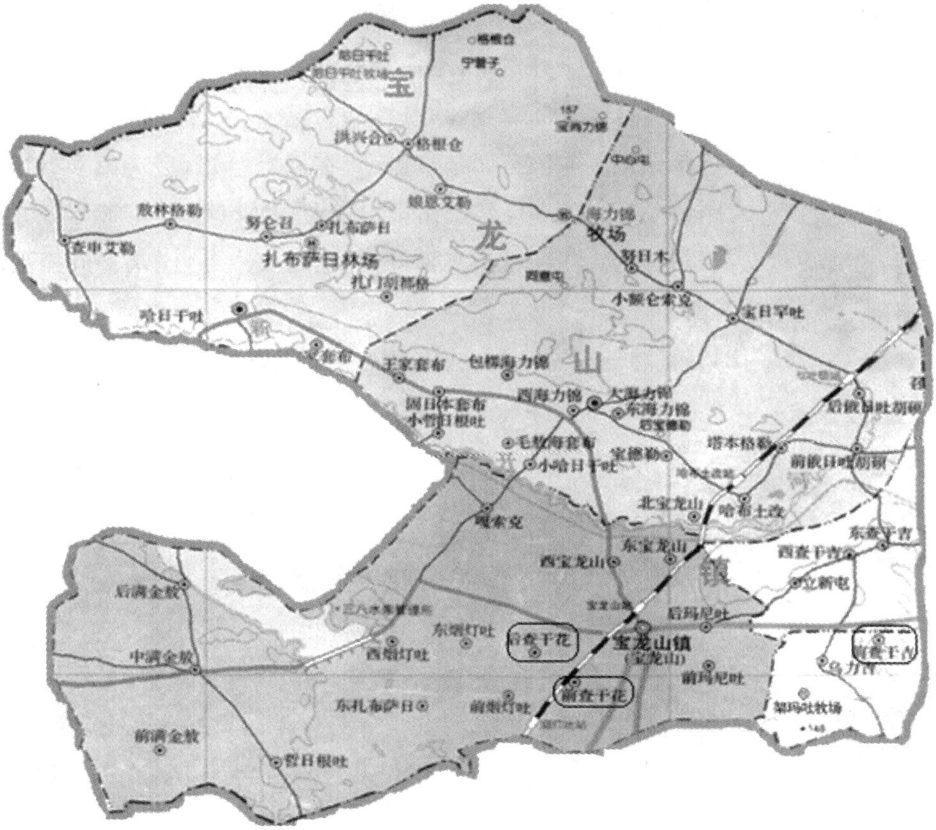

图 1—3:宝龙山镇地图

(二) 巴彦塔拉镇基本情况

巴彦塔拉镇位于科左中旗东南部,地处西辽河北岸,东与保康镇西太平、大心屯、保山屯和吉林省双辽市卧虎镇相邻,南与本旗门达镇、巴彦塔拉农场和吉林省双辽市接壤,西与本旗协代苏木、门达镇相接,北与本旗努日木镇相邻,距保康镇 60 公里,距通辽市科尔沁区 100 公里。

大约在 1882 年,清朝温都尔亲王在此建府,人们称之为温都尔府或王爷府。伪满洲国时期的东科尔沁中旗旗府就设在这里,并更名为巴彦塔拉(意为"富饶的草原")。1948 年 3 月至 1956 年 11 月科左中旗政府设在这里。2006 年,苏木、镇机构改革时,由原巴彦塔拉镇、乌苏吐苏木、额伦索克苏木合并为现在的巴彦塔拉镇。是以农业为主、农牧林相结合的一个镇。

全镇辖 45 个嘎查和 1 个林场,总户数 8145 户,总人口 32417 人,其中蒙古族 24291 人,约占总人口的 75%,汉族 8125 人,其他民族 1 人。总面积约 80 万亩,其中耕地面积 30.4 万亩,种植玉米、水稻、豆类、葵花等,年总产量 2 亿斤左右;草原面积 5.4 万亩,牲畜总数 15 万头(只)。2007 年人均收入 3750 元。

全镇有 3 所中学、19 所小学、310 名教师和 2400 名学生,有巴彦塔拉中心医院、乌斯吐医院、玛拉沁医院、二龙医院等 4 家医院,还有派出所、供电所、信用所、土地所、城建所、动物防疫站、农机站、文化站、乌斯吐林场等机构和许多民间团体。

巴彦塔拉镇自然资源和人文景观十分丰富，工业发展前景可喜。新开河与西辽河在镇内交汇，北部有自治区级乌斯吐自然保护区，有近 300 年历史的慧丰寺遗址坐落在白音温都嘎查内。投资 1.2 亿元的内蒙古恒元化工有限公司于 2005 年在镇上落户，玻璃山采石场、木材加工业等企业蓬勃发展。有距镇 4 公里的 303 线公路国道。七（七棵树）乌（乌斯吐）公路贯穿镇政府所在地，已建成巴彦塔拉至迷力、胡都嘎至乌斯吐、满达哈至乌斯吐、乌斯吐至玻璃山、二龙至谢家窑等 72 公里沙石路。

我们选取了巴彦塔拉镇的敖日其格、乌斯吐、宝日花三个嘎查作为调查点。

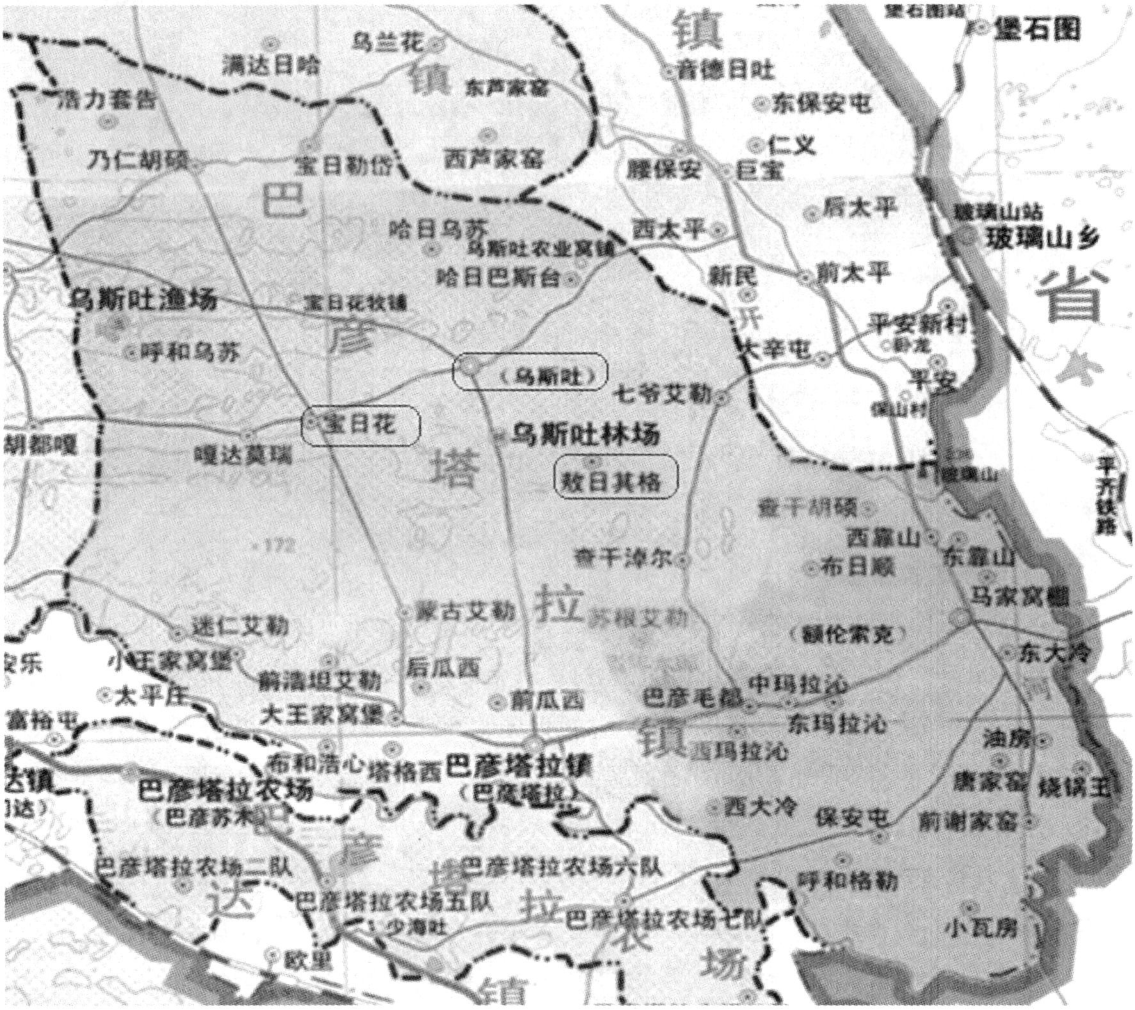

图 1—4：巴彦塔拉镇地图

表 1-2 巴彦塔拉镇人口、户数统计表(2008年)

序号	嘎查名	户数	总人口
1	东巴彦塔拉	230	1321
2	西巴彦塔拉	176	1324
3	南巴彦塔拉	227	1269
4	北巴彦塔拉	253	959
5	前瓜西	91	424
6	后瓜西	57	306
7	蒙古艾勒	61	255
8	大王家窝堡	238	873
9	塔格西	133	461
10	布和浩心	370	1457
11	小王家窝堡	132	483
12	前浩坦艾勒	131	479
13	迷仁艾勒	185	752
14	乌斯吐	196	838
15	宝日花	264	926
16	嘎达莫瑞	160	574
17	呼和乌苏	134	550
18	浩力套告	111	486
19	乃仁胡硕	136	529
20	宝日勒岱	147	663
21	哈日乌苏	76	313
22	哈日巴斯台	68	185
23	七爷艾勒	130	475
24	敖日其格	189	779
25	查干淖尔	56	221
26	查干胡硕	68	280
27	唐家窑	138	481
28	烧锅王	160	391
29	东靠山	215	660
30	前谢家窑	366	1179
31	马家窝堡	165	336
32	油房	146	425
33	布日顺	88	389
34	额伦索克	208	967
35	西靠山	130	455
36	东大冷	311	1145
37	苏根艾勒	73	310

（续表）

38	东玛拉沁	133	534
39	小瓦房	290	1142
40	西玛拉沁	168	630
41	中玛拉沁	103	438
42	巴彦毛都	92	368
43	大瓦房	865	3543
44	保安屯	210	791
45	西大冷	192	696
46	乌斯吐林场	73	355
合计		8145	32417

表 1－3 巴彦塔拉镇民族分布表(2008 年)

序号	嘎查、村名	各嘎查村人口	蒙古族	汉族	其他民族
1	东巴彦塔拉	1321	1240	81	
2	西巴彦塔拉	1324	924	400	
3	南巴彦塔拉	1269	682	587	
4	北巴彦塔拉	959	756	203	
5	前瓜西	424	401	23	
6	后瓜西	306	298	8	
7	蒙古艾勒	255	255	0	
8	大王家窝堡	873	548	325	
9	塔格西	461	375	86	
10	布和浩心	1457	919	538	
11	小王家窝堡	483	333	150	
12	前浩坦艾勒	479	477	2	
13	迷仁艾勒	752	715	37	
14	乌斯吐	838	832	6	
15	宝日花	926	865	60	1
16	嘎达莫瑞	574	574	0	
17	呼和乌苏	550	550	0	
18	浩力套告	486	486	0	
19	乃仁胡硕	529	529	0	
20	宝日勒岱	663	663	0	
21	哈日乌苏	313	312	1	
22	哈日巴斯台	185	183	2	
23	七爷艾勒	475	459	16	
24	敖日其格	779	776	3	
25	查干淖尔	221	221	0	

（续表）

26	查干胡硕	280	271	9	
27	唐家窑	481	274	207	
28	烧锅王	391	187	204	
29	东靠山	660	209	451	
30	前谢家窑	1179	351	828	
31	马家窝堡	336	168	168	
32	油房	425	84	341	
33	布日顺	389	386	3	
34	额伦索克	967	713	254	
35	西靠山	455	168	287	
36	东大冷	1145	615	530	
37	苏根艾勒	310	301	9	
38	东玛拉沁	534	527	7	
39	小瓦房	1142	450	692	
40	西玛拉沁	630	576	54	
41	中玛拉沁	438	414	24	
42	巴彦毛都	368	352	16	
43	大瓦房	3543	2441	1102	
44	保安屯	791	521	270	
45	西大冷	696	635	61	
46	乌斯吐林场	355	275	80	
合计		32417	24291	8125	1

（三）花胡硕苏木基本情况

花胡硕苏木位于科左中旗西北部，南与本旗舍伯吐镇隔新开河相接，西北与本旗珠日河牧场和扎鲁特旗毗邻，北与兴安盟科尔沁右翼中旗好腰苏木相接，东北与吉林省通榆县接壤，距通辽市科尔沁区60公里。

全苏木辖20个嘎查，总户数4355户，总人口17195人，其中蒙古族17174人，占总人口的99.8%，汉族20人，其他民族1人。

全苏木总面积136万亩，耕地18万亩，其中水浇地9.6万亩，主要种植物玉米、豆类；草牧场53万亩，主要养殖草原黄牛、山羊等，牲畜总数达9000头(只)。是以农业和牧业相结合的半农半牧生产类型的地区。

苏木的教育、文化、卫生事业发展迅速，尤其是蒙古族教育和民族文艺发展更为突出。有1所中学，400余名学生，6所小学，其中有1所中心小学，160余名教职工和1000余名学生；所有中小学都用蒙古语授课，又增设汉语文和英文课程。有文化广播站，12个嘎查安装了有线电视收视网络，达到了“村村通”标准；以格根仓、大伙房为主的民间艺人组成的草原乌兰牧骑组织有8个。有1所卫生院，每个嘎查都有卫生室，全苏木100％的人口参加了农村牧区合作医疗，群众看病、治病有了保障。还有派出所、农机站、兽医站、供电所、信用所、土地所等机构。全苏木交通便利，通(通辽)霍(霍林郭勒)铁路和111线、304线公路国道穿境而过，11个嘎查有沙石路。境内有新开河、滞洪渠、毛林郭勒等河，有一座中型水库(乃门塔拉水库)，自然水面1.5万亩。

我们选取了花胡硕苏木的大伙房嘎查第一、二支部的307户作为1个调查点。

图1—5:花胡硕苏木地图

表1-4 花胡硕苏木人口、户数统计表(2008年)

序号	嘎查名	户数	总人口
1	大伙房	776	3358
2	巴图巴雅尔	287	1267
3	明亮	96	334
4	尚辛艾勒	293	1158
5	洪戈尔敖包	162	648
6	东珠日河茫哈	188	721
7	格根仓	330	1346
8	道本艾勒	145	570
9	南骆驼场	262	936

（续表）

10	北骆驼场	294	1086
11	敖包艾勒	295	1100
12	公恩仓	109	413
13	巴格塔拉	138	529
14	哈根庙	160	610
15	毛都艾勒	92	325
16	南乌恩查干	89	314
17	北乌恩查干	122	491
18	南柴达木	123	452
19	北柴达木	158	670
20	白音温都尔	236	867
合计		4355	17195

表 1－5 花胡硕苏木民族分布表(2008 年)

序号	嘎查名	各嘎查人口	蒙古族	汉族	其他民族
1	大伙房	3358	3349	8	1
2	巴图巴雅尔	1267	1267		
3	明亮	334	334		
4	尚辛艾勒	1158	1158		
5	洪戈尔敖包	648	646	2	
6	东珠日河茫哈	721	721		
7	格根仓	1346	1344	2	
8	道本艾勒	570	570		
9	南骆驼场	936	934	2	
10	北骆驼场	1086	1084	2	
11	敖包艾勒	1100	1098	2	
12	公恩仓	413	413		
13	巴格塔拉	529	529		
14	哈根庙	610	610		
15	毛都艾勒	325	325		
16	南乌恩查干	314	314		
17	北乌恩查干	491	491		
18	南柴达木	452	451	1	
19	北柴达木	670	669	1	
20	白音温都尔	867	867		
合计		17195	17174	20	1

(四) 旗直属机关基本情况

科左中旗直属机关共有 28 个,包括旗党政、人大、政协机关和企事业单位,还有许多人民团体。这些机关、团体都驻在保康镇。

表 1-6 科左中旗直属机关单位的人口及民族分布情况表(2008 年)

序号	单位	总人口	民族成分		
			蒙古族	汉族	其他民族
1	财政局	59	48	7	4
2	民政局	10	6	4	
3	国土资源局	15	13	2	
4	工商局	54	31	22	1
5	地税局	31	23	8	
6	邮政局	60	50	10	
7	司法局	17	11	6	
8	民委	10	10		
9	广电局	82	56	25	1
10	商务局	12	7	5	
11	国税局	36	26	10	
12	交通局	12	12		
13	法院	86	67	18	1
14	卫生局	30	13	17	
15	公安局	42	31	9	2
16	检察院	55	35	19	1
17	教体局	29	24	5	
18	组织部	20	13	7	
19	统战部	7	5	2	
20	宣传部	12	1	11	
21	旗政府办公室	51	37	14	
22	旗政协办公室	27	17	10	
23	旗纪委办公室	24	21	3	
24	旗委办公室	27	21	6	
25	人事局	20	14	6	
26	政法委	14	10	4	
27	旗人大常委机关	25	18	7	
28	统计局	17	7	10	
合计	28	884	627	247	10

表 1-7 8个调查点的民族成分及人口统计表(2008年)

调查点	户数	总人口	蒙古族	汉族	其他民族
前查干吉嘎查	79	307	280	20	7
前查干花嘎查	83	332	330	2	0
后查干花嘎查	67	280	272	8	0
旗直属机关		884	627	247	10
敖日其格嘎查	189	779	776	3	0
宝日花嘎查	264	926	865	60	1
乌斯吐嘎查	196	838	832	6	0
大伙房嘎查	776	3358	3349	8	1
合计	1654	7704	7332	353	19

第三节 科尔沁土语概况

一 科尔沁土语研究概述

科尔沁土语的调查研究可以追溯到20世纪初(1911年)出版的俄罗斯著名学者鲁德涅夫的《东蒙古诸土语资料集》。鲁德涅夫著作的第二部分“词汇试探研究”中的“语音学和形态学探讨”一节收录了东蒙古语诸土语杜尔伯特、扎赉特、后郭尔罗斯等地口语材料,同时该著作“蒙古书面语言和东蒙古诸土语比较语音学”一节里较详细地介绍了东部诸土语的语音结构的特点。

包·雅·符拉基米尔佐夫是原苏联极负盛名的蒙古学家,是鲁德涅夫的学生。他于1929年出版了其语言学研究方面的代表作《蒙古书面语与喀尔喀方言比较语法》。符拉基米尔佐夫在这部著作的绪论里划分蒙古语方言土语时,把科尔沁土语划入南蒙古语诸土语的东部土语群里。他指出:“东部土语群是内蒙古东北部居民,即哲里木盟和昭乌达盟蒙古人所使用的土语。这里住的部落有科尔沁、扎赉特、杜尔伯特、郭尔罗斯、奈曼、翁牛特等;这个土语群还可分为两个次土语群:东北次土语群,包括杜尔贝子领地、前郭尔罗斯和扎赉特的居民(的土语);东南次土语群,包括其余土语。”①

1955—1956年,中国科学院组织了两次全国性的少数民族语言方言调查工作。由北京和内蒙古自治区有关单位组成的蒙古语族语言和方言调查队,在全面调查蒙古语族语言方言时,以旗县为点对科尔沁土语进行了较系统的调查。

20世纪70年代以来,随着蒙古语方言学研究的发展,从事科尔沁土语研究的学者也逐渐

① 包·雅·符拉基米尔佐夫:《蒙古书面语与喀尔喀方言比较语法》第11页,青海人民出版社,1988年。

增多。其研究范围涉及语音、词汇及语法等各个方面，其研究深度、广度都比过去有显著的改观。已故蒙古语言学家那森柏在20世纪80年代发表过专门研究扎赉特话前化元音的论文《关于扎赉特话几个前化元音》①。确精扎布的《科尔沁土语元音音位的某些特点》②则是首次全面深入研究科尔沁土语元音系统的论文。值得一提的是，该论文中提出的一些观点在很大程度上影响了后来的科尔沁土语研究者们。

孙竹也是较早研究科尔沁土语的学者之一。他的《现代蒙古语科尔沁方言》一文收录在其文集《蒙古语文集》③中。该文主要是在50年代科尔沁土语调查资料的基础上写成的。论文包括两部分内容：第一部分是科尔沁方言的语音、语法范畴及其他；第二部分是科尔沁土语的词汇。

陶高是专门研究科尔沁土语的学者之一。他的主要学术成果有《用标准音规范科尔沁土语时涉及的语音问题》(1983年)、《关于科尔沁土语特殊词的形成》(1983年)、《科尔沁土语特殊词的使用特点》(1986年)、《科尔沁土语语法的某些特点》(1988年)等。

查干哈达的《蒙古语科尔沁土语研究》④则是我国第一部全面系统地研究科尔沁土语的专著。

2002年白音朝克图出版了专著《科尔沁土语研究》⑤。这是他从事科尔沁土语研究的总结性成果，主要运用描写研究方法，对科尔沁土语进行研究。该书涉及语音、语法(包括句法)、词汇等领域，如在语音方面，提出在该土语中存在吸气辅音、喷辅音；在语法方面，对动词构形成分和语气词、叹词等进行了较深入细致的研究；在词汇方面，注意到特殊词和借词的使用情况及词义变化。书末附话语材料，反映了科尔沁土语研究领域内的最新成果。另外，作者还首次从句法学角度研究了科尔沁土语。

方言学的建立和发展以方言的调查为基础。蒙古语言学家图力固尔从上世纪90年代以来，带领学术团队成员走遍了科尔沁土语区的大部分地区，完成科尔沁10个旗县(包括黑龙江省杜尔伯特蒙古族自治县和肇原县、吉林省前郭尔罗斯蒙古族自治县)蒙古语方言的田野调查工作，搜集了大量第一手资料。他利用丰富的实地调查资料写出的成果有：《科尔沁土语的演变与发展趋势研究》⑥、《关于科尔沁土语中的格附加成分》(1992年)、《科尔沁土语元音音位特点》(1996年)、《科尔沁土语音位系统》(1997年)、《科尔沁土语研究中的迫切问题》(2004年)等。

波·索德教授等人也对科尔沁土语进行了研究，发表了许多学术论文，如：《关于科尔沁土语中的古词语》(额·宝音乌力吉，1991年)、《科尔沁土语形成的多元性》(波·索德，1994年)、《论科尔沁土语的变化》(波·索德，1996年)、《科尔沁土语中的古蒙古语痕迹》(格·海日汗，1991年)、《科尔沁土语中i的变化特点》(格·海日汗，1990年)、《科尔沁土语与农耕文化》

---

① 那森柏：《关于扎赉特话几个前化元音》，《蒙古语言文学》，1987年第1期。
② 确精扎布：《科尔沁土语元音音位的某些特点》，《内蒙古大学学报》，1982年第1期。
③ 孙竹：《蒙古语文集》，青海人民出版社，1985年。
④ 查干哈达：《蒙古语科尔沁土语研究》，社会科学文献出版社，1996年。
⑤ 白音朝克图：《科尔沁土语研究》，内蒙古大学出版社，2002年。
⑥ 图力古尔、波·索德等：《科尔沁土语的演变与发展趋势研究》，内蒙古人民出版社，2008年。

(波·索德,2001年)、《关于科尔沁土语中的几个时间副动词》(哈申格日乐,2001年)、《蒙古语科尔沁土语中的汉语借词》(波·索德,2005年)、《蒙古语科尔沁土语中的满语借词考》(波·索德,2005年)等。

科尔沁土语的研究工作虽然取得了一定成绩,但是对科尔沁土语的使用现状及其演变的研究,还需要认真深入地进行。

二 科尔沁土语分布情况

科尔沁土语属中国蒙古语中部方言,是我国蒙古语中使用人口最多,而且分布地区最广的土语。它分布于内蒙古、黑龙江、吉林等三个省、自治区的科尔沁大草原,除了内蒙古的通辽市(原哲里木盟)科尔沁区、科尔沁左翼中旗、科尔沁左翼后旗、扎鲁特旗、兴安盟的乌兰浩特市、科尔沁右翼中旗、科尔沁右翼前旗、扎赉特旗、突泉县等大片地域的蒙古族人使用外,还有吉林省的前郭尔罗斯蒙古族自治县、白城市、四平市、双辽县和黑龙江省的杜尔伯特蒙古族自治县、富裕县、肇源县、泰来县以及呼伦贝尔市(原呼伦贝尔盟)阿荣旗等地散居的一些蒙古族人使用。属于科尔沁土语区的蒙古族人口有189.37万,约占中部方言区人口的1/3。

表1-9 科尔沁土语分布情况表

市、盟、省	旗、县、市	人口
通辽市	科尔沁左翼中旗	39万
	科尔沁左翼后旗	28.3万
	扎鲁特旗	14.2万
	(通辽市)科尔沁区	25.5万
	霍林河市	2.4万
兴安盟	科尔沁右翼中旗	20.8万
	科尔沁右翼前旗	16万
	乌兰浩特市	6.8万
	扎赉特旗	16.2万
	突泉县	5.3万
	阿尔山市	0.7万
黑龙江省	杜尔伯特县	4.2万
	富裕县	0.9万
	肇源县	0.7万
	泰来县	0.7万
吉林省	前郭尔罗斯县	5.7万
	通榆县	0.8万
	双辽县	0.17万
	洮南市	0.3万
呼伦贝尔市	阿荣旗	0.7万

三 科尔沁土语主要特点

就方言特征来说，科尔沁土语所表现出来的变异性特点在蒙古语各方言土语中相当突出。它在词汇方面与现代蒙古语标准语，以及其他方言土语之间有较大的差异。因此，科尔沁土语也被认为是蒙古语方言土语中发展、变化较快的土语。其次，由于分布的地域较广，该土语还显示出内部差异性特点。其中扎赉特、杜尔伯特、郭尔罗斯话与其他地方的话在语音和词汇方面存在一些不同点，呼伦贝尔市和兴安盟科尔沁人讲的话与通辽市科尔沁人讲的话也有一定的差异。

科尔沁土语与蒙古语其他方言土语相比较具有以下主要特点。

（一）语音特点

在短元音方面：

该土语有 9 个基本元音，即：ɑ、ə、i、ɔ、ɷ、ʉ、ɛ、œ、y。其中 ɛ、œ、y 是所谓的前化元音。短元音有以下几个特征：

1. 没有圆唇元音 ɵ。蒙古语书面语和标准音的 ɵ，与该土语的 ʉ 对应。如：

标准音	ɵbɵl①	ɵndɵr	tɵb	ʧɵl-	sɵs
科尔沁土语	ʉbɤl	ʉndɤr	tʉb	ʃʉl-	sʉs
词义	冬天	高	中央	流放	胆

2. 在个别地方的话里有圆唇前元音 y。如：

科左后旗	ʃytgɤr	ʉlgiː	ʃʉls	nʉd	ʉsgɤl-	itrɤg
扎赉特	ʃytgɤr	ylgiː	ʃylt	nyd	ysgɤl-	ytrɤm
词义	鬼	摇篮	唾液	眼睛	踢	打谷场

3. 在该土语里，与书面语“ᠡ”[ə]对应的第一个音节短元音的发音部位稍靠后，音质接近于 ɘ，这里用 ə 来标音。如：

书面语	ənə	nər-ə	bələn	xən	gərəl	mərgən
科尔沁土语	ən	nər	bəlɤn	xən	gərɤl	mərgɤn
词义	这	名	现成的	谁	光	聪明的

另外，在科尔沁土语里，非第一音节出现的短元音“ᠡ”一般读作 ɤ。如：

标准音	ɑlɑg	bɷlɑg	ɔrɔn	tərəg	mɵndɵr	tɵlɵg
科尔沁土语	ɑlɤg	bɔlɤg	ɔrɤn	tərɤg	mʉndɤr	tʉlɤg
词义	花色的	泉	区	车	冰雹	占卜

4. 在该土语中，i 音属于阴性元音，只出现在阴性词中。如：

① 非第一音节的元音都弱化，这里省略了其附加符号(˘)，以下同。

标准音	itgʉːl-	ʧiləː-	idʉːl-	ʤibʉːʧ-
科尔沁土语	itgʉːl-	ʃiləː-	idʉːl-	ʤibʉːʃ-
词义	说服	劳驾	喂	厌恶

在长元音方面：

该土语有9个长元音，即：ɑː、əː、iː、ɔː、ɷː、ʉː、ɛː、œː、yː。

1. 非第一音节长元音，一般情况下读作半长音。

2. 标准音中的ɵː，在大部分地区读作əː。如：

标准音	ɵːr	ɵːx	ɵːd
科尔沁土语	əːr	əːx	əːd
词义	别的	脂肪	大

3. 标准音中的长元音ɷː，在非第一音节里音质接近于ʉː。如：

标准音	ɑdɷː	ɑsɷː-	dɑrɷː	xɑlgɷː
科尔沁土语	ɑdʉː	ɑsʉː-	dɑrʉː	xɑlgʉː
词义	马群	问	谦虚	错的

在复合元音方面：

该土语有iɑː、ɷɑː、ɷɛː、ʉɛː等复合元音。

1. iɑː的例词：

标准音	xɪɑg	dɪjɑːnʧ	bɪɑ bɪɑ	xɪɑrtɑl
科尔沁土语	xiɑːg	diɑːnʃ	biɑː biɑː	xiɑːrtɤl
词义	羊草	禅师	（婴儿哭声）	成批地

2. ɷɑː的例词：

标准音	xɷɑːr	dɷɑːl-	ɷr-	gɷɑːd
科尔沁土语	xɷɑːr	dɷɑːl-	ʃɷɑːl-	gɷɑːd
词义	花	发亮	撕	（蛙叫声）

3. ɷɛː的例词：

标准音	gɷɪl	gɷɪranʧ	xɔtɔŋ	ɷɪl-
科尔沁土语	gɷɛːl	gɷɛːrɤmʃ	xɷɛːs（汉语借词）	ɷɛːl-
词义	黄铜	乞丐	回民	哭

4. ʉɛː的例词：

标准音	irəxgʉi	sɷːxgʉi	xiːxgʉi	ʉgəi～ʉgʉi
科尔沁土语	irxʉɛː	sɷːxʉɛː	xiːxʉɛː	ʉgʉɛː
词义	不来	不坐	不做	没有

科尔沁土语的辅音有16个：n、ŋ、b、p、x、g、l、m、s、ʃ、t、d、ʤ、j、r、w。

该土语在辅音方面，有以下特点：

1. 科尔沁土语语音系统中没有塞擦音 ʧ,其他土语和书面语的 ʧ,在该土语中一般读作 ʃ。如:

书面语	ʧəbər	aʧij-a	xaʧar	nabʧi
科尔沁土语	ʃibɤr	ɛʃɛː	xɛʃir	lɛbʃ
词义	干净的	驮子	颊	叶子

2. 舌根浊鼻音 ŋ,可以出现于音节首。如:

标准音	sɷŋgax	ɔŋgɔn	xəŋgən	maŋgas
科尔沁土语	sɷŋɤx	ɔŋɤn	xʉŋɤn	maŋɤs
词义	选	陵墓	轻	魔

3. 书面语一些词中的舌尖鼻音 n,读作边音 l。如:

书面语	nabʧi	nabtai-	nɔgtɷ	nɔbʃi
科尔沁土语	lɛbʃ	labtɛː-	lɔgt	lɔbʃ
词义	叶子	下垂	笼头	垃圾

4. 扎赉特、杜尔伯特和郭尔罗斯等地老年人的口语里,有时将擦音 s,读作塞音 t。如:

书面语	tɔsɷ	sara	sʉ	nasɷ	ɷtasɷ	ɔnisɷ-ga
扎赉特话	tɔt	tar	tʉː	nat	ɷtɤt	ɔntɤg～œntɤg
词义	油	月	奶	岁	线	谜语

5. 在科左中旗和科左后旗一部分地区口语里,将一些词中的舌尖鼻音 n(位于书面语元音 i 前面的 n)读作舌中音 j。如:

书面语	xɔni	sɔnin	ʉnij-ə	inijə-
科左中旗/科左后旗部分地区	xɔj	sɔjin	ʉjəː	ijəː-
科尔沁其他地方	xœn	sœnɤn	ʉnɛː	inəː-
词义	绵羊	奇怪	奶牛	笑

在元音和谐方面:

科尔沁土语与书面语和标准音相比较,在元音和谐律方面具有明显的特点。

1. 第一个音节的 a、aː、ɛ、ɛː、ɷ、ɷː、ɷaː、ɷɛː、iaː 同后一音节的 aː、ɛː、ɷː、uɛː、ɷɛː、i、iː、ʉː、ɤ 和谐。

2. 第一个音节的 ɔ、ɔː、œ、œː 同后一音节的 ɔː、œː、ɛː、uɛː、ɷɛː、ʉː 和谐。

3. 第一个音节的 ɤ、i、ʉ、əː、iː、ʉː、yː 同后一音节的 ɤ、i、əː、iː、ʉː、ɛː、ʉɛː、ɷɛː 和谐。

此外,科尔沁部分地区口语里,具有与元音和谐律不一致的例外现象,如:动词的完成态附加成分-ʃgəː～-ʃigəː、众动态附加成分-ʤgaː,可以接在任何元音组成的词干后面。

在语音变化方面:

科尔沁土语的语流音变主要有同化、异化、减音、交替等。

1. 同化

(1) t→s:ɷntagsan(书面语)→ɷnssɤn 睡的

(2) d→s：mədəgsən（书面语）→məssɤn 知道的

(3) n→l：ɷnala(书面语) →ɷllɛː 将倒

(4) d→t：gadatai(书面语)→gattɛː 外面

(5) d→ʤ：idəʤʉ(书面语)→iʤʤ 吃

2. 异化

(1) n→l：ʧiŋnaxɷ(书面语)→ʃaŋlɤx 听

(2) ʃ→ʧ：xaʃ -ʃin(科尔沁土语)→xaʃ ʧin 你的茄子

3. 减音

(1) b：ɷmbaxɷ(书面语) → ɷmɤx 游泳

(2) d：əbədʧin(书面语) → ʉbʃin 病

(3) r：ʧəgərləxʉ(书面语)→ ʃəːlɤx 忌

4. 交替

(1) n→l：nabʧi(书面语) →lɛbʃ 叶子

(2) ʃ→x：ʃitaxɷ(书面语)→xɛtɤx 烧

(3) x→g：asxan(书面语)→asgɤn 直

(二) 语法特点

1. 名词

(1) 数范畴

科尔沁土语里表示复数的附加成分有-nar、-ʉːd/-əːd、-d、-ʃʉːd、s 等。如：bagʃ(老师)→bagʃnar (老师们)、mal(牛)→malʉːd(许多牛)、nɔxɔː(狗)→nɔxɔːd(许多狗)、bajin(富、富人)→bajʃʉːd(富人们)、bir～bər(媳妇)→birəːd～bərəːd(媳妇们)。

(2) 格范畴

科尔沁土语名词有主格、领格、位格、宾格、离格(从格)、造格、随同格(共同格)、时间格等8种。其中时间格具有更为显著的方言特点，附加成分是-lɛː。如：narllɛː irʤɛː(日出时来的)；xɔjir ʃaglɛː jɛbjaː(两点钟走吧)；xədiːlɛː garxaːn bagʃdaːn xəlʤʉg(告诉老师几点出发)。

2. 动词

(1) 动词的式

科尔沁土语有几个与动词祈使式有关的特殊附加成分。即：动词词干加-aːsdaː(-aːʃdaː)/-əːsdaː(-əːʃdəː)/-ɔːsdɔː(-ɔːʃdɔː)，表示对对方的希望和意愿；动词词干加-aːtɤg/-əːtɤg/-ɔːtɤg 表示对对方的请求；动词词干加-xʉː，表示对对方的提醒和警告。如：xɷrdɤn jɛbaːsdaː(请赶快走吧)、ʃiː nəg xabsraːtɤg(请您帮助我)、ʃiː ɛlɛːrxaːdɛːgʉːl aːbʃin ʃamaːgiː ʃɔxxʉː(你再淘气，你爸会打你)。

(2) 动词的体

科尔沁土语里有特殊的完成体附加成分-ɑːtɤg/-əːtɤg/-ɔːtɤg。如：xɑlt tʉlxəːtɤgsɤnʃin ɷnʃigʤɛː(推一下就倒了)。

(3) 副动词形式

科尔沁土语有表示目的副动词的附加成分-xʉɛː。如：biː bɑdɑː idxʉɛː jɛbnɑː(我吃饭去)。

有表示立刻副动词的-nɑːrɑːn/-nəːrəːn /-nɔːrɔːn、-nɑːriː/-nəːriː/ -nɔːriː、-bɑː/-bəː/-bɔː、-lɑː/-ləː/-lɔː、-n、-xɤnttɤr、-ʤɛːn、-ʤiː 等附加成分。如：ʃiː xəlnəːrəːn tər mədʃigʤɛː(你一说，他马上就知道了)；tər gər əːs gɑrnɑːriː gyːb(他出屋就奔跑了)；tər jɛbbɑː biː irnəː(他一走，我马上就来)；biː ɑʤlɑːn bɑrlɑː gərtəːn xɛrʃignəː(我一干完活马上就回家)；bɑgʃtɛː ɷʃrɤn xəlɤb(一见到老师马上就说了)；tər xʉn xəlxɤnttɤr mədɤb(他一说就知道了)；ɑːʤɑː gərəːs gɑrʤɛːn tər xʉn ɔrʤ irɤb(我哥哥一出家门，那个人就进来了)；bɑgʃ xəlʤiː biː mədɤb(老师一说，我就知道了)。

有表示前提副动词的附加成分-mɛːnʃin、-mɛːn、-ʤɛːmɛːn 、-ʤɛːmɛːnʃin、-ʤɛːʤɛːn、-ʤɛːʤ 等附加成分，如：ʉʤmɛːnʃin sɛː itgɤb(看到后才相信了)；gyːʤɛːmɛːn ʤɑbdɤb(经过快跑才赶趟的)；itxəːn bɛʤɛːmɛːnʃin biʧiʤ bɑrgɑːb(不吃不喝地写才完成的)；tər ən biːriː ɷɛːlʤɛːʤ ɔlɤb(他经过哭才得到了这支笔)。

有表示乘机副动词的附加成分-xlɛːgɑːn、-lɛːgɑːn。如：biː bəʤiŋd jɛbɤxlɛːgɑːn ɑbɑːdjɛbjɑː(我去北京顺便带过去吧)；ʃiː gərəːsəːn gɑrʤ irlɛːgɑːn tər xʉnd bɑs xələːd ʉg(你从家里出来顺便通知一下那个人)。

(4) 助动词

科尔沁土语有 jɔlɔːx、dʉrɤx 等特殊的助动词。如：ʃiː əniː ʉrʤ jɔlɔːniː? (你能背动这个吗)；iːm sɛːxɤn jim xəmxɤrəːd dʉrʤɛː(这么漂亮的东西都碎掉了)。

3. 副词

科尔沁土语里有 bɛːm(很、挺)、ɛːmɑr(极可怕)、ɑjɑːr 、ɑːʃɑːr(等一会儿)、xɑːn ʃɑːn(偶尔、间或)、xɔː(都、全部)、xɔːniː(都、全部)、pɛd(满)、pɑd(极)等常用特殊副词。如：bɛːm ərt bɔsɤb(起床起得很早)；ɛːmɑr xəʃʉː nəg xʉn tɑːrʤɛː(遇到了一个非常厉害的人)；ən ɷʃriː ɑjɑːr mədjəː(这事等一会儿再说吧)；ʤʉː ʤʉː xɑːn ʃɑːn nəg irnəː(舅舅偶尔来)；ʃiː gɑʃɑːrɑːn xɔː idʃig(你一个人全部吃掉吧)；tədɤn ən ɷʃriː xɔːniː mədxʉɛː bɛːn(这件事儿，他们全不知道)；pɛd tɑrgɑn nəg xʉn irʤɛː(来了一个很胖很胖的人)；biː ʃin gɑdɑːd xəldəːn pɑd ʃʉː(我这个人，一点也不懂外语啊)。

4. 拟声词

科尔沁土语里有 tɷɑːŋ(啪啪)、pɑsɑː(啪嗒)、xʉsəː(扑哧)、gɔŋ gɔŋ(嘎嘎)、tʉŋɤl tɑŋɤl(咚咚)等拟声词。如：gɑdɑː gənt tɷɑːŋ gəʤ dɷgɤrɤb(外面突然啪啪一声响了)；ɑjgɑːn gɑʤir pɑsɑː gətɤl ɷngɑgːd xɑgɤlʃigʤɛː(把碗啪嗒一声摔碎了)；tər ɔrɔːsɔːn xʉsəː gətɤl ɷnɤb(他从床上扑哧一声掉下来了)；xɔŋ xərəː gɔŋ gɔŋ dɔŋdɤn(寒鸦嘎嘎叫)；dətɤr gərt tʉŋɤl tɑŋɤl gəʤɛ əː(里屋咚咚地响)。

5. 小品词

科尔沁土语里有 miː(吗?)、bɔlʉː(可能……吗?)、biddəː(不会……吧?)、ʃʉmʉː～ʃimʉː(好像,可能)、ɑlɑː～xɑlɑː(不知……呀?)、ʃɵltɛː～ʃɵlɛː～ʃɵlʉː(至少,也)、ʃɑg～ʃɑgtɛː(至少,也)、ʃigəːd(也,都)、bɑː(也,都)等常用的特殊小品词。如:ənʃin ʃiniːmiː(这是你的吗?);mɑːtɤr bɔrɔːn ɔrɤx bɔlʉː?(明天可能下雨吧?);ən ɵʃriː tər xəlʤ gɑrgɑːxʉɛː biddəː(他不会说出这件事吧?);tərʃin tɛnɤx xʉn ʃʉmʉː?(他可能是熟人?);ɑbliːn ɵlsɵːd xəʤəː irɤx ɑlɑː?(打猎的人们不知何时回?);jʉː ʃɵlʉː bɔlnɔː(什么都行);nɑd bɔl jɑmɤr ɑʤil ʃɑg(ʃɑgtɛː) bɔlnɔː(对我来说,什么工作都行);biː jʉː ʃigəːd nəg jim ɔlʤ idjəː(我随便找个东西吃吧);ən ɵʃriː ʃiː bɑː mədxʉɛːj?(这事你也不知道吗?)。

(三) 词汇特点

科尔沁土语在词汇方面与书面语和察哈尔土语之间有较大的差异,主要有以下特点。

1. 产生了一些有关农业的词汇

牧业向农业和半农半牧的转型对科尔沁蒙古族的生活方式及语言文化产生了多方面的深刻影响。勤劳智慧的科尔沁蒙古人为了适应新的生产环境,改变了传统的游牧生活方式,创造了独特的农业文化,科尔沁土语词汇中农业及定居生活方式方面的词汇随之产生,并逐渐占有重要的地位。如:关于农作物的名称 tɛrɛː(庄稼,田)、mɵŋɤl(糜子)、sɑgɤd(荞麦)、nɛrɤm(谷子)等等;关于农业设施的名称 itrɤg(打谷场)、sœbɤg(小渠)等等;关于农具的名称 jɑŋsɵːr(锄头)、ɛndɤs(犁杖)、bɔl(碌碡)、ʤibɤx(簸箕)、jiŋ(碾子)等等。

与此相反,科尔沁土语中,特别是在农区蒙古族的口语里有关游牧生活、牲畜的统称和分称,以及各种奶制品、肉制品的词汇不再常用,有的甚至已从当地口语里消失了。这也是科尔沁土语词汇的一个特点。如:ɔtɔr(逐水草流动放牧的一种生产和生活方式)、tɔːn(蒙古包顶中央的圆形天窗)、bɔd(大畜,特指牛、马、骆驼)、ʧəgəː(酸马奶、马奶酒)等等已基本不使用了。

2. 词汇的内部差异性

由于分布的地域较广,科尔沁土语的内部产生了词汇上的差异性。有些词汇在不同的地区有不同的读音,如下表:

科左中旗	科左后旗	科右前旗	杜尔伯特	郭尔罗斯	词义
gəːgə～ɑx～ɑgɑː	ɑʤɑː～ɑːʤ	ɛʤɛː～ɑx	ɑx		兄
birgiː～bərgiː	bərgiː		ʉxiː	bərgɤn	嫂子
ɑːb～ɑːʤɑː	ɑːbɑː	ɑːb～ɛʤɛː	ɑːb～ɑʤɑː		父

（续表）

itrɤg～itrɤm	itrɤg	itrɤg	itrɤg～itrɤm	itrɤm	打谷场
əls～ʃɑːs	əls～ʃɑːs	xɔmɤg	əlt～xœmɤg		沙
sʉs	sʉs		tʉlt		胆
ʤintʉː～dər		dər～ʃirɤŋx～ʤintʉː	ʃirɤŋx～ʤintʉː	ʃirɤŋx	枕头
xʉːr	xʉːr		xʉːr～ʉxdɤl	ʉxʃʉːl	尸体
sɑːlɤg	sɑːlɤg	sɑːlɤg	tɑːlɤg～sɑːlɤg	xʉnɤg	水桶
tʉxəːrɤx	tʉxəːrɤx	œːlgɤx	œːlgɤx	gʉːrɤx	领会
xɑːrɛːbɑdɑː	xɑːrɛːbɑdɑː		ɔt bɑdɑː	ɔt bɑdɑː	炒米
pɑlɤŋ	pɑlɤŋ		ildəː	ildəː	室内地
ʃɔŋx	ʃɔŋx		əːd	əːd	窗户

3．借入了许多汉语词

在科尔沁土语区的所有旗县，都有汉族居住。在这样的社会环境中，科尔沁土语借入了许多汉语词，并且原有的一些词也被汉语借词代替了。

下表中的词是科尔沁土语中的一些被汉语词代替的词。

书面语	科尔沁土语	词义
ɑtɑr	xɑɑŋ～ɑtɑr	荒地
ɑnis-xɑ	nʉdɤn lɛns	眼睑
əbʉgə	jəː jəː～əwəː	祖父，爷爷
əməgə	nɛː nɛː	祖母，奶奶
ɑx-ɑ	gəː gəː～ɑʤɑː～ɑːʤ	哥哥，兄
əgəʧi	ʤəː ʤəː～ʤəː ʤ	姐姐
bɑg-ɑ ɑbɑg-ɑ	ʃʉːʃʉː	叔叔
ɑbdɑr-ɑ	gyː～ɑbdɤr	柜
xɵndɑg-ɑ	ʤʉŋs	盅子
tɵmʉsʉ	diːdʉːl	土豆（地豆）
ʃɔrbɵg	ʃɛndiː	咸的
ɵdxən	jɛndiː～ɑgʃʉːn	酽的
jəxə	lɔː～lɔːdiː～jix～jixəː	大（老的）
bɑg-ɑ	ʃɔː～ʃɔːdiː～bɑg～bɑgɑː	小（少）
xɑbtɑgɑi	bɛndiː	扁的
ʃinɵl	jin	瘾
xɵdɑl	xɑŋ～xɑdɤl	谎

（续表）

xixaxɷ	əːx	讹
bɷʤar	landiː～bœʤir	脏，烂

4. 词义的演变

在科尔沁土语中词义的演变现象尤为突出。

在科尔沁地区，蒙古族人民放弃游牧，转向农耕，过上定居生活以后，当地口语里有一些词的意义发生了变化。如：

ɛːl一村，屯。该词本义为户，家。乌珠穆沁土语：ɛːl 一户，家。原苏联著名蒙古学家符拉基米尔佐夫把古代蒙古语中的 ɑjil（阿寅勒）一词解释为“蒙古牧户”①。符拉基米尔佐夫认为它是古代蒙古族的一种游牧方式。他说，“可以指出，若干文献使我们了解到，还在成吉思汗的青年和中年时代便已采用阿寅勒方式进行游牧了”②。后来科尔沁蒙古族从事农业生产，走向定居生活以后该词的意义发生了变化。现在科尔沁土语中 ɛːl 主要是指“村、屯”，而它的本义现在只见于一些固定词组中，如：ɛːl tœːrɤx（串门）；ɛːl gər（家庭，家）。科尔沁土语中另外用 gər（家，屋）和 ʉrɤx（户）两个词来表示 ɛːl 这一词的原始意义。

ʉxɤr—犍牛。书面语：ʉxər 一牛；察哈尔土语：ʉxər（牛）；卫拉特方言：ykyr 一牛；巴尔虎土语：ʉxər 一牛；鞑靼译语：ʉger 一牛③；《登坛必究》：hʉker 一牛④。在科尔沁地区，特别是在农区，牛是主要的耕畜，因此，在该土语中 ʉxɤr 一词的词义有了变化，所表达概念的外延由宽变窄，即从泛指转为特指。可以比较书面语：ʃɑr（犍牛）；标准音：ʃɑr（犍牛）一词。

mɑl—牛。书面语：mɑl—牲畜；察哈尔土语：mɑl—牲畜；卫拉特方言：mɑl—牲畜，牲口；《穆卡迪玛特·阿勒—阿达布词典》⑤：mɑl—财物；所有物；牲畜。很显然，该词词义原指“牲畜”，后来在科尔沁土语中因 ʉxɤr 词义的转移，其词义发生了变化，指“牛”，而该词的原义仍见于个别词组中，如：ɑdgʉːs mɑl—牲口。

xɔːl—猪食。书面语：xɔgɷlɑ—饭；察哈尔土语：xɔːl—饭；卫拉特方言：xɔt xɔːl—饭食；巴尔虎土语：xɔːl—饭、xɔːl xɔʃ—饭食。该词在科尔沁土语中由原来的“饭食”转为“猪食”，也与农耕文化有关，因为科尔沁蒙古族从事农业生产以后才开始养猪，而猪是人类用饲料喂养的家畜，于是为细分的需要 xɔːl 的词义产生了变化，由原来的“饭食”转为“猪食”了，而该词原义仍保留在个别词组中，如：ʉrɤmtɛː xɔːl—与乌日莫⑥搅拌的炒米。

bœʤir—脏的，杂草。卫拉特方言：bɷzɷr 一脏的，下流的；察哈尔土语：bɷʤir 一肮脏的；巴尔虎土语：bɷʤir 一肮脏的。这个词的原义在农耕文化的背景下，在科尔沁土语里引申出新

---

① 包·雅符拉基米尔佐夫：《蒙古社会制度史》第 134 页，中国社会科学院民族研究所社会历史室印，1978 年。

② 包·雅符拉基米尔佐夫：《蒙古社会制度史》第 107 页，中国社会科学院民族研究所社会历史室印，1978 年。

③ 贾敬颜 朱风：《鞑靼译语》第 139 页，天津古籍出版社，1990 年。

④ 贾敬颜 朱风：《鞑靼译语》第 100 页，天津古籍出版社，1990 年。

⑤ 保朝鲁：《穆卡迪玛特蒙古语词典》第 86 页，内蒙古大学出版社，2002 年。

⑥ 乌日莫，蒙古族的一种奶制品。

的意义“杂草”。属于“语义引申造词现象”①。

bɔl—轮子，磙子，碌碡。卫拉特方言：bɔl—轮子；乌珠穆沁土语：bɷlɷː—车轮子；巴尔虎土语：bɷl—毂。该词在中世纪蒙古语中指“车头”。《华夷译语》：bɷlɷ—车头②；《卢龙塞略》：bɷlɷ—车头。在当时的蒙古语中，“车轮”由另外一个词 kʉrdʉn～gʉrdʉn 来表示。《华夷译语》：gʉrdʉn(轮)；《卢龙塞略》：kʉrdʉn(轮)。在农区 bɔl(碌碡，磙子)是一种耕种和脱粒时用的农具。在农耕文化的条件下，科尔沁土语里，bɔl(轮子)产生了引申义，甚至由这个引申义派生了又一个新词 bɔl—碌碡，磙子。这同样也是语义引申造词的例子。

各语言之间相互借用词语也会改变词义。汉语借词的大量进入，对科尔沁土语词义系统产生了深刻的影响。

首先，因汉语借词的进入，使一些固有词的意义缩小。例如：

bœʤir —下流的，杂草。该词的原义“脏的”，用汉语借词 landiː 来表示。书面语：bɷʤar —脏的，下流的；卫拉特方言：bɷzɷr —脏的，下流的；科尔沁土语“landiː”(脏的)来自于汉语“烂的”。

xɷndɤg —酒窝儿。该词的原义“酒杯，盅”，用汉语借词 ʤʉŋs(盅)来表示。书面语：xɷndag-a—盅、酒杯，酒窝儿。科尔沁土语“ʤʉŋs”(盅)来自于汉语“盅”。

nɛrɛː —初生的。该词引申义“嫩的”，用汉语借词 ləndiː 来表示。书面语：narai—幼嫩的，初生的。科尔沁土语“ləndiː”(嫩的)来自于汉语“嫩的”。

其次，因汉语同义词的借入，使固有词变得不能独立使用，只保留在复合词中。例如：

ʉbɤg—爷爷。该词在科尔沁土语中已不再单独使用，只保留在复合词 ʉbɤg dəːdɤs(祖先)中。书面语：əbʉgə—祖父，祖父辈、老大爷；卫拉特方言：øbky—祖父。科尔沁土语“jəː jəː”(爷爷，祖父、老大爷)来自于汉语“爷爷”。

əgʃ—姐姐。该词在科尔沁土语中已不再单独使用，只保留在复合词 əgʃ dʉː(姐妹)中。书面语：əgəʧi —姐姐，大姐；年岁大的妇女。卫拉特方言：egʧ—姐姐，大姐。egʧ dyː—姐妹；姐弟。科尔沁土语“ʤəːʤəː”(姐姐，大姐)来自于汉语“姐姐”。

tʉms—该词原指“土豆”。此义后因从汉语方言中借用了 diːdʉːl (地豆)一词而消失。tʉms 这个词在科尔沁土语里只在复合词 tɛrɛː tʉms(庄稼)中保留了下来。书面语：tөmʉsʉ —土豆；山丹等的鳞茎；小孩儿的睾丸。

关于蒙古语内部差异，学术界最关注的是语音方面。但是，通过多角度考察分析后我们认为，科尔沁土语与察哈尔土语及书面语之间的主要差异表现在词汇方面。

---

① 陈宝勤：《汉语造词研究》第 82 页，巴蜀书社，2002 年。

② 乌·满都夫(整理校注)：《蒙古译语词典》第 200 页，民族出版社，1995 年。

第四节　调查设计

一　调查方法

我们采用了个案穷尽调查和点面结合的方法。因为调查点分散、户数多,我们分两批进行了调查。第一批调查了科左中旗宝龙山镇的前查干花、后查干花、前查干吉嘎查和旗直属机关等 4 个点;第二批调查了巴彦塔拉镇的敖日其格、乌斯吐、宝日花嘎查和花胡硕苏木的大伙房嘎查等 4 个点。我们到所选取的上述 8 个点逐户进行语言使用情况的调查,还到中小学、机关和公共场所进行了调查,并走访了村民、干部、老人、教师、学生等各方面代表性人物。调查对象涉及 1000 多户、4000 多人,访谈对象 12 人,语言能力测试 20 多人。

我们力图在本书中更多地反映我们这次田野调查的材料,并在感性认识的基础上形成一些理性认识,对科左中旗蒙古族语言使用现状及其演变情况做一个全面描述,为这一领域的研究提供比较丰富的资料,并预测科左中旗蒙古族语言的发展趋势。

我们在调查研究中,重视不同学科的结合。坚持以语言学为主,结合民族学、人类学、历史学等学科的知识和方法,对个案和访谈、测试资料进行综合分析,试图通过不同学科的知识和方法的有机结合,科学、合理地解释调查对象。前后两批共两个月的调查实践证明上述方法是正确的、合理的。

二　调查点的选择

科左中旗各地蒙古族现在使用的语言差别不大(一些地方因地理位置和居民来源而稍有差别)。我们选取了 7 个嘎查和旗直属机关共 8 个点作为主要调查对象。

这 8 个点分属以下 4 个类型:

1. 中心地区型:宝龙山镇属于这种类型。它位于本旗中部,人口较多(有 6 万多人),距旗政府所在地保康镇较近(43 公里),交通便利,经济较发达,大多数蒙古族适龄儿童上汉语授课班学习,说“混合话”的人较多。

2. 边缘地区型:巴彦塔拉镇属于这种类型。它位于本旗东南部,东靠吉林省,南靠通辽市科尔沁左翼后旗,距旗所在地保康镇 60 公里,距通辽市科尔沁区 100 公里,原旗政府所在地,蒙古族习俗保留较好,语言受科尔沁左翼后旗语言的一定影响。

3. 蒙古族人口集中聚居地区型:花胡硕苏木属于这种类型。该苏木人口 17195 人,其中蒙古族有 17174 人,占总人口的 99.8%,仅大伙房嘎查就有 776 户,3358 人。该苏木蒙古族文化、教育事业较发达,大部分适龄儿童都上蒙古语授课学校学习,有许多蒙古语说唱团体。

4. 机关干部集中型:科左中旗直属机关属于这种类型。它代表了镇、苏木等小城市的干部的语言状况：这些机关的蒙古族干部中的一些人蒙古语言和文字水平较高；一些人只会说蒙古语，不会写蒙古文；一些人已失去母语；大部分人的孩子上汉语授课学校，不使用母语。

三 语言能力等级的划分

不同地区、不同年龄、不同民族的蒙古语水平是有一定差异的。为了较准确地认识科左中旗蒙古族语言使用的现状和特点，我们对他们的语言能力进行了等级划分。语言能力一般包括听、说、读、写四项基本技能。依据这四项基本技能的标准，我们把科左中旗蒙古族使用蒙古语的能力分为四个等级：熟练(A)、一般(B)、略懂(C)和不会(D)。

具体来说，听说能力：(1)“熟练”：指能在日常生活中自如地运用蒙古语。一些土生土长的人属于这种情况。(2)“一般”：指能听懂、会说蒙古语。(3)“略懂”：指只能听懂简单的会话，一般不说。许多从小在城镇出生长大的青少年属于这种情况。(4)“不会”：指既听不懂，也不会说蒙古语。一些从小在没有蒙古语言环境下出生、长大的人属于这种情况。读写能力：(1)“熟练”：指已经熟练掌握蒙古文，读写能力俱佳。(2)“一般”：指能读能写简单的蒙古文。(3)“略懂”：指能读简单的蒙古文，但不会写蒙古文。(4)“不会”：指既看不懂，也不会写蒙古文。

四 年龄段的划分

“语言能力在不同年龄段上会或多或少地出现差异，可称之为语言使用的‘代际性特点’”①。蒙古族的情况也是这样。“不同代际的人(包括祖父母辈、父母辈和子女辈以及孙子女辈等)的语言能力有所差异，而且差异是有规律的。”②

从整体上看，蒙古族使用母语的差异也可以划分为以下四个年龄段：“(1)小学段或儿童段：6—12 岁；(2)中学段或少年段：13—18 岁；(3)中青年段：19—59 岁；(4)老年段：60 岁以上。由于 6 岁以下儿童的语言能力不稳定，所以我们把调查对象的年龄划分在 6 岁以上。19—59 岁这一年龄段相差 40 岁，实际上涵盖了青年和中年两个年龄段。之所以把这两个年龄段合二为一，是考虑到这两个年龄段的人的语言能力已经比较成熟、稳定，不容易改变。虽然青年人和中年人的语言能力存在一些差异，但同大于异，而且差异不大，可以不必区分。”③但是，我们在调查、统计科左中旗蒙古族语言使用现状时没有严格划分上述年龄段，因为他们语言使用中的年龄段的差异不大。

五 调查阶段的划分

我们的调查分为以下五个阶段：第一个阶段收集有关资料，制定调查大纲，设计调查问卷和调查表；第二个阶段进村入户调查，积累第一手资料；第三个阶段分工写作，写出初稿；第四

① 戴庆厦主编：《基诺族语言使用现状及其演变》第 9 页，商务印书馆，2007 年。
② 同上。
③ 同上。

个阶段带上写出的初稿再赴科左中旗8个调查点，补充、订正材料，定稿。

六 关于“混合话”的说明

我们也调查了科左中旗蒙古族人的“混合话”情况。在蒙古语口语中混用汉语许多词和一些语音、语法成分的语言现象叫“混合话”（详见《第五章 科左中旗蒙古语“混合话”》）。

第二章　科左中旗蒙古族语言使用现状及其成因

本章主要利用田野调查材料，分析科左中旗蒙古族语言使用现状，确定蒙古语在科左中旗蒙古族现实生活中的作用，并分析形成这种现状的各种原因。

第一节　蒙古语是科左中旗蒙古族最重要的交际工具

我们从不同嘎查、不同代际(年龄段)、不同场合和不同时期等角度，对科左中旗蒙古族语言的使用现状进行了全方位、多角度的考查，并利用共时与历时相结合的方法，考查了不同的时间、空间、使用者、使用情况下科左中旗蒙古族语言使用的共性和差异。

科左中旗蒙古族蒙古语言使用的基本特点是：1.蒙古语是科左中旗蒙古族日常生活中最重要的交际工具；2.科左中旗蒙古族的蒙古语有很强的活力；3.科左中旗蒙古族大部分人使用着“混合话”。

一　蒙古语是科左中旗蒙古族日常生活中最重要的交际工具

我们选择了科左中旗两个镇、一个苏木的7个嘎查和1个旗直属机关共8个点6岁以上(含6岁)有正常语言功能的蒙古族人进行了调查，逐一统计了每个家庭、每个成员的姓名、性别、年龄、民族、文化程度、蒙古语言文字和汉语言文字的能力。具体情况如下表。

表2－1　8个调查点蒙古语言使用情况统计表

调查点	调查总人口	熟练		一般		略懂		不会		混合话情况①			
										E		F	
		人口	百分比	人口	百分比	人口	百分比	人口	百分比	人口	百分比	人口	百分比
前查干吉	234	216	92.3	3	1.28	6	2.56	9	3.85	197	82.1	43	17.9
前查干花	228	210	92.1	8	3.6	10	4.39	0	0	121	54.2	102	45.7
后查干花	255	246	96.5	4	1.57	4	1.57	1	0.39	172	68.3	80	31.7

① 此栏中“E”表示说“混合话”较少，“F”表示说“混合话”较多，但是这种区分，只是大概估计。

（续表）

旗直属机关	623	305	48.96	24	3.85	61	9.79	233	37.4	0	0	0	0
敖日其格	711	700	98.45	7	0. 98	4	0.56	0	0	350	48. 8	367	51.2
宝日花	754	743	98.54	4	0.53	7	0.93	0	0	286	38.4	459	61. 6
乌斯吐	587	557	94.89	5	0.85	9	1.53	16	2.73	294	50.1	293	49. 9
大伙房	1145	1140	99.56	1	0.09	1	0.09	3	0.26	596	52	550	48
合计	4537	4117	90.74	56	1.23	102	2.25	262	5.77	2016	51.6	1894	48.4

从表 2－1 中可以看出：

1. 7 个嘎查熟练使用蒙古语的比例都很高，都在 90%左右。其中大伙房嘎查的“熟练”级比例最高，达到 99.56%，“熟练”级比例最低的乌斯吐嘎查也达到 98.54%。7 个嘎查属“熟练”和“一般”级的人口加起来共 3844 人，占调查总人口的 98.2%，其中大伙房嘎查这一等级人口的比例达 99.65%。7 个嘎查属“略懂”级的人口比例很低，共有 41 人，占调查总人口的 1%。7 个嘎查的属“不会”级的人数共 29 人，占调查总人口的 0.7%，而前查干花、敖日其格、宝日花嘎查中的蒙古族人都会说蒙古语。这种情况说明，蒙古语是科左中旗蒙古族日常生活中最重要的交际工具，仍然保持着强大的生命力。

2. 科左中旗直属机关 1 个点中干部使用蒙古语的比例较低，蒙古语水平属“不会”级的人口比例达到 37.4%。据我们了解，科左中旗直属机关不会说蒙古语的蒙古族干部主要包括下面两部分人：一部分人是由于种种原因族别改为蒙古族的其他民族（大部分是汉族），一部分是从小在没有蒙古语言环境中出生、长大的人。旗直属机关干部中蒙古语水平属“熟练”和“一般”级的人数共 329 人，占调查总人口的 52.8%。这种情况说明，在科左中旗直属机关工作的蒙古族干部有一半以上会使用蒙古语。

3. 在 7 个嘎查点中有 6 个嘎查的一半左右的人都说“混合话”。这表明科左中旗蒙古族使用“混合话”情况较为普遍。

二　不同年龄段的人的蒙古语水平考察

我们对四个不同年龄段人口的蒙古语使用情况进行了考察。

1. 60 岁以上

表 2－2　60 岁以上的人蒙古语言使用情况统计表

调查点	调查总人口	熟练		一般		略懂		不会	
		人口	百分比	人口	百分比	人口	百分比	人口	百分比
前查干吉	17	15	88.2	0	0	1	5.88	1	5.88
前查干花	13	12	92.3	1	7.7	0	0	0	0
后查干花	23	22	95.7	0	0	1	4.35	0	0

（续表）

旗直属机关	3	3	0	0	0	0	0	0	0
敖日其格	62	62	100	0	0	0	0	0	0
宝日花	63	61	96.8	0	0	2	3.2	0	0
乌斯吐	51	46	90.19	0	0	1	1.96	4	7.84
大伙房	99	97	97.98	0	0	0	0	2	2.02
合计	331	318	96.07	1	0.3	5	1.51	7	2.1

从表 2－2 中可以看出：

（1）蒙古语水平属“熟练”级的最多，共有 318 人，占调查总人口的 96.07%，其中敖日其格嘎查全部为“熟练”级。

（2）蒙古语水平属“一般”级的最少，只有 1 人，占调查总人口的 0.3%。

（3）蒙古语水平属“略懂”级的较少，共有 5 人，占调查总人口的 1.51%。

（4）蒙古语水平属“不会”级的共有 7 人，占调查总人口的 2.1%。

表 2－3　60 岁以上的人汉语水平情况统计表

调查点	调查总人口	不会		略懂		一般		熟练	
		人口	百分比	人口	百分比	人口	百分比	人口	百分比
前查干吉	17	9	52.9	2	11.8	2	11.8	4	23.5
前查干花	13	2	15.4	4	30.8	1	7.7	6	46.2
后查干花	22	2	9.1	7	31.8	12	54.5	1	4.5
旗直属机关	3	0	0	0	0	0	0	3	100
敖日其格	69	7	10.14	53	76.81	4	5.80	5	7.25
宝日花	63	0	0	14	22.2	19	30.2	30	47.6
乌斯吐	48	3	6.3	18	37.5	19	39.6	8	16.67
大伙房	92	2	2.2	79	85.86	9	9.78	2	2.1
合计	327	25	7.65	177	54.13	66	20.18	59	18.04

从表 2－3 中可以看出：

（1）汉语水平属“略懂”级的人最多，共有 177 人，占调查总人口的 54.1 %。这种情况说明，科左中旗大部分蒙古人能听懂日常生活中的汉语。

（2）汉语水平属“熟练”和“一般”级的人较多，共有 125 人，占调查总人口的 38.2%。他们既能听懂汉语，又会说汉语。但是这些人的蒙古语好于汉语，同族之间都使用蒙古语，只与外族人交际时才用汉语。

（3）汉语水平属“不会”级的人共有 25 人，占调查总人口的 7.6%。他们既听不懂汉语，也不会说汉语。

表 2-4　60 岁以上的人单汉语情况统计表

调查点	调查总人口	人口	百分比
前查干吉	17	1	5.88
前查干花	13	0	0
后查干花	23	0	0
旗直属机关	3	0	0
敖日其格	64	0	0
宝日花	63	0	0
乌斯吐	48	4	8.3
大伙房	92	2	2.17
合计	323	7	2.17

从表 2-4 中可以看出：

(1) 不会蒙古语只会汉语的人很少，共 7 人，占调查总人口的 2.17%，而且只居住在前查干吉、乌斯吐和大伙房嘎查中。他们是：前查干吉嘎查第 34 户的杨玉梅（73 岁，女），家里都用汉语。乌斯吐嘎查第 50 户的孟祥福（71 岁，男）、任艳玲（74 岁，女），原住在蒙汉杂居的地区，只会说汉语。71 户的王广生（85 岁，男）、张耀辉（81 岁，女），原住在江西省。大伙房嘎查第 124 户的贾海（82 岁，男）、王亚汝（72 岁，女），贾海是满族，王亚汝原为汉族，后改为蒙古族，都不会说蒙古语。

(2) 在前查干花、后查干花、敖日其格、宝日花嘎查中没有单汉语的人。

表 2-5　60 岁以上的人混合话情况统计表

调查点	调查总人口	E		F	
		人口	百分比	人口	百分比
前查干吉	16	15	93.75	1	6.25
前查干花	11	5	45.45	6	54.55
后查干花	22	21	95.5	1	4.5
旗直属机关	3	0	0	3	100
敖日其格	64	62	96.88	2	3.1
宝日花	63	3	4.8	60	95.2
乌斯吐	48	46	95.8	2	4.2
大伙房	92	88	95.65	4	4.3
合计	319	240	74.24	79	24.76

从表 2-5 中可以看出：

(1) 在这个年龄段的人群中说“混合话”的人不多，共 79 人，占调查总人口的 24.76%。

(2) 在宝日花嘎查的人群中说“混合话”的人较多，共 60 人。

(3) 在前查干吉、后查干花、敖日其格、乌斯吐、大伙房嘎查的人群中说“混合话”的人很少。

2. 19-59 岁

表 2-6 19-59 岁的人蒙古语言使用情况统计表

调查点	调查总人口	熟练		一般		略懂		不会	
		人口	百分比	人口	百分比	人口	百分比	人口	百分比
前查干吉	165	154	93.3	3	1.82	2	1.2	6	3.6
前查干花	178	165	92.7	5	2.8	8	4.5	0	0
后查干花	173	167	96.5	2	1.16	3	1.73	1	0.58
旗直属机关	620	302	48.7	24	3.87	61	9.8	233	37.6
敖日其格	513	509	99.22	2	0.4	2	0.4	0	0
宝日花	553	544	98.4	3	0.54	5	0.9	1	0.18
乌斯吐	452	431	95.4	2	0.44	8	1.77	11	2.43
大伙房	839	836	99.6	1	0.12	1	0.12	1	0.12
合计	3493	3108	88.98	42	1.2	90	2.58	253	7.24

从表 2-6 中可以看出：

(1) 蒙古语水平属“熟练”级的人最多，共有 3108 人，占调查总人口的 88.98%。

(2) 各嘎查人群中属“略懂”级的人较少，共有 90 人，占调查总人口的 2.58%。

(3) 各嘎查人群中属“不会”级的人较少，共有 253 人，占调查总人口的 7.24%。

(4) 各嘎查人群中属“一般”级的人也较少，共有 42 人，占调查总人口的 1.2%。

(5) 科左中旗直属机关的干部中属“熟练”和“一般”级的人共有 326 人，约占调查总人口的 52.58%，而属“不会”级的人共有 233 人，占直属机关调查总人口的 37.6%，属“略懂”级的人共有 61 人，约占调查总人口的 9.8%。

表 2-7 19-59 岁的人汉语水平情况统计表

调查点	调查总人口	不会		略懂		一般		熟练	
		人口	百分比	人口	百分比	人口	百分比	人口	百分比
前查干吉	164	8	4.9	14	8.5	46	28	96	58.5
前查干花	174	10	5.7	53	30.5	44	25.3	67	38.5
后查干花	173	2	1.16	26	15.03	114	65.89	31	17.92
旗直属机关	602	0	0	0	0	13	2.16	589	97.84
敖日其格	510	2	0.39	270	52.94	162	31.76	76	14.9
宝日花	543	2	0.37	67	12.3	185	34.1	289	53.2
乌斯吐	447	6	1.3	71	15.9	243	54.4	127	28.4
大伙房	862	0	0	421	48.84	372	43.2	69	8
合计	3475	30	0.86	922	26.53	1179	33.93	1344	38.68

从表 2-7 中可以看出：

(1) 在前查干吉、宝日花、乌斯吐嘎查的人群中汉语水平属“熟练”级的人较多，共有 512 人，占调查总人口的 14.7%。

(2) 敖日其格、大伙房嘎查人群中属“略懂”级的人较多，共有 691 人，约占调查总人口的 19.88%。

(3) 各嘎查人群中属“不会”级的人最少，只有 30 人，占调查总人口的 0.86%。

(4) 旗直属机关干部都属“熟练”级和“一般”级，也就是说，他们的汉语水平都很高。

表 2-8　19-59 岁的人单汉语情况统计表

调查点	调查总人口	人口	百分比
前查干吉	164	6	3.7
前查干花	174	0	0
后查干花	173	0	0
旗直属机关	602	226	37.54
敖日其格	510	0	0
宝日花	543	0	0
乌斯吐	447	0	0
大伙房	862	0	0
合计	3475	232	6.68

这一年龄段的人的单汉语情况是：

(1) 各嘎查中单汉语人口很少，共有 6 人，占调查总人口的 0.2%。

(2) 只在前查干吉嘎查中有单汉语人。

(3) 在旗直属机关干部中单汉语人口最多，共有 226 人，占旗直属机关调查总人口的 37.5%。

总之，除了旗直属机关干部外，在各嘎查中不会蒙古语，只会汉语的人很少。

表 2-9　19-59 岁的人混合话情况统计表

调查点	调查总人口	E		F	
		人口	百分比	人口	百分比
前查干吉	164	136	82.9	28	17.1
前查干花	174	95	54.6	79	45.4
后查干花	173	141	81.5	32	18.5
旗直属机关	602	303	50.33	299	49.67
敖日其格	510	272	53.33	238	46.67
宝日花	543	124	22.8	419	77.2
乌斯吐	447	271	60.6	176	39.4
大伙房	862	593	68.8	269	31.2
合计	3475	1935	55.68	1540	44.32

这一年龄段的人的“混合话”情况是：

(1) 在各嘎查中说“混合话”的人较多。

(2) 在前查干吉、前查干花、后查干花嘎查中说“混合话”的人较少。

(3) 在旗直属机关干部中说“混合话”的人口很多。

3. 13－18 岁

表 2－10 13－18 岁的人蒙古语言使用情况统计表

调查点	调查总人口	熟练		一般		略懂		不会	
		人口	百分比	人口	百分比	人口	百分比	人口	百分比
前查干吉	34	32	94.1	0	0	2	5.88	0	0
前查干花	22	22	100	0	0	0	0	0	0
后查干花	31	31	100	0	0	0	0	0	0
旗直属机关	0	0	0	0	0	0	0	0	0
敖日其格	76	72	94.74	2	2.63	2	2.63	0	0
宝日花	72	72	100	0	0	0	0	0	0
乌斯吐	52	48	92.3	1	1.9	0	0	3	5.77
大伙房	138	138	100	0	0	0	0	0	0
合计	425	415	97.65	3	0.7	4	0.94	3	0.71

这一年龄段的人的蒙古语言使用情况是：

(1) 各嘎查绝大多数人的蒙古语水平属“熟练”级，其中前查干花、后查干花、宝日花、大伙房嘎查中的人的蒙古语水平全都属“熟练”级。

(2) 蒙古语水平属“一般”级的人较少，共有 3 人，占调查总人口的 0.71%。

(3) 蒙古语水平属“略懂”级人较少，共有 4 人，占调查总人口的 0.94%。

(4) 只在乌斯吐嘎查中有 3 名属“不会”级的人。

表 2－11 13－18 岁的人汉语水平情况统计表

调查点	调查总人口	不会		略懂		一般		熟练	
		人口	百分比	人口	百分比	人口	百分比	人口	百分比
前查干吉	35	1	2.9	0	0	7	20	27	77.1
前查干花	22	0	0	3	13.6	5	22.7	14	63.6
后查干花	32	0	0	1	3.1	21	65.63	10	31.25
旗直属机关	0	0	0	0	0	0	0	0	0
敖日其格	76	0	0	9	11.84	52	68.42	15	19.74
宝日花	73	0	0	9	12.33	28	38.36	36	49.32
乌斯吐	54	0	0	0	0	32	59.26	22	40.74
大伙房	127	1	0.8	55	43.31	61	48.03	10	7.87
合计	419	2	0.48	77	18.38	206	49.16	134	31.98

这一年龄段的人的汉语水平情况是：

(1) 大部分人的汉语水平属“一般”级，共有 206 人，占调查总人口的 49.16%。

(2) 大部分人都会汉语，不会汉语的人只有 2 人，占调查总人口的 0.48%。

(3) 汉语水平属“熟练”级的人较多，共有 134 人，占调查总人口的 31.98%。

总之，这一年龄段的大部分人的汉语水平较高。

表 2-12　13-18 岁的人单汉语情况统计表

调查点	调查总人口	人口	百分比
前查干吉	35	0	0
前查干花	22	0	0
后查干花	32	0	0
旗直属机关	0	0	0
敖日其格	76	0	0
宝日花	84	0	0
乌斯吐	54	0	0
大伙房	126	0	0
合计	429	0	0

这一年龄段的人中没有单汉语人。

表 2-13　13-18 岁的人混合话情况统计表

调查点	调查总人口	E		F	
		人口	百分比	人口	百分比
前查干吉	35	28	80	7	20
前查干花	22	13	59.09	9	40.91
后查干花	32	21	65.63	11	34.38
直属机关	0	0	0	0	0
敖日其格	76	19	25	57	75
宝日花	84	4	4.8	80	95.2
乌斯吐	54	10	18.5	44	81.5
大伙房	126	34	26.98	92	73.02
合计	429	129	30	300	70

这一年龄段的大部分人多说“混合话”。

4. 6-12 岁

表 2-14　6-12 岁的人蒙古语言使用情况统计表

调查点	调查总人口	熟练		一般		略懂		不会	
		人口	百分比	人口	百分比	人口	百分比	人口	百分比
前查干吉	13	10	76.9	0	0	1	7.69	2	15.38
前查干花	14	10	71.4	2	14.3	2	14.3	0	0
后查干花	22	20	90.9	2	9.1	0	0	0	0

（续表）

旗直属机关	0	0	0	0	0	0	0	0	0
敖日其格	67	64	95.5	3	4.48	0	0	0	0
宝日花	55	54	98.2	1	1.8	0	0	0	0
乌斯吐	34	32	94.1	2	5.9	0	0	0	0
大伙房	70	70	100	0	0	0	0	0	0
合计	275	260	94.5	10	3.64	3	1.1	2	0.73

这一年龄段的人的蒙古语言使用情况是：

(1) 大部分人的蒙古语水平属“熟练”级，其中大伙房嘎查的人全部属于“熟练”级。

(2) 属“一般”级的人较少，共有 10 人，占调查总人口的 3.64%。

(3) 属“略懂”级的人更少，共有 3 人，占调查总人口的 1.1%。

(4) 属“不会”级的人最少，只有 2 人。

表 2－15　6－12 岁的人汉语水平情况统计表

调查点	调查总人口	一般		熟练		略懂		不会	
		人口	百分比	人口	百分比	人口	百分比	人口	百分比
前查干吉	13	4	30.8	5	38.5	2	15.4	2	15.4
前查干花	14	1	7.1	11	78.6	2	14.3	0	0
后查干花	22	6	27.27	16	72.73	0	0	0	0
旗直属机关	0	0	0	0	0	0	0	0	0
敖日其格	67	16	23.88	3	4.48	46	68.66	2	2.99
宝日花	55	24	43.6	25	45.5	5	9.1	1	1.8
乌斯吐	34	14	41.18	8	23.53	12	35.29	0	0
大伙房	66	7	10.6	0	0	57	86.36	2	3.03
合计	271	72	26.6	68	25.1	124	45.8	7	2.6

这一年龄段的人的汉语水平情况是：

(1) 属“略懂”级的人最多，共有 124 人，占调查总人口的 45.8%。

(2) 属“一般”级的人较多，共有 72 人，占调查总人口的 26.6%。

(3) 属“熟练”级的人也较多，共有 68 人，占调查总人口的 25.1%。

(4) 属“不会”级的人最少，只有 7 人，占调查总人口的 2.6%。

表 2－16　6－12 岁的人单汉语情况统计表

调查点	调查总人口	人口	百分比
前查干吉	13	1	7.7
前查干花	14	0	0
后查干花	22	0	0
旗直属机关	0	0	0
敖日其格	67	0	0

（续表）

宝日花	55	0	0
乌斯吐	34	0	0
大伙房	66	0	0
合计	271	1	0.4

从上表中可以看出：只有在前查干吉嘎查中有单汉语人，而且人数很少，只有1人，占本次调查总人口的0.4％。

表2－17　6－12岁的人混合话情况统计表

调查点	调查总人口	E		F	
		人口	百分比	人口	百分比
前查干吉	13	8	61.5	5	38.5
前查干花	14	5	35.7	9	64.3
后查干花	22	8	36.36	14	63.64
旗直属机关	0	0	0	0	0
敖日其格	67	25	37.31	42	62.69
宝日花	55	1	1.8	54	98.2
乌斯吐	34	13	38.24	21	61.76
大伙房	66	19	28.79	47	71.21
合计	271	79	29.15	192	71

从上表中可以看出：

这一年龄段的人中说“混合话”的较多，共有192人，占调查总人口的71％。

5.5户人家的蒙古语言使用情况

下面具体分析5户人家的蒙古语言使用情况。

(1)大伙房嘎查第73户

大伙房嘎查第73户共有6口人，户主是韩双富，40岁。是三代人的家庭，文化程度都不高。他们的蒙古语水平都很好，属“熟练”级，而汉语水平较低，都属“略懂”级。第一、二代都取汉名，而第三代取了蒙古名。

表2－18　大伙房嘎查第73户家庭成员的基本信息和语言使用情况表

序号	家庭关系	姓名	年龄	文化程度	蒙古语水平	汉语水平	备注
73	户主	韩双富	40	初中	A	C	
	妻子	春英	40	初中	A	C	
	父亲	韩天宝	74	小学	A	C	
	母亲	领小	60	小学	A	C	
	长子	格日乐吐	15	小学	A	C	
	次子	朝格吉乐吐	12	小学	A	C	

（2）宝日花嘎查第 178 户

宝日花嘎查第 178 户共有 5 口人，户主是包永利，30 岁。是三代人的家庭。姐姐包永红，文化程度较高，蒙古文高中毕业生，蒙古语和汉语都好。其他 4 个人的文化程度不高，蒙古语水平高，而汉语水平较低，属“一般”级。

表 2－19 宝日花嘎查第 178 户家庭成员的基本信息和语言使用情况表

序号	家庭关系	姓名	年龄	文化程度	蒙古语水平	汉语水平	备注
178	户主	包永利	30	小学	A	B	
	妻子	鲍晓丽	32	初中	A	B	
	长子	包海清	10	小学	A	B	在汉族小学学习
	母亲	孙福英	58	小学	A	B	
	姐姐	包永红	34	高中	A	A	

（3）乌斯吐嘎查第 109 户

乌斯吐嘎查第 109 户共有 6 口人，户主是张文潮，35 岁，蒙古文高中毕业生，蒙古语水平高，属“熟练”级。妻子王春英是蒙古文初中毕业生，蒙古语水平也高，而汉语水平较低，属“略懂”级。女儿张苏亚丽，10 岁，蒙古语和汉语水平较高，属“熟练”级。父母和弟弟，蒙古语水平都高，而汉语水平较低。

表 2－20 乌斯吐嘎查第 109 户家庭成员的基本信息和语言使用情况表

序号	家庭关系	姓名	年龄	文化程度	蒙古语水平	汉语水平	备注
109	户主	张文潮	35	高中	A	B	
	妻子	王春英	34	初中	A	C	
	长女	张苏亚丽	10	小学	A	A	在汉族小学学习
	父亲	张宝龙	60	小学	A	C	
	母亲	贾风英	58	小学	A	C	
	弟弟	张文成	34	初中	A	C	

（4）敖日其格嘎查第 146 户

敖日其格嘎查第 146 户共有 5 口人，户主是贾文泉，30 岁，蒙古文初中文化程度，蒙古语和汉语水平属“熟练”级。妻子白双梅和父亲贾海山、二姐贾香彬，蒙古语、汉语水平都属“熟练”级。总之，这一家的蒙古语和汉语水平都高。

表 2－21 敖日其格嘎查第 146 户家庭成员的基本信息和语言使用情况表

序号	家庭关系	姓名	年龄	文化程度	蒙古语水平	汉语水平	备注
146	户主	贾文泉	30	初中	A	A	
	妻子	白双梅	29	初中	A	A	
	长子	贾欣喆	4	学前			
	父亲	贾海山	63	高中	A	A	
	二姐	贾香彬	33	中专	A	A	

(5) 前查干花嘎查第 46 户

前查干花嘎查第 46 户共有 4 口人，户主韩群，29 岁，是汉文初中毕业生，蒙古语和汉语都属“熟练”级。妻子刘慧是汉族，汉文初中毕业生，蒙古语水平不高，属“略懂”级，而汉语水平属“熟练”级。女儿韩学志，9 岁，正在汉文小学学习，蒙古语水平不高，属“略懂”级，而汉语水平属“熟练”级。母亲陈宝兰，蒙古文初中毕业生，蒙古语和汉语水平都较高。他们家里人一般都用汉语交谈，只有母亲一般说蒙古语。

表 2－22　前查干花嘎查第 46 户家庭成员的基本信息和语言使用情况表

序号	家庭关系	姓名	年龄	文化程度	蒙古语水平	汉语水平	备注
46	户主	韩群	29	初中（汉）	A	A	
	妻子	刘慧	31	初中（汉）	C	A	汉族
	母亲	陈宝兰	64	初中	A	A	
	长女	韩学志	9	小学（汉）	C	A	

上述 4 个不同年龄段的科左中旗蒙古族语言使用现状可分别归纳如下：

1. 蒙古语使用情况

(1) 各嘎查中的大部分人(3807)的蒙古语水平属“熟练”级，占嘎查调查总人口的 94.8%。

(2) 各嘎查中蒙古语水平属“不会”级的人最少，共 29 人，占调查总人口的 0.63%。

(3) 各嘎查中蒙古语水平属“一般”和“略懂”级的人较少。

(4) 科左中旗直属机关干部的年龄都在 19－59 岁这一年龄段内。他们的半数人属“熟练”级和“一般”级，属“不会”级的人占调查总人口的 1/3 以上。

从上述情况可以看出，我们所调查的各嘎查中的大部分蒙古人的蒙古语水平都很高，不会蒙古语的人很少。其原因主要是：一、他们长期聚居在一起；二、外来汉族户不多，甚至一些汉族人的孩子和大人已学会了蒙古语；三、大部分人都掌握了蒙古文，其中许多人是蒙古文初中、高中毕业生。而旗直属机关的蒙古族干部中的许多人的蒙古语水平不高或不会蒙古语。其原因主要是：一、他们在机关或公共场所都使用汉语，有些人在家里，甚至与蒙古人交谈时也使用汉语；二、一些人从小就生长在没有蒙古语言的环境中；三、一些人虽会说、听得懂蒙语，也会蒙古文，但是长期生活在城镇，且不看蒙古文书籍、蒙古语电视，不听蒙古语广播。

2. 汉语使用情况

(1) 科左中旗大多数干部的汉语水平都很高。

(2) 青少年和中年人的汉语水平较高，同时会说汉语的人数也较多，而老年人的汉语水平较低，同时不会说汉语的人也较多。

(3) 各嘎查中单汉语的人很少。

3. “混合话”使用情况

(1) 各嘎查和直属机关的人都说“混合话”。

(2) 距城镇较远嘎查的人的话中“混合话”较少。

（3）旗直属机关干部的话中“混合话”较多。

三 不同场合蒙古语的使用情况

不同场合中，语言的选择和使用有不同的特点。科左中旗是蒙古族人口最多而且集中聚居的地区，也是汉族人口较多、蒙汉族之间交际密切的地区。因此，蒙古语和汉语在不同场合中的使用情况也不相同。在日常生活中，如果双方都是蒙古族、也都会说蒙古语，那么就使用蒙古语；而如果其中的一方不是蒙古族、也不会说蒙古语，双方一般使用汉语；如果其中的一方虽不是蒙古族，但会说蒙古语，双方一般使用蒙古语；如果其中的一方虽为蒙古族，但不会说蒙古语，双方一般使用汉语；还有个别会说蒙古语的干部同蒙古族人（会听、会说汉语的）说话时用汉语。

下面具体分析一些典型场合中语言使用的特点：

1. 家庭内部

族内婚姻家庭和族际婚姻家庭语言的使用情况存在差异。

（1）族内婚姻家庭都使用蒙古语

族内婚姻家庭的成员若都是蒙古族，相互之间都用蒙古语交谈。在这样的家庭里每个成员在成长过程中，都通过蒙古语接受长辈传授的生产经验、生活知识、风俗习惯，即使是年轻人到外地打工、学习回来后也用蒙古语向家人描述外部世界和所见所闻。

（2）族际婚姻家庭使用语言有如下几种情况：

一种情况是双方说汉语，一方说蒙古语。刚嫁到蒙古族家庭的汉族媳妇或到蒙古族家庭的汉族赘婿与家庭成员交流时都说汉语（上节所述，科左中旗大部分蒙古人会听、会说汉语）；而家庭中的蒙古族之间说蒙古语。如前查干花嘎查第46户的语言使用情况就是如此。户主韩群，蒙古族，是汉文初中毕业生，蒙汉语水平都高，妻子是汉族，蒙古语水平不高，女儿9岁，在汉文学校学习，蒙古语水平不高，他们在家里都用汉语交谈，而韩群的母亲蒙古语水平较高，母子交谈一般说蒙古语。

另一种情况是都说蒙古语。这些家庭最初也经历过上述“双方说汉语，一方说蒙古语”的阶段。随着时间的推移，外来的汉族妇女或女婿逐渐学会了蒙古语，与家人能用蒙古语交流。在该旗很多嘎查中都有这样的家庭。如大伙房嘎查第247户，户主谭图门乌力吉，蒙古族，60岁，蒙古语水平高，而汉语水平不高，妻子玉清，原为汉族，55岁，他们的长子、长女、次子汉语水平不高而蒙古语水平高。他们家里都用蒙古语交谈。

2. 镇、苏木

我们所调查的宝龙山镇、巴彦塔拉镇和花胡硕苏木的绝大多数人是蒙古族。镇、苏木干部的绝大多数人也是蒙古族。但是使用语言情况比较复杂，有以下几种类型：

（1）在公共场所（各种会议、集会、活动）使用汉语；

（2）蒙古族干部与汉族干部交谈时使用汉语；

（3）蒙古族干部与蒙古族干部交谈时一般使用蒙古语；

（4）下乡到各嘎查时汉族干部使用汉语，蒙古族干部使用蒙古语。

宝龙山镇干部职工有 39 名，其中蒙古族有 36 名，12 人不懂蒙古语。巴彦塔拉镇干部职工有 71 名，其中蒙古族有 50 名，大部分人会说蒙古语，也有一些人会蒙古文。花胡硕苏木干部职工有 19 名，其中蒙古族有 17 名，都会说蒙古语，大部分人还会蒙古文。

花胡硕苏木书记韩占峰、苏木达张勤都是蒙古族，蒙汉兼通，与苏木蒙古族干部和各嘎查干部、村民交谈时都使用蒙古语，而开会、与汉族人交谈时使用汉语，向上级汇报工作时使用汉语。协助我们工作的副苏木达额布日勒图是蒙古族，蒙古语水平很高，一般都说蒙古语，也能用蒙古文写材料。巴彦塔拉镇书记和镇长都是汉族，不会说蒙古语，开会、下乡都说汉语，但工作积极、认真，对蒙古族群众很热情。协助我们工作的副镇长包海英是蒙古族，蒙古语水平很高，一般都说蒙古语，也能用蒙古文写材料。宝龙山镇书记是汉族，不会说蒙古语，镇长是蒙古族，但是一般不说蒙古语，开会、交谈都使用汉语，镇政府机关内听不到蒙古语。

3. 学校

科左中旗有一所市级重点高级中学，称蒙古族中学，地址在保康镇，是一所纯蒙古语授课的学校。现有教职工 205 名，专任教师 165 名，其中特级教师 1 名，高级教师 40 名，国家级模范教师 1 名，自治区级优秀教师 2 名，自治区级骨干教师 2 名，大学本科学历者达 90%以上。学生 3100 多名，其中 98%是住宿生。除汉语课外其他课程都用蒙古语授课。1997 年被国家民委授予“民族团结进步模范单位”，2002 年被自治区政府授予“民族团结进步先进集体”称号，2008 年被通辽市政府命名为“全市学习使用蒙古语言文字先进集体”。教师和教师、学生与教师之间都使用蒙古语，在会议、活动中都使用蒙古语。

宝龙山镇有一所蒙古族中学，称第三中学。该校是一所初级中学，建于 1986 年 9 月。现有 94 名教职工，18 个教学班，766 名学生。除汉语课外都用蒙古语授课。在学校内都使用蒙古语。2002 年被评为旗级“应用蒙古语言文字的先进单位”。宝龙山镇还有一所中心小学，学生有 2000 余名，其中蒙古族学生约有 150 名，都用汉语授课。

巴彦塔拉镇有一所中心小学（原名巴彦塔拉第一小学），是科左中旗一所历史悠久的蒙汉合校，始建于 1934 年。现有 15 个班，其中蒙古语授课班 4 个，学前班 3 个。学生有 440 名，其中蒙古族学生 42 名，教师有 48 名，蒙古族教师除用蒙古语授课外，在学校里都使用汉语。在乌斯吐嘎查有一所小学、初中合一的蒙古族学校，其中小学 6 个班（包括学前班），学生 88 名，教师有 32 名。在学校里都使用蒙古语。敖日其格嘎查有一所蒙古族小学，有 6 个班、70 多名学生、9 名教师。在学校里都使用蒙古语。

花胡硕苏木有一所纯蒙古语授课初级中学，始建于 1971 年。现有 12 个教学班，学生 492 名，其中住宿生 355 名，教职工 51 名。各门课程都用蒙古语授课，也设汉语课和英语课。在学校里都使用蒙古语。2002 年被命名为市级“民族中小学管理示范学校”称号。该苏木还有一所中心小学，始建于1947年。现有12个教学班（包括3个学前班）、592名学生、40名教职工。各门课程都用蒙古语授课。从一年级起开设汉语文课，从三年级起开设英语课，在学校里都使用蒙古语。1998年被评为盟（原哲里木盟）级“义务教育示范学校”，2007年被旗政府命名为“教育教学管理先进学校”称号。

4. 商店、集市

宝龙山镇政府所在地有四条东西走向的2公里街道、四条南北走向的1.5公里街道。街道两旁有商店、饭店和公司、客运站等1000多家。这些商店50%以上的经营者都是蒙古族人。在这些商店里，一般使用汉语，商店里的蒙古族店员见到蒙古族人时用蒙古语交谈，有的汉族商人也能听、会说简单的蒙古语。宝龙山镇过去经常举办集市贸易，近几年停办，现正在筹办大型集贸市场。

巴彦塔拉镇政府所在地有三条东西走向的3公里街道和4条南北走向的1公里街道，有300余家商店，一半由蒙古族人经营。还有2个集市。一般都用汉语交谈。

花胡硕苏木所在地大伙房嘎查没有商业街道，村中部有一条南北走向的柏油公路（111国道），在公路两边有16家商店、饭店，都由蒙古族人经营。村中还有6家小商店。商店经营者与蒙古族人交谈时都用蒙古语。有时也举办集市贸易。

5. 其他机关

宝龙山镇、巴彦塔拉镇、花胡硕苏木内也有派出所、国土资源管理所、信用所、供电所、兽医站、农机站、动物防疫站、文化站、医院等机构。在这些机构内工作的干部、职工、医生大部分是汉族人，还有一些蒙古族人。他们一般都使用汉语，只有蒙古族干部、职工与蒙古族人交谈时才使用蒙古语。

表2-23 宝龙山镇不同场合蒙古语使用情况调查表

<table>
<tr><th colspan="3" rowspan="2">使用场合</th><th colspan="2">互补</th><th>重叠</th></tr>
<tr><th>使用蒙古语</th><th>使用汉语</th><th>两种语言同时使用</th></tr>
<tr><td rowspan="2">家庭</td><td colspan="2">族内婚姻</td><td>√</td><td></td><td></td></tr>
<tr><td colspan="2">族际婚姻</td><td></td><td>√（媳妇、赘婿）</td><td>√</td></tr>
<tr><td rowspan="4">学校
（蒙古族学校）</td><td rowspan="3">课堂
教学</td><td>小学
低年级</td><td>√</td><td></td><td></td></tr>
<tr><td>小学
高年级</td><td>√</td><td></td><td></td></tr>
<tr><td>初中</td><td>√</td><td></td><td></td></tr>
<tr><td colspan="2">课下</td><td>√</td><td></td><td></td></tr>
<tr><td rowspan="2">机关单位</td><td colspan="2">镇政府</td><td></td><td>√</td><td></td></tr>
<tr><td colspan="2">其他机关</td><td></td><td>√</td><td></td></tr>
<tr><td colspan="3">集市、商店</td><td></td><td>√</td><td></td></tr>
</table>

表 2－24 宝龙山镇不同场合蒙古语使用情况调查表

使用场合			互补		重叠
			使用蒙古语	使用汉语	两种语言同时使用
家庭	族内婚姻		√		
	族际婚姻			√（媳妇、赘婿）	√
学校（蒙、汉合校）	课堂教学	小学	√（蒙古语授课班）	√	
	课下			√	
机关单位	镇政府			√	
	其他机关			√	
集市、商店				√	

表 2－25 巴彦塔拉镇不同场合蒙古语使用情况调查表

使用场合			互补		重叠
			使用蒙古语	使用汉语	两种语言同时使用
家庭	族内婚姻		√		
	族际婚姻			√（媳妇、赘婿）	√
学校（中心小学，蒙汉合校）	课堂教学	学前班		√	
		小学低年级	√（蒙古语授课班）	√	
		小学高年级	√（蒙古语授课班）	√	
	课下			√	
机关单位	镇政府			√	
	其他机关			√	
集市、商店				√	

表 2－26 花胡硕苏木不同场合蒙古语使用情况调查表

使用场合			互补		重叠
			使用蒙古语	使用汉语	两种语言同时使用
家庭	族内婚姻		√		
	族际婚姻			√（媳妇、赘婿）	√
学校（蒙古族学校）	课堂教学	学前班	√		
		小学低年级	√		
		小学高年级	√		
		初中	√		
	课下		√		

（续表）

机关单位	苏木政府	√	（会议中）√	
	其他机关		√	
集市、商店				√

第二节 科左中旗蒙古族语言稳定使用的条件和因素

如上所述，科左中旗蒙古族语言作为蒙古族人的日常生活必不可少的交际工具，将长期稳定地使用。本节分析其稳定使用的条件和因素。

一 蒙古族人口较多和分布高度聚居是蒙古语稳定使用的客观条件

（一）蒙古族人口较多

科左中旗共有人口约 54 万，其中蒙古族有约 39 万人，其他民族 1.3 万人，占总人口的 72.2%，是我国蒙古人口最多的一个旗。

表 2－27 科左中旗各民族人口所占比例表

民族	人口（万）	比例（%）
蒙古族	39	72.2
汉族	13.7	25.4
其他	1.3	2.4
总人口	54	

我们调查的两个镇、一个苏木和旗直属机关中蒙古族人口也很多。

宝龙山镇共有 63027 人，其中蒙古族 56161 人，占总人口的 89.1%，汉族 6239 人，占总人口的 9.90%，其他民族 627 人，占总人口的 0.99%。

表 2－28 宝龙山镇各民族人口所占比例表

民族	人口	比例（%）
蒙古族	56161	89.1
汉族	6239	9.90
其他	627	0.99
总人口	63027	

巴彦塔拉镇共有 32417 人，其中蒙古族 24297 人，占总人口的 74.95%，汉族 8119 人，占总人口的 25.04 %，其他民族 1 人。

表 2－29　巴彦塔拉镇各民族人口所占比例表

民族	人口	比例(%)
蒙古族	24297	74.95
汉族	8119	25.04
其他	1	0.003
总人口	32417	

花胡硕苏木共有17195人，其中蒙古族17174人，占总人口的99.88%，汉族20人，占总人口的0.12%，其他民族1人。

表 2－30　花胡硕苏木各民族人口比例表

民族	人口	比例(%)
蒙古族	17174	99.88
汉族	20	0.12
其他	1	0.01
总人口	17195	

科左中旗直属机关所调查(28个单位)的总人口有884人，其中蒙古族有628人，占调查总人口的71%，汉族246人，占调查总人口的28 %，其他民族10人。

表 2－31　科左中旗直属机关调查对象的各民族人口比例表

民族	人口	比例(%)
蒙古族	628	71
汉族	246	28
其他	10	1
总人口	884	

(二) 蒙古族人口分布高度聚居

从各嘎查的人口分布情况来看，科左中旗蒙古族人口分布呈高度聚居状态。

前查干吉嘎查共有79户，307人，其中蒙古族280人，占总人口的91.2%，汉族20人，其他民族7人。

表 2－32　前查干吉嘎查各民族人口所占比例表

民族	人口	比例(%)
蒙古族	280	91.2
汉族	20	6.5
其他	7	2.3
总人口	307	

前查干花嘎查共有83户，332人，其中蒙古族330人，占总人数的99.4%，汉族2人。

表 2-33 前查干花嘎查各民族人口所占比例表

民族	人口	比例(%)
蒙古族	330	99.4
汉族	2	0.6
其他	0	0
总人口	332	

后查干花嘎查共有 67 户,280 人,其中蒙古族 272 人,占总人口的 97.1 %,汉族 8 人。

表 2-34 后查干花嘎查各民族人口所占比例表

民族	人口	比例(%)
蒙古族	272	97.1
汉族	8	2.9
其他	0	0
总人口	280	

敖日其格嘎查共有 189 户,779 人,其中蒙古族 776 人,占人口总数的 99.6%,汉族 3 人。

表 2-35 敖日其格嘎查各民族所占比例表

民族	人口	比例(%)
蒙古族	776	99.6
汉族	3	0.4
其他	0	0
总人口	779	

宝日花嘎查共有 264 户,926 人,其中蒙古族 865 人,占总人口的 93.4%,汉族 60 人。

表 2-36 宝日花嘎查蒙古族人口所占比例表

民族	人口	比例(%)
蒙古族	865	93.4
汉族	60	6.5
其他	1	0.1
总人口	926	

乌斯吐嘎查共有 196 户, 838 人,全都是蒙古族人。

表 2-37 乌斯吐嘎查各民族人口所占比例表

民族	人口	比例(%)
蒙古族	838	100
汉族	0	0
其他	0	0
总人口	838	

大伙房嘎查共有 776 户,3358 人,其中蒙古族 3349 人,占总人口的 99.73%,汉族 8 人,其

他民族 1 人。

表 2－38　大伙房嘎查各民族人口所占比例表

民族	人口	比例(%)
蒙古族	3349	99.73
汉族	8	0.24
其他	1	0.03
总人口	3358	

宝龙山镇、巴彦塔拉镇和花胡硕苏木共有 111885 人，其中蒙古族 93953 人，占总人口的 83.97%。

表 2－39　苏木、镇蒙古族人口比例表

民族	人口	比例(%)
蒙古族	93953	83.97
总人口	111885	

表 2－40　8 个调查点中蒙古族家庭户数所占比例表

调查点	户数	蒙古族家庭户数	蒙古族家庭户数占全嘎查、镇户数百分比
前查干吉	79	72	91.1
前查干花	83	81	97.6
后查干花	67	64	95.5
旗直属机关	0	0	0
敖日其格	208	207	99.5
宝日花	264	229	86.7
乌斯吐	212	212	100
大伙房	776	772	99.5

从上述统计数字看，在各嘎查人口中还有少量的汉族和其他民族人口，他们中的一些人是从外地迁徙来的，也有一些是族际婚姻家庭中的人。

科左中旗蒙古族人口较多且呈高度聚居的状态，这为科左中旗蒙古族“提供了一个母语使用的广阔空间”，是当地蒙古语能够长期、完整地保留下来的客观条件。

二　国家民族政策及其语文政策是蒙古语得以稳定使用的最重要保障

党和国家制定了正确的民族政策及语文政策。《中华人民共和国宪法》第四条规定“各民族都有使用和发展本民族语言文字的自由。”《中华人民共和国民族区域自治法》第十条规定“民族自治地方的自治机关保障本地方各民族都有使用和发展自己的语言文字的自由，都有保持或者改革自己的风俗习惯的自由。”此外，内蒙古自治区也根据自治区实际，制定了《内蒙古自治区蒙古语文工作暂行条例》、《关于学习与使用蒙古语文的奖励办法》、《关于确定蒙古语基础方言、标准音和试行蒙古语音标的请示报告的通知》等多项条例及措施。国家的民族政策及其语文政策和内蒙古自治区的具体办法、措施,保障了蒙古民族自由地学习和使用自己的语言文字的权利。

科左中旗蒙古族人口约39万,是内蒙古自治区蒙古族人口最多的旗。该旗蒙古族居住的特点是小杂居、大聚居,即少数人与汉族杂居,多数人集中居住。

在全旗内,蒙古语是最重要的交际工具。全旗的绝大多数蒙古族人会使用自己的民族语言。在各嘎查和蒙古族家庭内部都使用蒙古语;许多苏木和一些旗直属机关的蒙古族人之间用蒙古语交谈;嘎查干部到旗、镇、苏木开完会回到嘎查内传达会议精神和文件时一般也使用蒙古语;在蒙古族聚居的嘎查内长期居住的很多汉族和其他民族人学会了蒙古语。

全旗蒙古语授课学校的所有课程(除汉语文课外)都用蒙古语授课。这些学校的教职工绝大多数人是蒙古族人,他们课内和课外都用蒙古语交谈;学生们使用的教材都是蒙古文课本,汉语文课本中也有蒙古文译文;在蒙古语授课的学校举行的会议及公共场合一般都使用蒙古语。

总之,国家民族政策及其语文政策是科左中旗蒙古语得以稳定使用的最重要保障。

三　民族意识和母语观念是蒙古语稳定使用的有利因素

"民族意识是单一民族对民族身份、民族文化等方面的一种自觉认同心理",①是"各民族在形成和发展过程中凝结起来的表现在民族文化特点上的心理状态"。②

科左中旗蒙古族热爱本民族的历史,作为蒙古民族的一员而感到自豪。这种民族意识具有很强的生命力和稳定性。

科左中旗著名民间艺人班巴尔说:"达尔罕旗(即科左中旗)是奶乳满缸、牲畜满圈、牧草肥壮、五畜兴旺、飞禽争鸣的好地方。"科左中旗花胡硕苏木小学教师包丽萍说:"我们蒙古族是闻名世界的、很有影响的民族。"科左中旗巴彦塔拉镇敖日其格嘎查退休老人贾布和说:"我们蒙古族是有悠久历史和举世闻名的很有影响的民族。"科左中旗花胡硕苏木大伙房嘎查小学生苏民说:"我喜欢自己的蒙古族。蒙古族是有光荣文化传统和有道德的民族。"

科左中旗蒙古族保持着蒙古族的优秀文化传统和风俗习惯。他们每年都举行那达慕大会,经常举办民间文艺汇演,在春节期间和节庆日请说唱艺人,演唱乌力格尔(说唱演义)和民歌。在科尔沁地区出现了琶杰、毛依汗、额尔敦珠日和、布仁巴雅尔等著名民间艺人。在科左中旗出现了查干巴拉、双喜、班巴尔等著名民族歌手。《嘎达梅林》、《达那巴拉》、《四海之歌》、《达古拉》等民歌家喻户晓。

---

① 戴庆厦主编:《基诺族语言使用现状及其演变》第37页,商务印书馆,2007年。

② 参见《中国大百科全书》(民族卷)第306页。

"民族意识决定语言观念。所谓语言观念，又称语言观或语言态度，是指个人或集团（包括方言区、民族）对某种语言的价值及行为倾向的评价，包括如何认识和理解某种语言的地位，采取何种情感。"①语言是一个民族的重要特征，是一个民族最重要的交际工具。蒙古民族有强烈的民族意识，因而十分重视作为民族身份标志和民族文化载体的蒙古语。

前查干吉嘎查会计吴良柱（41岁）因长期在汉族地区生活，蒙古语水平不太好，但是同我们调查组人员谈话时尽力使用蒙古语。他说："我们蒙古人应该学习自己的语言，这些天跟着你们，我的蒙古语水平提高了不少，我以后还要好好学习蒙古语。"所有这些都是有利于蒙古语的保留和稳定使用的因素。

四　家庭与社会的语言教育是蒙古语稳定使用的重要保障

家庭语言教育是儿童获得语言交际能力的基础。"家庭语言教育主要指对学龄前儿童（一般为0—6岁）母语的自然习得。该阶段家庭成员（主要是父母）对儿童母语教育的有意识引导与启蒙至为重要。"②科左中旗蒙古族家庭都很重视孩子的母语教育。我们所调查的各嘎查蒙古族家庭中的大多数孩子都会说蒙古语，他们在家庭中自然而然地学会了蒙古语。在城镇居住的许多蒙古族家长也想方设法使孩子掌握蒙古语，他们在家里说蒙古语，与孩子们交流时也使用蒙古语。也有一些家长把孩子送到蒙古语授课学校上学。蒙古族人长期的家庭语言教育为蒙古语的世代相传奠定了坚实的基础。

社会的语言教育也是蒙古语得以稳定使用的重要条件。社会语言教育是指具有基本语言能力的母语习得者在社会母语环境下语言能力的继续增强和提升的过程。社会教育是一种终生教育，从学龄前一直延续一生，包括家庭、嘎查、学校以及其他一切以使用蒙古语为主的各类环境。

在科左中旗各嘎查、苏木、镇、旗的蒙古族小学、中学里都用蒙古语授课，一些学校的汉语文课也用蒙古语授课，教师与学生之间、学生与学生之间、教师与教师之间都用蒙古语交谈，开会、集体活动中也使用蒙古语。在集市、在路上蒙古人之间也用蒙古语交谈。在蒙古族干部和职工较多和集中的机关、单位蒙古人之间一般也使用蒙古语交谈。如科左中旗民族事务局和花胡硕苏木的蒙古族干部们都用蒙古语交谈。

总之，家庭和社会语言教育是蒙古语稳定使用的重要保障。

① 戴庆厦主编：《基诺族语言使用现状及其演变》第38页，商务印书馆，2007年。

② 同上第41页。

第三章　科左中旗蒙古族语言受汉语影响引起的变化

各民族之间相互吸收借词是较普遍的现象。我国各民族之间很早以来就在政治、经济、文化上有着密切的联系，所以不论少数民族语言还是汉语中都有来自对方的借词。由于语言的演变，有些历史悠久的借词在语音上或词义上与现代语言有些差别，但经过研究仍然可以看出它们是来自其他语言的。

在科左中旗蒙古族长期的社会发展过程中，汉语借词渗透到蒙古族群众生活的各个领域中，尤其是随着蒙古族与汉族的关系越来越密切，科左中旗的蒙古语受汉语影响越来越大。科左中旗蒙古语受汉语的影响主要表现在词汇上，同时在语音、语法上也受到一定的影响。

在这次田野调查中，我们为了全面观察科左中旗蒙古族使用的蒙古语言受汉语影响的程度，用500个词测试了不同年龄、不同职业、不同文化程度的16个人。

第一节　汉语借词

词汇反映着语言的发展状况，也反映着人们对客观世界认识的广度和深度。语言的词汇越丰富、发达，它本身也就越丰富、发达，表现力也越强。借词是不同语言接触的必然结果，是两种或多种文化相互影响、渗透在语言中的印迹。

一　汉语借词的层次性

科左中旗蒙古族语言里汉语借词存在不同的层次。分清汉语借词的层次有助于认识汉语借词的性质及其演变规律。借词的层次可以从不同的角度做不同的划分。

（一）早期借词和新借词

我们把解放前的汉语借词称之为早期借词。这个时期的汉语借词主要涉及日常生活用品。如：窗户、烟筒、洋油、洋桶、洋勺、取灯、缸、盆子、镢头、板子、苞米、黄瓜、西瓜、笔等。

新中国成立后借入的汉语借词称之为新借词。与早期借词相比，新中国成立后的汉语借词数量较多，并且涉及日常生活、政治、经济、文化、科技等各个方面。如：书记、干部、队长、生产队、公社、红卫兵、电视、电话、手机、电脑、空调、公司、拖拉机、摩托车、电冰箱、洗衣机等。

（二）不同年龄的人借词使用情况

从对不同年龄段人的调查中可以看出，汉语借词在中老年人的语言中较少，而在青少年人的语言中则较多。如"椅子"一词，中老年人用蒙古语 sandɤl，而大多数青少年则使用汉语借词 dəŋs；"说谎"一词，大多数中老年人用 xɷdɤlaː xəlɤx，而青少年则用汉语借词 xʉaŋ xəlɤx。

二　汉语借词在词汇系统中的地位

汉语借词是科左中旗蒙古族语言词汇系统的重要组成部分。它在书面语中约占5%左右，在口语中约占20%～30%。

三　借词分类

科左中旗蒙古族语言中的汉语借词①，按其语法功能及意义可分为以下几类：

（一）名词，主要包括以下几类：

1. 蔬菜、水果、农作物类词：bɛːsɛː（白菜）、laːʤiɔ（青椒）、xɷaŋgɷa（黄瓜）、ʃixɷŋʃʅ（西红柿）、ʧinsɛː（芹菜）、ʧiəːs（茄子）、piŋgʉəː（苹果）、ʤyːs（橘子）、ʃiːgɷa（西瓜）、ʃiaŋgʉaː（香瓜）、lydʉː（绿豆）、dɔːs（稻）。

2. 牲畜、家禽类词：lʉəs（骡）、jaːs（鸭子）。

3. 矿产、自然现象类词：miː（煤）、inli（阴历）、jaŋli（阳历）、dɛn（电）。

4. 饮食类词：bɛnʃ（扁食）、gɷaːmɛn（挂面）、ʃiaːbiŋ（馅饼）、mɛntiɔːr（面条）、mantʉː（馒头）、bɔːs（包子）、daːmi（大米）、piːʤʉ（啤酒）。

5. 家具、用品、工具类词：bandɤŋ（板凳）、gəŋʧəː（羹匙）、diəːs（碟子）、jaŋsɷːr（锄头）、kʉaŋs（筐子）、ʤiətʉː（镢头）、bɔːdɷː（菜刀）、ambɤn（案板）。

6. 文具类词：jyɛnʤʉːbi（圆珠笔）、ʧɛmbi（铅笔）、ʃʉːbɔː（书包）、gəːʧʅ（格子）、bəns（本）。

7. 其他日常生活类词：ʧɔʉʃʅ（超市）、lyːjʉː（旅游）、ʃiaŋʃʉi（香水）、waŋbaː（网吧）、gʉansɛː（棺材）、gʉaxʉː（寡妇）。

8. 身体部位类词：ʧyɛntʉː（拳头）、nʉdən lɛns（眼睑）。

9. 疾病、药品类词：fəiʤiəxə（肺结核）、ganjɛn（肝炎）、fəijɛn（肺炎）、ʧiŋməisʉ（青霉素）、gammɔːpia（感冒片）。

10. 亲属称谓、国家、民族名称类词：jəːjəː（爷爷）、nɛːnɛː（奶奶）、gʉːgʉ（姑姑）、xɷis（回族）、məigʉə（美国）、iŋgʉə（英国）。

11. 机关单位、职位类词：danwʉi（单位）、gʉŋʃə（公社）、daːdʉi（大队）、ʃʉːʤi（书记）、ʦʉnʤaŋ（村长）、lɛnʤaŋ（连长）。

① 其中一些词与蒙古语词并用。

（二）数量词，如：ʤiŋ（斤）、laŋ（两）、mɔː（毛、角）、yɛn（元）。

（三）形容词，如：paŋdiː（胖）、ʃʉːdiː（瘦）、tɛndiː（甜）。

（四）动词，如：kaiʃʅːx（开始）、tiɔːx（跳）。

四　借词构造

科左中旗蒙古族语言中的汉语借词按其构造可分为两类。

一类是整体借用。其中有的是借用后保持与汉语相同的语音，如 jəːjəː（爷爷）、bandɤŋ（板凳，凳子）、piŋgʉə（苹果）、ʧyɛntʉː（拳头）等；有的在语音上有差异，如 nɛːnɛː（奶奶）、gʉːgʉ（姑姑）、ʤʉːʤʉː（舅舅）、diəːs（碟）、ʧɛmbi（铅笔）、ʃinsə（婶子）、ʃɛndiː（咸的）、tɛndiː（甜的）等。

另一类是部分借用，汉语借词加蒙古语词，如 iːdiː ɑːb（姨爹）、gʉjiə ɑːb（姑爷、姑父）等。

五　汉语借词与固有词的并存和竞争

有一部分汉语借词进入科左中旗蒙古族语言词汇系统中后，与蒙古语固有的相同、相近的词并存，因而相互间不可避免地出现竞争现象，在竞争中出现以下四种情况。

（一）一些汉语借词逐渐代替了固有词，其中有一些词，只在少数人群（主要是老一代人）中使用。如：nɒdrag（ᠨᠢᠳᠤᠷᠭ᠎ᠠ — nidɒrg-ɑ）被 ʧyɛntʉː（拳头）代替，nɒgɤs（ᠨᠤᠭᠤᠰᠤ — nɒgɒsɒ）被 jɑːs（鸭）代替，xɔdɔːd（ᠬᠣᠳᠣᠭᠣᠳᠣ — xɔdɒgɒdɒ）被 ʉi（胃）代替。

（二）一些汉语借词只在一定场合、一定人群中使用。如在会议中常说的汉语借词有“群众”、“妇女”、“民主党派”等；老师和学生在课堂上常用的汉语借词有“粉笔”、“黑板”、“铅笔”等；医生使用的汉语借词有“麻药”、“心率”、“肺病”等。

（三）一些汉语借词进入蒙古语后，原义发生变化。如“热闹”一词借入蒙古语后其意义变为—jəː nʉː“有趣、幽默、笑话”。“烂的”一词借入蒙古语后其意义变为—lɑndiː“脏的”。

（四）过去借用的一些外语借词被汉语借词所代替。如从俄语借用的ᠮᠣᠲᠣᠷ（mɔtɔr）、ᠲᠷᠠᠺᠲᠣᠷ（trɑktɔr）、ᠷᠠᠳᠢᠣ（rɑdiɔ）、ᠺᠢᠨᠣ（kinɔ）等词被汉语借词“摩托”、“拖拉机”、“收音机”、“电影”代替；从满语借用的ᠣᠮᠪᠣᠯᠣ（ɔmbɒlɒ）、ᠮᠠᠮᠠ（mɑmɑ——科尔沁土语特有词）被汉语借词 sʉns（孙子）、ʃʉːʃʉ（叔叔）代替；从藏语借用的ᠨᠢᠷᠪᠠ（nirbɑ）被汉语借词 kʉɑiʤi（会计）代替。

第二节　受汉语影响引起的语音、语法变化

科左中旗蒙古族语言的语音系统和语法由于受到汉语的影响，发生了一些变化。

在语音方面：

一 在元音系统中增加了许多汉语韵母

1. 借用了汉语的非圆唇舌尖前韵母[ɿ]、非圆唇舌尖卷舌韵母[ʅ]和圆唇舌尖窄韵母[y]、舌尖卷舌韵母[ɚ]等单韵母(例词见第五章科左中旗蒙古语“混合话”部分,以下同);

2. 借用了汉语的[ou]、[iɑ]、[ie]、[yɛ]等二合韵母和[iɑo]、[iɑu]等三合韵母。

二 在辅音系统中增加一些汉语声母,借用了汉语的舌尖不卷舌送气清塞擦声母[dz]、舌根送气清塞声母[k]、舌尖卷舌不送气浊擦声母[ʐ]。

在语法方面:

(一)借用了汉语的“的”字结构。

(二)被借用的汉语借词按照蒙古语语法形态和规律起变化。

第四章　科左中旗蒙古族青少年语言状况

如同我们在上述第二章中所说的那样，科左中旗蒙古族的大多数人，包括青少年，都会使用蒙古语，蒙古语是他们生活中不可缺少的最重要的交际工具。但是由于语言环境等的影响，科左中旗蒙古族青少年的语言发生了一些变化：部分青少年母语能力减退；极少数少年不懂母语。

第一节　部分青少年母语能力减退情况

我们选择了 500 个词，测试了在蒙古语授课班学习的 16 个人，从中抽取 12 岁以上 38 岁以下的 8 个人作为分析统计的对象；选择了 200 个词，测试了在汉语授课班学习的 8 个人，从中抽取 4 个人作为分析统计的对象。（被测试人基本情况和统计结果，见附录三中的“500 个词测试情况”和“200 个词测试情况”）

一、词汇测试情况

1. 词汇测试属于 A 级的统计

1）500 词统计情况：

8 人中记作 A 级词最多的是 8 号，33 岁，共掌 494 个，占总词汇量（500 个词）的 98.8 ％；最少的是 2 号，14 岁，共 325 个，占总词汇量的 65％。

2）200 词统计情况：

4 人中记作 A 级词最多的是 2 号，14 岁，共 132 个，占总词汇量（200 个词）的 66％；最少的是 3 号，20 岁，共 65 个，占总词汇量的 32.5％。

2. 词汇测试属于 B 级的统计

1）500 词统计情况：

8 人中记作 B 级词最多的是 1 号，12 岁，共 48 个，占总词汇量的 9.6％；最少的是 4 号，37 岁，只有 2 个，占总词汇量的 0.4％。其中 — gədʒigə（辫子）、 — dəbəl（上衣）、 — dʒirgaxai（鱼苗）、 — toŋgorxo（倒）、 — dʒodoxo（揍）、 — əbdəxʉ（破坏）、 — əgəgəxʉ（晒）、 — ərlʉgə（早晨）、 — ədəʃi（晚上）、 — ʧəʧəg（花）、 — ʉligərʧi（民间艺人）、 — nəxʉr（朋友）、 — ɔxor（短）、 — mɔrɔi（歪）、 — la（仅、只）

等B级词较多为人掌握。

2）200 词统计情况：

4 人中记作B级词最多的是1号，为30个，其他依次为2号19个，3号8个，4号3个。1号记作B级词的是：— sɔrmɷsɷ（睫毛）、— ʤirʉxə（心脏）、— sɑbxɑ（筷）、— ʃinɑg-ɑ（勺子）、— xirʉgə（锯子）、— ʃibʉgə（锥子）、— xɔni（绵羊）、— imɑg-ɑ（山羊）、— gɑlɑgɷ（鹅）、— ɵndəgə（蛋）、— ɑjɷxɷ（怕）、— əmijəxʉ（恐惧）、— ʤirʉxəʃijəxʉ（胆怯）、— ʤɔgɷgdɑxɷ（聊）、— tɔŋgɷrxɷ（倒）、— gɵrʉxʉ（编）、— ʤɔdɷxɷ（揍）、— əbdəxʉ（破坏）、— gɔgɷʤixɷ（漏）、— nɵxʉxʉ（补）、— ɔgtɷlxɷ（切）、— nisxʉ（飞）、— bɷʧagaxɷ（还）、— əgəgəxʉ（晒）、— ʧinɑxɷ（煮）、— ɑlxɷxɷ（迈）、— gisgixʉ（踏）、— xɑgɷrxɷ（炒）、— xɑdgɷxɷ（扎）、— xixʉ（做），占总词汇量的15％。

2号记作B级词是：— xɔdɷgɷdɷ（胃）、— xʉisʉ（肚脐）、— ʤirʉxə（心脏）、— nilbɷsɷ（眼泪）、— pilɑ（碟子）、— xirʉgə（锯子）、— xɑdɷgɷr（镰刀）、— imɑg-ɑ（山羊）、— tɷgɷl（牛犊）、— ʤɔbɑxɷ（愁）、— bɵʤigləxʉ（跳舞）、— ʉsʉrʉxʉ（跳）、— gɵrʉxʉ（编）、— tɑsɷlxɷ（弄断）、— ʃidəxʉ（扔）、— ɔjɷxɷ（缝）、— nisxʉ（飞）、— xɷdɑldɷxɷ（卖）、— nidɷrgɑdɑxɷ（拳打），占总词汇量的9.5％。

3. 词汇测试属于C级的统计

1）500 词统计情况：

8人中记作C级词最多的是7号，35岁，共28个，占总词汇量的5.6％；最少的是4号，37岁，只有3个，占总词汇量的0.6％。

以5号（38岁）为例，他记作C的词共19个，即：— iʃigə（山羊羔）、— tɔrɷi（猪崽）、— dɑg-ɑ（二岁马）、— niʧɑlxɷ（弄碎）、— ʃidəxʉ（扔）、— ʃirbəgətəxʉ（害臊）、— bɷʧagaxɷ（还）、— tɔsxɷn（村庄）、— ʧɑxigɷr（火石）、— bɷlɑg-ɑ（貂）、— bɔmbɷ（道人）、— tɑtɑbɷri（妾）、— ɑx-ɑ（哥哥）、— əgʉridə（永远）、— ʉni（永久）、— tɔŋ（很）、— ɔgtʉ（绝对）、— mətʉ（犹如）、— ʉ:（吗），占总词汇量的3.8％。

2）200 词统计情况：

4人记作C级词的情况是：1号为12个，2号为9个，3号为12个，4号为14个。1号记作C的词是：— xʉisʉ（肚脐）、— nidɷrg-ɑ（拳头）、— bɷlʧiŋ（肌肉）、— ɷlɑ（脚掌）、— dər-ə（枕头）、— mɑl（牲畜）、— ʉnij-ə（奶牛）、— tɷgɷl（牛犊）、— bɑlbɑlxɷ（播）、— sɔnirrxɑxɷ（欣赏）、— xɑbʧixɷ（夹）、— mɑltɑxɷ（挖），占总词汇量的6％。2号记作C的词共9个，即：— bəgər-ə（肾）、— dər-ə（枕头）、— gɔx-ɑ（钩）、— ʧɷrbɑg-ɑ（鸡雏）、—mələxəi（青蛙）、— xɑrɑixɷ（跳跃）、

— balbalxɷ(擂)、— ɔgtɷlxɷ(切)、— xabʧixɷ(夹),占总词汇量的4.5%。

4. 词汇测试属于D级的统计

1) 500词统计情况:

8人中记作D级词最多的是2号,14岁,共91个,占总词汇量的18.2%;最少的是5号,38岁,共18个,占总词汇量的3.6%。

以7号(35岁)为例,她记作D的词共46个,即:— anisxa(眼脸)、— ʧəʧəgəi(眼珠)、— xəgʉr(尸体)、— xasa(腿根内侧)、— sandali(椅子)、— arʧigɷr(锄头)、— ʤirʉxəʃijəxʉ(胆怯)、— ʤɔgɷgdaxɷ(聊)、— niʧalxɷ(弄碎)、— ʃitəxʉ(扔)、— ʃirbəgətʉxʉ(害臊)、— sɔnirxaxɷ(欣赏)、— əgəgəxʉ(晒)、— saja(百万)、— ajɷŋg-a(雷)、— xɷr-a(甘露)、— tɷsxɷn(村庄)、— la sar-a(腊月)、— bitəgʉn(除夕)、— mʉʧə(刻)、— tabɷn maxabɷd(五行)、— arg-a(阳)、— bilig(阴)、— gɔbi(戈壁)、— ʧaxigɷr(火石)、— sɷbag(水渠)、— agɷi(洞)、— ʧaxim-a(兰花)、— xɷʃig-a(核桃)、— ʉnəgə(狐狸)、— bɷlag-a(貂)、— ʧarʧaxai(蝗虫)、— xɔtɷŋ(回族)、— bɔmbɷ(道人)、— ʃibəgʧin(丫鬟)、— əʧigə(父亲)、— əxə(母亲)、— abali(原配夫人)、— tatabɷri(妾)、— ɷʧi(孙子)、— ʉni(永久)、— tɷla(由于)、— ba(和)、— gətəl-ə(但是)、— xərbə(如果)、— gɷrai gɷrai(咕咪咕咪),占总词汇量的9.2%。

2) 200词统计情况:

4人记作D级词的情况是:1号为31个,2号为34个,3号为106个,4号为103个。2号记作D的词是:— taŋnai(腭)、— ʧəʧəgəi(眼珠)、— bɷila(牙龈)、— xəgʉr(尸体)、— bɔlʧiŋ(肌肉)、— ʃirbʉsʉ(筋)、— bɔrbi(踵)、— xasa(腿根内侧)、— gɷtɷl(靴子)、— saba(器皿)、— abdar-a(箱子)、— xɔrgɷ(橱柜)、— dəgə(钩子)、— ʃibʉgə(锥子)、— arʧigɷr(锄头)、— iʃigə(山羊羔)、— tɔrɷi(猪崽)、— gʉlʉgə(狗崽)、— mal(牲畜)、— ʉnijə(奶牛)、— bɷx-a(公牛)、— ɷnag-a(马驹)、— dag-a(二岁马)、— ʤirgaxai(鱼苗)、— əmijəxʉ(恐惧)、— ʤirʉxəʃijəxʉ(胆怯)、— ʤɔgɷgdaxɷ(聊)、— ʤdɷxɷ(揍)、— niʧalxɷ(弄碎)、— ʃirbəgətʉxʉ(害臊)、— sɔnirxaxɷ(欣赏)、—əgəgəxʉ(晒)、— maltaxɷ(挖)、—əgʉrləxʉ(筑巢),占总词汇量的17%。1号记作D的词是:— taŋnai(腭)、— anisx-a(眼脸)、— ʧəʧəgəi(眼珠)、— bɷila(牙龈)、— bəgər-ə(肾)、—xəgʉr(尸体)、—ʃirbʉsʉ(筋)、— xasa(腿根内侧)、— səsʉ(胆)、— saba(器皿)、—abdar-a(箱子)、— xɔrgɷ(橱柜)、— ɷtasɷ(线)、— arʧigɷr(锄头)、—iʃigə(山羊羔)、— tɔrɷi(猪崽)、— gʉlʉgə(狗崽)、— mal(牲畜)、—bɷx-a(公牛)、— ɷnag-a(马驹)、— dag-a(二岁马)、—

ʧɷrbag-a（鸡雏）、— ʤirgaxai（鱼苗）、— mələxəi（青蛙）、— ʤɔbaxɷ（愁）、— sɔʧixɷ（惊）、— niʧalxɷ（弄碎）、— ʃidəxʉ（扔）、— ʃirbəgətʉxʉ（害臊）、— ʉnʉrtʉxʉ（嗅）、— əgʉrləxʉ（筑巢），占总词汇量的 15.5 %。

5. 词汇测试属于汉语词的统计

1）500 词统计情况

8 人中记作汉语词最多的是 7 号，35 岁，共 37 个，占总词汇量的 7.4%；最少的是 4 号，37 岁，只有 3 个，占总词汇量的 0.6%。

以 5 号（38 岁）为例，他记作汉语的词共 23 个，即：— nidɷrg-a（拳头）、— telwis（电视机）、— traktɔr（拖拉机）、— mɔtɔr（摩托车）、— nidɷrgadaxɷ（拳打）、— nəgʉrəsʉ（煤）、— naran xɷwar（葵花）、— dɔtɷrg-a（稻）、— ərdəni ʃiʃi（苞米）、— nɔgɷgan bɷrʧag（绿豆）、—ʃir-a bɷrʧag（黄豆）、— ʧarʧaxai（蟋蟀）、— bəlbəsʉn（寡妇）、— əbʉgə（祖父）、— əməgə（祖母）、— abag-a əxə（婶子）、— nagaʧɷ abɷ（舅舅）、— nagaʧɷ əʤi（舅妈）、— piʤiʉ（啤酒）、—ʃɔrbɷg（咸）、— isgʉləŋ（酸）、— xalagɷn（辣）、— amtatai（甜），占总词汇量的 4.6 %。

2）200 词统计情况：

4 人记作汉语词的情况是：1 号为 6 个，2 号为 6 个，3 号为 9 个，4 号为 10 个。1 号记作汉语的词是：— nidɷrg-a（拳头）、— telwis（电视机）、— traktɔr（拖拉机）、— mɔtɔr（摩托车）、—nɷgɷsɷ（鸭子）、— nidɷrgadaxɷ（拳打），占总词汇量的 3 %。2 号记作汉语的词是：— nidɷrg-a（拳头）、— sandali（椅子）、— telwis（电视机）、— traktɔr（拖拉机）、— mɔtɔr（摩托车）、— nɷgɷsɷ（鸭子），占总词汇量的 3%。

二　词汇测试结果

（一）500 词测试结果

表 4-1　500 词测试结果统计表

序号	姓名	A		B		C		D		汉语词	
		数量	百分比	数量	百分比	数量	百分比	数量	百分比	数量	百分比
1	吴振玉	334	66.8	48	9.6	13	2.6	69	13.8	36	7.2
2	王丽英	325	65	47	9.4	21	4.2	91	18.2	16	3.2
3	特布新	407	81.4	24	4.8	11	2.2	50	10	8	1.6
4	张玉山	399	79.8	2	1	3	0.6	90	18	3	0.6
5	关巴图	405	81	34	6.8	19	3.8	18	3.6	23	4.6
6	朝鲁门	391	78.2	42	8.4	19	3.8	21	4.2	27	5.4

（续表）

7	迎春	345	69	44	8.8	28	5.6	46	9.2	37	7.4
8	长岁	494	98.8	0	0	0	0	0	0	6	1.2

上表显示：

（1）他们能够熟练说出和想后说出大多数的词，也就是说，他们的蒙古语水平较高。

（2）他们一般不说和不懂的词不多，只占总词汇量的 9.6%。他们不说和不懂的词主要是：较古老的词；没见过的事物的词；书面语词。

（3）他们借用了不少汉语借词，借用的汉语借词主要是：新词术语、农作物名称、亲属称谓、表示食品味道的词、家庭用品和工具名称，极少数蒙古语基本词被汉语借词代替了。

（4）多说“混合话”。

（5）他们所掌握的词汇量和实际使用情况差距不大，只是年龄小点的人掌握的词汇量较少。

（二）200 词测试结果：

表 4－2　200 词测试结果统计表

序号	姓名	A		B		C		D		汉语词	
		数量	百分比	数量	百分比	数量	百分比	数量	百分比	数量	百分比
1	徐宁	121	60.5	30	15	12	6	31	15.5	6	3
2	李杰	132	66	19	9.5	9	4.5	34	17	6	3
3	吴文宾	65	32.5	8	4	12	6	106	53	9	4.5
4	敖日格勒	70	35	3	1.5	14	7	103	51.5	10	5

上表显示：他们的蒙古语能力已显著减退，已不说和不懂的词平均占了总词汇量的一半。他们在学校和公共场所都说汉语。

总之，科左中旗蒙古族部分青少年的母语能力已减退，尤其是在汉语授课学校学习的少年，他们的母语能力显著减退。

三　词汇量下降的原因

科左中旗蒙古族部分青少年母语水平的下降，深受社会大环境的影响，其原因主要有以下几方面。

（一）社会原因

由于客观事物的消失或不常见，一些青少年不说和不懂反映那些事物的词。如：反映旧社会现象的—— abali（原配夫人）、—— tatabɔri（妾）、—— ʃibəgʧin（丫鬟）、—— bɔmbɔ（道人）等词已经不用了。反映当地没有的动植物、事物的—— ʉnəgə（狐狸）、—— bɔlag-a

（貂）、—gɔbi（戈壁）、—xɷʃig-ɑ（核桃）、—tɑrbɑg-ɑ（獭）等词也不用了。表示已经消失的事物的—ʧaxigʊr（火石）等词也已经不用了。

由于一些青少年蒙古书面语水平不高或没有学过蒙古文，因此，他们不说和不懂—ɵni（永久）、—tɷlɑ（由于）、—gətəl-ə（但是）、—xərbə（如果）、—əʧigə（父亲）、—əxə（母亲）等蒙古书面语词。

由于与汉族交往的加强，蒙古语原有的一些词和外国语借词被汉语词代替了。如：—nidɷrg-ɑ → 拳头、—nɷgɷsɷ → 鸭子、—nəgʉrəsʉ → 煤、—dɷtɷrg-ɑ → 水稻、 —ʃir-ɑ bɔrʧag → 黄豆、—bəlbəsʉn → 寡妇、—nɑgɑʧɷ → 舅舅、—telwis → 电视机、—trɑktər → 拖拉机、—mɔtər → 摩托车等。

（二）家庭原因

家庭是蒙古语传承的主要途径。因而蒙古族家庭中父母等家人掌握的蒙古语词量的多少和父母等家人对待蒙古语的态度如何，直接影响着孩子的蒙古语词汇量的多少。

如前查干吉嘎查第 34 户关志国（男，31 岁）家，他的妻子杨海君（33 岁）和母亲杨玉梅（73 岁）都不会说蒙古语，在家里都说汉语，所以他的女儿关杨静（9 岁）蒙古语水平很低，只懂点日常用语（C 级）。再如宝日花嘎查第 38 户刘国峰（男，36 岁），蒙古文水平很低（C 级），他妻子王丽娟（35 岁），汉族，蒙古语和蒙古文水平较低（B 和 C 级），所以他们的长女刘海玲（12 岁）的蒙古语和蒙古文水平也较低（B、B 级）。

第二节　极少数少年儿童不懂蒙古语的情况及其原因

科左中旗蒙古族近年来出现了极少数少年儿童不懂蒙古语而只懂汉语的现象。下面分别举例介绍这种现象及其形成原因。

（一）学龄前儿童

科左中旗蒙古族极少数学龄前儿童不懂蒙古语。如：巴彦塔拉镇宝日花嘎查第 97 户张万辉的儿子张冬年（4 岁），不懂蒙古语是因为他的爷爷、奶奶原住在本旗二龙村汉族地区，其父母的蒙古语水平也不高，在家里都说汉语。

（二）小学生

科左中旗蒙古族一些小学生不懂蒙古语。如：前查干吉嘎查第 31 户包文泉的儿子包鹏飞（8 岁）不懂蒙古语，因为他的母亲是满族，家里都说汉语。

宝龙山镇前查干吉嘎查第 15 户洪景龙的儿子洪星宇（7 岁），因其父亲是满族，不会说蒙古语，在家里也不说蒙古语，所以他也不懂蒙古语，只会说汉语。

（三）中学生

科左中旗蒙古族极少数中学生不懂蒙古语。如：巴彦塔拉镇乌斯吐嘎查第36户咸志发的长子咸英建（14岁），因其母亲是汉族，家里都用汉语，所以他也不会说蒙古语。巴彦塔拉镇乌斯吐嘎查第65户吴玉林的女儿吴丹丹（17岁）和儿子吴永新（15岁），其母亲是汉族，家里都用汉语交谈，所以，他们都不懂蒙古语。

表4-3 不懂蒙古语学生的基本情况及其不懂蒙古语原因的调查表

序号	姓名	性别	年龄	父母职业	家庭住址	不懂蒙古语的原因
1	张冬年	男	4	农民	宝日花嘎查	爷爷、奶奶、父母亲蒙古语水平不高，家里说汉语
2	包鹏飞	男	8	农民	前查干吉嘎查	母亲是满族，家里说汉语
3	洪星宇	男	7	农民	前查干吉嘎查	父亲是满族，家里说汉语
4	咸英建	男	14	农民	乌斯吐嘎查	母亲是汉族，家里说汉语
5	吴丹丹	女	17	农民	乌斯吐嘎查	母亲是汉族，家里说汉语
6	吴永新	男	15	农民	乌斯吐嘎查	母亲是汉族，家里说汉语

第五章　科左中旗蒙古语“混合话”

科左中旗蒙古族人大量使用着“混合话”。

第一节　关于“混合话”的定义

在现有的语言学辞典和语言学书籍中还未找到“混合话”一词及其定义。在有关蒙古语“混合话”的论文中对蒙古语“混合话”（也称“混合话语”、“混合词语”、“杂语”）有以下几种定义：

1. “在蒙古话语中夹杂着说汉语词的叫混合词语”①；

2. “在语言交流中将其他语种的词汇不规范地杂加于蒙古语言当中的现象称杂语或混合语”②；

3. “蒙汉语言混用（或叫混用语），以蒙古语语法的形式讲蒙汉混合话，这种混合话，……在常用词汇中汉语借词少则占10%，多则占20%～30%，有的更多。”③。

我们认为，“混合话”是指在蒙古口语中混用汉语许多词和一些语音、语法成分的语言现象。实质上这也是一种大量使用汉语借词的语言现象。

第二节　说“混合话”的地区和人群

蒙古语“混合话”主要流行于靠近汉族或蒙汉族杂居的地区和人群中。具体地说：

1. 在青少年和中年人群中说“混合话”的人较多，而老年人群中说“混合话”的人则较少；

2. 在干部（担任一定的领导工作或管理工作的人员）人群中说“混合话”的人较多，而在一般人群中说“混合话”的人则较少；

3. 在“双语”（蒙汉兼通）人群中说“混合话”的人较多，而只会说蒙古语的人群中说“混合

---

① 陶高：《消除科尔沁混合词语，为语言的纯洁健康而奋斗》，《蒙古语文》，1981年第2期。

② 莫·陶克陶夫：《关于如何净化及规范蒙古语言杂化现象之我见》，《内蒙古民族大学学报》（社会科学版），2008年第6期；莫·陶克陶夫、陶高：《规范蒙古语口语问题探讨》，《中国蒙古学》，2008年第3期。

③ 舍那木吉拉：《语言与智力开发》，内蒙古人民出版社，1990年。

话”的人则较少；

4. 城市或靠近城市、交通要道的地区的人群中说“混合话”的人较多，而远离城市的偏僻农村、牧区的人群中说“混合话”的人则较少；

5. 文化水平低的人群中说“混合话”的人较多，而文化水平高的人群中说“混合话”的人则较少；

6. 农业区的人群中说“混合话”的人较多，而牧区和半农半牧区的人群中说“混合话”的人则较少。

第三节 “混合话”的特点

“混合话”的特点体现在语言的各个方面。

(一) 词汇方面

1. 借用了许多新词术语，如：冰箱、打火机、夹克、牙刷、领带、尼龙、啤酒、香肠、洗衣粉、香水、水泵、胰岛素、超市、旅游、网吧、激光。

2. 用汉语词代替了一些蒙古语原有的词，如：(nidɷrg-ɑ)→ ʧyɛntʉ:(拳头)、(nɷgɷsɷ)→ jɑ:s(鸭子)、(ʧɑxilgɑn)→ dɛn(电)、(xɔtɔŋ)→ xɷis(回族)、(nəgʉrəsʉ)→ mi:(煤)、(dɷtɔrg-ɑ)→ dɔ:s(稻)、(bilig ʉn ɷlɑril)→ inli:(阴历)。

3. 用汉语词代替了一些书面语中的词，如：(gɑr ʧɑg)→ 手表、(gərəl ʤirɷg ɷn mɑʃin)→ 照相机、(ʧɑxilgɑn mədəgə)→ 电报、(biʧig ʉn bɔgʧɷ)→ 书包、(ʃir-ɑ bɔrʧɑg)→ 黄豆、(ɑtɑr)→ 荒、(sɑndɑli)→ 板凳、(sɑgsɷ)→ 筐(一些老人也知道上述一些蒙古语词)。

4. 用汉语词代替了一些外国语借词，如：(trɑktɔr)→ 拖拉机、(mɔtɔr)→ 摩托、(telwis)→ 电视机、(rɑdiɔ)→ 收音机、(kɔmpiʉter)→ 电脑、(kinɔ)→ 电影。

5. 借用汉语词代替了一些外国国名，如：(ɑmerikɑ)→ 美国、(ɑŋgli)→ 英国、(jɑpɔn)→ 日本、(ənədxəg)→ 印度。

“混合话”中汉语词的借用出现在各个词类中。除上面已列举的大量名词外，动词、形容词、副词都有汉语借词的身影。汉语动词的借用如：dɛŋxɷɑ dɑ:x(打电话)中的[dɑ:](打)，ʤɔ:s xɷɑx(花钱)中的[xɷɑ](花)。汉语形容词的借用如：lɔ: ʉbgən(老头)中的[lɔ:](老)，ʃiɑŋdi: ʉnər(香味)中的[ʃiɑŋ](香)，bəndi: xʉn(笨人)中的[bəndi:](笨)。汉语副词的借用如：gəŋ sɛ:n(更好)中的[gəŋ](更)。在一些人的“混合话”中还经常出现“三点钟”、“一年级”、“小学”、“中学”、“大学”、“大班”、“旗长”、“局长”、“主任”、“妇女”、“群众”等汉语借词。

（二）语音方面

1. 借用了汉语的非圆唇舌尖前元音[ɿ]和非圆唇舌尖卷舌元音[ʅ]，如："资本家"、"自来水"中的"资"、"自"的[ɿ]元音，"支部"、"电视机"中的"支"、"视"的[ʅ]元音。

2. 借用了汉语的圆唇舌尖前窄元音[y]（ü），如："旅"、"区"中的[y]元音。

3. 借用了汉语舌尖卷舌元音[ɚ]（er），如："二锅头"中的"二"[ɚ]。

4. 借用了汉语的[ou]、[iɑ]、[ie]、[yɛ]等二合元音和[iɑo]等三合元音，如："手榴弹"中的"手"的[ou]，"电影"中的"电"的[iɑ(n)]，"雪糕"中的"雪"的[yɛ]，"苗条"中的"苗"的[iɑo]。

5. 借用了汉语的舌尖前不送气清塞擦辅音[dz]（z），如："合作社"中的"作"的[dz]；

6. 借用了汉语的舌根送气清塞辅音[k]，如："客观"、"裤衩"中的"客"、"裤"的[k]。

7. 借用了汉语的舌尖卷舌不送气浊擦音[ʐ]，如："日本"中的"日"的[ʐ]。

（三）语法方面

1. 借用了汉语的疑问助词（语气词）"吧"，如：ʃiː bagʃ bɑː?（你是老师吧？）中的[bɑː]（吧），tər jɛbxɷɛː bɑː?（他不走吧？）中的[bɑː]（吧）。

2. 借用了汉语的时态助词（语气词）"了"，如：jɛbxɷɛ lɛː（不走了）中的[lɛː]（了），xiːxɷɛːlɛː（不做了）中的[lɛː]（了）。

3. 借用了汉语的"的"字结构。它们由形容词（蒙古语中由重叠形容词）构成，如：lɔːdiː～lɔːlɔːdiː（老的）、ʃiɔdiː～ ʃiɔ ʃiɔdiː（小的）、tiɛndi～tiɛn tiɛndiː（甜的）；也由某些指示代词构成，如：iːməldiː（这样的）、tiːməldiː（那样的）。"的"字结构的例句如：ʃiɔdiːdɔːn nɷtagdɑːn bɛːʤɛː，lɔːdiː bɔlɔːd xʉxxɔtənd jirʤɛː（小时候住在故乡，长大后来到了呼和浩特）。

4. 被借用的汉语借词按照蒙古语语法形态和规律起变化，如：lyːjʉːxəːr jɛbnɑ（要旅游），inliːgəːr xəlbəl（按阴历算），dɛŋxɷɑ dɑːʤɛːnɑ（正在打电话），dɛŋxɷɑ dɑːʤɛː（打了电话），gɷɑnɑːd jɔlxɷɛː lɛː（管不住了）。

第四节 产生"混合话"的原因及我们的态度

我国很多蒙古族人，尤其是内蒙古自治区东部的蒙古族人大多生活在靠近汉族地区或蒙、汉杂居区。在这一背景下，随着社会的发展，蒙、汉族人们在政治、经济、科技、文化等方面的交际日益增多；进汉族学校学习的蒙古族学生越来越多；会使用蒙古语言文字的蒙古族干部越来越少；在各种会议和集会、活动中主要使用汉语；各级下发的绝大多数文件、通知中只使用汉文；很多地方听不到蒙古语广播，看不到蒙古语电视；很多机关、学校等单位不订阅蒙古文报刊，不购置蒙古文书籍；等等。这些正是产生"混合话"的主要原因，也是蒙古语文使用范围缩小和衰退的主要原因。

我们认为，对“混合话”应采取“一分为二”的辩证态度。

一方面，“混合话”是多民族国家少数民族语言中产生的客观现象，其他多民族国家，如俄罗斯、美国、印度等国也都有这种现象存在，它并非少数民族语言的融合、消亡的过渡阶段和必经之路。

另一方面，也应清醒地认识到“混合话”存在着弊病和消极作用，在一定程度上会腐蚀蒙古语言，影响蒙古语言的健康发展。

第六章 启示、预测、措施

第一节 科左中旗蒙古族语言使用情况的启示

科左中旗蒙古族是我国蒙古族的重要组成部分，而蒙古族是我国人口较多的一个少数民族，其语言使用情况是我国少数民族语言使用中的一种类型，具有一定的代表性。科左中旗蒙古族语言使用的现状是由科左中旗蒙古族历史传承、语言结构、文化教育和社会环境、民族关系等因素决定的。这种现状，对于认识我国少数民族语言的关系有重要的价值。我们认为，科左中旗蒙古族语言使用现状，能够给予我们下面一些启示。

首先，母语是开发智力和发展自己民族的重要工具。

蒙古族的语言文字在历史上为蒙古族的繁荣和发展立下了不可磨灭的功绩。在新的历史时期，包括科左中旗蒙古族在内的蒙古族面临着发展经济、培养人才等任务，而要实现这些任务都离不开自己的母语和文字。因为靠自己的母语和文字，才能更好地交流思想、传递信息、搞好社会交际、协调人们在各个方面的行动；才能在政治、经济、文化、科技等方面获得更大的进步。实践证明，大力发展以蒙古语言文字为主授课的学校，培养人才就快，经济发展就迅速。要振兴蒙古族，必须开发民族智力，而智力开发，必须通过蒙古语言文字这一工具。

其次，要努力学习汉语文，走“蒙汉兼通”的道路。

汉族是我国历史悠久、人口最多的民族。汉族与蒙古族之间的交往历来密切，随着我国社会主义现代化事业的发展，蒙、汉之间的交往会更加密切。汉语起着各民族相互交际的族际语的作用，汉语普通话是我国通用语。因此，蒙古族群众应努力学习汉语文，尤其是蒙古族干部既要熟练掌握蒙古语文，又要学好汉语文，走“蒙汉兼通”的道路。

第三，要重视语言使用现状的调查研究。

从蒙古语言研究状况看，过去对蒙古语言结构和方言土语的调查研究比较多，而对蒙古语言使用情况的调查研究比较少。所以，今后应加强蒙古语言使用情况的调查研究，首先要弄清语言使用的现状，然后根据已掌握的客观事实，对蒙古语今后的演变做出科学的解释，并提出合理的解决办法和措施。

第二节 对科左中旗蒙古族语言今后演变的预测

语言使用状况随着社会的变化而处于不断变化之中。“语言使用状况的变化有其规律性，所以人们有可能通过分析研究，预测语言使用的状况演变的趋势或大致轮廓。对语言使用趋势作出预测，有助于认识语言的现状及语言演变的趋势，有利于语言规划的制定”①。

对于科左中旗蒙古语今后的演变趋势和前途，科左中旗蒙古族人中有以下三种看法和态度：

一是有许多人（主要是花胡硕苏木大伙房嘎查和巴彦塔拉镇宝日花嘎查等地的人）抱有乐观态度，认为蒙古语会得到发展，短期内不会消失。花胡硕苏木中心小学教师包丽萍说：“我们民族的语言文字绝不会消亡，而且随着蒙古族的发展，还会得到进一步发展。”巴彦塔拉镇宝日花嘎查 61 岁老人李舍乐说：“蒙古语不会消失，会得到发展。”

二是有一些人（主要是宝龙山镇附近的一些人和机关干部）认为，蒙古语的使用范围会越来越小，过不了多长时间就会消失。宝龙山镇有一位嘎查书记说：“蒙古语没有用，一到城镇蒙古语就用不上，在村里开会、集会时若有 1 名汉族人就得使用汉语；村里都使用汉文，上级发下的文件都是汉文写的，只有上面的红色单位名称（即“红头文件”）是蒙古文的。我学了蒙古文很后悔。”宝龙山镇后查干花嘎查的一些人说：“我们这一代 25 岁以下的人（指蒙古人）很快会忘掉自己的语言，现在绝大多数孩子都上了汉语授课学校。村里孩子们玩耍时都用汉语交谈。”科左中旗副旗长李寿江说：“由于受语言环境的影响，今后蒙古语言的使用范围有变得越来越小的趋势。”花胡硕苏木达张勤说：“今后蒙古语的发展趋势，随着社会和经济的发展，不很乐观，我本人预测，在农村 100 年没有问题，大部分人还能使用蒙古语，而在城镇蒙古语的使用范围正在逐渐缩小，说蒙古语的人越来越少，三、五十年内更要减少，蒙古语被融合的可能性是存在的。”巴彦塔拉镇敖日其格嘎查中学教师贾树元说：“我们民族的语言文字的发展趋势不太理想。”

三是还有一些人（主要是一些农村干部和一般群众）抱有“顺其自然”的态度。宝龙山镇前查干吉党支部书记包铁桩说：“语言是交际工具，说什么话，能听懂就行，今后蒙古语如何发展要由社会环境决定，我们管不了，不过我们科尔沁地区的蒙古语，保存的时间会更长些。”

我们认为，对科左中旗蒙古族语言的今后演变趋势和前途虽然在人们中间存在不同的认识和态度，但制约科左中旗蒙古族语言使用的因素，不会在短期内改变，因而可以预测，科左中旗蒙古族语言在今后较长时间内会稳定地保存下去。

---

① 戴庆厦主编：《基诺族语言使用现状及其演变》第 105 页，商务印书馆，2007 年。

第三节　学习、使用、发展科左中旗蒙古族语言的具体措施

如上所述，对科左中旗蒙古族语言今后的演变和前途，人们存在不同的认识和态度。科左中旗蒙古族的少数人不懂蒙古语，部分人的蒙古语言能力减退，许多人说“混合话”，蒙古语文的使用范围越来越小。

为此，应采取以下措施：

应大力宣传、贯彻、落实宪法所规定的“各民族都有使用和发展本民族语言文字的自由”的政策和《内蒙古自治区蒙古语言文字工作条例》，发扬正确的民族意识和母语观念、优良的文化传统和风俗习惯，热爱和重视自己的民族和语言。

应努力学习、使用、发展和研究蒙古语，积极推广蒙古语基础方言和标准音，统一和规范蒙古语音、语法和词汇。

应加强民族教育工作，使蒙古族儿童从幼儿园开始学习蒙古语言，并将幼儿、小学、中学、大学蒙古语文学习有机地衔接起来。

应加强民族干部队伍建设，在蒙古族地区按照一定的比例选拔和聘用会使用蒙古语言文字的各级干部。

应在蒙古族地区各种会议、集会、活动和公文、通知、匾牌中都使用蒙、汉两种语言文字。

应在蒙古族地区普及蒙古语广播、电视。

应在蒙古族地区有关机关、学校、图书馆(室)中订阅蒙古文报刊，定期购置蒙古文书籍。

当然，采取上述这些办法，必须要有资金支持，因此，从中央到地方各级有关部门应大力增加资金投入，使蒙古族及其语言文字不断繁荣、发展。

附　录

一　嘎查、旗直属机关个案调查材料

（一）前查干吉嘎查语言使用情况

1. 嘎查概况

前查干吉嘎查位于宝龙山镇最东端，距宝龙山镇10余公里，北临304国道，西与乌力吉吐嘎查相邻，东南与架玛吐镇敖力布皋嘎查接壤，北与东、西查干吉嘎查为邻。全嘎查共有79户，总人口307人，其中男156人，女151人；蒙古族72户，280人，汉族4户，20人，满族3户，7人。总面积9188亩，耕地5055亩，林地2270亩，村屯占地面积750亩，有杨树、柳树等。养牛120头、羊900余只。人均收入816元(2007年)。有面包车一辆、四轮车(包括拖拉机)73台、摩托车63辆、手机80部、座机5部、电视机74台、电冰箱30台、砖房42户。

2. 语言使用的基本特点

如上所述，前查干吉嘎查共有79户。我们调查了其中的65户，占总户数的82.3％，共231人(包括6岁以下儿童2人)，占总人口的75.2％。未调查的户数共14户，其中外出打工、家里无人的有7户，汉族户、满族户共有7户。

表1-1　前查干吉嘎查6岁以上(包括6岁)的人蒙古语能力统计表

年龄段	调查总人口	A		B		C		D	
		人口	百分比	人口	百分比	人口	百分比	人口	百分比
6～12岁	13	10	76.92	0	0	1	7.69	2	15.38
13～18岁	34	32	94.12	0	0	2	5.88	0	0
19～59岁	165	154	93.3	3	1.82	2	1.2	6	3.6
60岁以上	17	15	88.24	0	0	1	5.88	1	5.88
合计	229	211	92.14	3	1.3	6	2.6	9	3.9

从上表中可以看出，前查干吉嘎查熟练使用(即A级)和较好使用(即B级)蒙古语的人数

比例很高，占总人口的93.4%，略懂（即C级）和不懂（即D级）蒙古语的人数不多。这说明，蒙古语是前查干吉嘎查蒙古族日常生活中最重要的交际工具，他们在家里、劳动、集会时，无论男女老幼都使用蒙古语。

该嘎查人中略懂蒙古语的人共有6名，他们是：第3户的孟庆圆、孟莹莹，从小入汉族学校学习，她们的母亲蒙古语水平不太高；第9户的吴淑花，原籍是辽宁省彰武县，没有蒙古语环境；第11户的赵永明，从小入汉族学校学习，蒙古语水平不高；第26户的孟宪荣和他的妻子，原为汉族，不懂蒙古语，家里一般使用汉语；第34户的关杨静，其母亲是汉族。

该嘎查人中不会蒙古语的人共有9名（包括汉族1人、满族1人），他们是：第14户的杨汉林、王淑霞，杨汉林是汉族，王淑霞原为汉族，家里使用汉语；第15户的洪景龙、洪星宇，洪景龙是满族，家里使用汉语；第26户的杨淑云原为汉族，家里一般使用汉语；第31户的洪秀丽、包鹏飞，洪秀丽是满族，包鹏飞是她儿子，家里一般使用汉语；第34户的杨海君、杨玉梅，杨海君是吉林省人，后搬至本嘎查，从小入汉族学校学习，杨玉梅受家庭影响已失去母语，家里使用汉语。

表1-2 前查干吉嘎查家庭语言使用情况一览表

序号	家庭关系	姓名	年龄	文化程度	蒙古语水平		汉语水平		混合话情况
					语	文	语	文	
1	户主	吴良柱	41	高中	B	D	A	A	F
	妻子	贾正月	37	小学	A	C	B	D	E
	儿子	吴振宇	15	初中	A	A	B	B	E
2	户主	姚嘎力迪	44	小学	A	A	B	C	E
	妻子	姜秀珍	39	初中	A	A	B	B	E
	长子	姚建国	16	高中	A	D	A	A	E
	次子	姚建军	13	小学	A	D	A	A	E
3	户主	孟根所	47	高中	A	A	A	A	E
	妻子	唐美兰	43	初中	B	D	A	A	F
	长女	孟庆圆	19	高中	C	D	A	A	F
	次女	孟莹莹	13	小学	C	D	A	A	F
	三女	孟天天	9	小学	A	D	C	A	F
4	户主	林子军	52	小学	A	A	A	A	E
	妻子	姜美荣	51	高中	A	A	B	A	E
	长子	林敬贵	26	文盲	A	D	D	D	E
	次子	林敬权	24	初中	A	A	B	B	E
	三子	林景龙	21	大学	A	A	A	A	E
	孙女	林薇	3						

（续表）

5	户主	高长柱	61	小学	A	C	B	D	E
	妻子	包金所	58	小学	A	C	B	D	E
6	户主	高双成	32	小学	A	B	B	D	E
	妻子	包图雅	31	初中	A	A	B	B	E
	女儿	高晶	8	小学	A	C	C	D	E
7	户主	贾福海	47	高中	A	D	A	A	E
	妻子	海努恩达古拉	47	高中	A	A	A	A	E
	长女	贾旭霞	24	大学	A	A	A	A	E
	次女	贾旭光	23	大学	A	A	A	A	E
	三女	贾秋杰	20	大学	A	A	A	A	E
8	户主	赵玉柱	33	初中	A	A	A	A	E
	妻子	曹淑梅	31	初中	A	A	B	B	E
	儿子	赵格新	5						
9	户主	关宝海	44	初中	A	A	B	B	E
	妻子	吴淑花	44	高中	C	D	A	A	F
	长女	关磊磊	21	初中	A	A	A	A	E
	次女	关媛媛	17	大学	A	A	B	B	E
	三女	关佳佳	19	高中	A	A	A	A	E
10	户主	吴常青	49	初中	A	A	B	B	E
	妻子	孟桂兰	53	小学	A	B	D	D	E
	儿子	吴文祥	14	初中	A	D	A	A	E
11	户主	赵常发	36	初中	A	A	A	B	E
	妻子	高玉花	39	初中	B	D	A	B	E
	儿子	赵永明	14	初中	C	D	A	A	F
12	户主	关初一	53	小学	A	D	B	A	E
	妻子	吴春英	53	初中	A	A	B	C	E
	儿子	关小光	26	初中	A	A	B	B	E
	儿媳	敖玉荣	29	初中	A	A	A	B	E
13	户主	关宝龙	39	初中	A	A	C	B	E
	妻子	苏海棠	37	初中	A	A	C	B	E
	女儿	关荣荣	14	初中	A	D	A	A	F
	儿子	关明明	10	小学	A	D	A	A	F
	母亲	包金良	75	文盲	A	D	D	D	E
14	户主	杨汉林	55	小学	D	D	A	C	
	妻子	王淑霞	52	文盲	D	D	A	D	
	儿子	杨志成	25	初中	A	A	A	B	F

（续表）

15	户主	洪景龙（满族）	30	初中	D	D	A	A	
	妻子	高双梅	32	初中	A	A	B	A	F
	儿子	洪星宇	7	小学	D	D	A	D	
16	户主	孟庆红	27	初中	A	A	A	B	E
	妻子	乌日娜	27	小学	A	C	C	D	E
17	户主	白那音台	40	初中	A	A	A	B	E
	妻子	康阚月	41	小学	A	B	B	D	E
	女儿	白乌云娜	18	中专	A	A	A	A	E
	儿子	白朝鲁门	15	初中	A	A	A	B	E
	父亲	白双喜	67	小学	A	B	A	C	E
	母亲	包代小	63	小学	A	A	D	D	E
18	户主	姚赵德宝	65	文盲	A	D	C	D	E
	妻子	崔桂花	54	文盲	A	D	A	D	E
19	户主	付山虎	59	初中	A	A	A	A	E
	妻子	包都吉雅	57	文盲	A	D	A	D	E
	儿子	付红星	23	中专	A	A	A	A	E
20	户主	付巴德玛	72	小学	A	C	A	C	E
	妻子	关彩云	61	小学	A	B	B	D	E
21	户主	杨玉林	66	小学	A	D	A	D	F
	妻子	杨淑兰	61	小学	A	C	A	D	E
22	户主	宝音勿力吉	57	小学	A	C	C	D	E
	妻子	黄丫头	49	文盲	A	D	D	D	E
	长子	胡赵日格图	25	小学	A	D	C	D	E
	女儿	胡牡丹	23	初中	A	A	B	B	E
	次子	胡巴根那	19	初中	A	B	B	B	E
23	户主	关巴根那	53	初中	A	B	A	B	E
	妻子	王姑娜	53	小学	A	B	D	D	E
24	户主	包五十三	56	小学	A	A	B	B	E
	妻子	包美花	54	小学	A	A	B	B	F
	长子	包格日乐图	26	初中	A	A	B	B	F
	次子	包苏亚乐图	24	初中	A	A	B	B	F
25	户主	包青格力图	29	初中	A	A	B	B	E
	妻子	李艳平	27	初中	A	A	B	B	E
26	户主	孟宪荣	61	初中	C	D	A	A	F
	妻子	杨淑云	59	初中	D	D	A	A	
	儿子	孟庆福	25	初中	A	A	A	A	F
	儿媳	刘志辉	24	初中	A	A	A	A	F

（续表）

27	户主	林志国	55	小学	A	D	B	C	F
	妻子	贾高娃	53	小学	A	D	C	D	F
	儿子	林格日乐图	28	初中	A	B	B	D	E
	儿媳	佟龙梅	28	初中	A	B	B	B	E
	女儿	林光梅	25	大学	A	A	A	A	F
28	户主	关乌日吉乐图	37	小学	A	C	C	D	E
	妻子	高图雅	37	初中	A	A	C	D	E
	儿子	关志建	13	小学	A	D	A	A	E
29	户主	贾福君	39	初中	A	A	A	D	E
	妻子	关桂花	40	初中	A	A	D	D	E
	女儿	贾若男	17	高中	A	A	A	A	E
	儿子	贾石玉	15	初中	A	A	A	A	E
30	户主	付金虎	52	高中	A	A	A	A	E
	妻子	姚鲁吉德玛	51	高中	A	A	A	A	E
	女儿	付荣	25	中专	A	A	A	A	F
	儿子	付良	23	大学	A	A	A	A	F
31	户主	包文泉	38	初中	A	A	A	A	E
	妻子	洪秀丽（满族）	33	初中	D	D	A	C	
	儿子	包鹏飞	8	小学	D	D	A	C	
	母亲	代金花	70	小学	A	D	B	D	E
32	户主	韩双富	45	初中	A	A	B	B	F
	妻子	张连	45	初中	A	A	C	C	E
	儿子	韩红才	17	初中	A	A	A	A	E
	女儿	韩玲玲	18	初中	A	A	A	A	E
33	户主	曹和平	56	小学	A	C	B	D	E
	长子	王铁柱	34	初中	A	A	B	B	E
	次子	王铁良	29	初中	A	A	B	B	E
	三子	王铁泉	26	初中	A	A	B	B	F
34	户主	关志国	31	初中	A	A	B	B	F
	妻子	杨海君	33	中专	D	D	A	A	
	女儿	关杨静	9	小学	C	D	A	A	F
	母亲	杨玉梅	73	小学	D	D	A	C	
35	户主	关巴图	38	高中	A	A	A	A	E
	妻子	赵小红	36	初中	A	A	B	B	E
	长女	关乌云	14	初中	A	A	B	B	E
	次女	关山丹	9	小学	A	B	B	D	E

（续表）

36	户主	佟色吉日呼	37	初中	A	A	A	B	E
	妻子	陈秀芝	33	初中	A	A	A	B	E
	父亲	佟道尔吉生格	66	小学	A	C	D	D	E
	母亲	高桂兰	58	小学	A	D	C	D	E
37	户主	包朝鲁	53	小学	A	C	B	C	E
	妻子	白田小	53	文盲	A	D	D	D	E
	长子	包斯日古楞	27	初中	A	A	B	A	E
	次子	包阿木古楞	25	高中	A	A	A	A	E
38	户主	李德胜	57	小学	A	D	A	C	E
	妻子	郭秀芳	54	文盲	A	D	A	C	E
	女儿	李春美	23	大学	A	A	A	A	F
39	户主	佟流江	22	初中	A	A	B	D	E
	妻子	关莎仁娜	24	初中	A	A	B	B	E
	母亲	白哈顺格日乐	56	文盲	A	D	D	D	E
40	户主	鲍铁桩	38	高中	A	A	A	A	E
	妻子	李春梅	37	高中	A	A	A	A	E
	女儿	鲍乌日汉	13	初中	A	A	A	A	E
41	户主	林呼格吉力图	29	小学	A	C	B	C	E
	妻子	白迎春	28	初中	A	A	A	B	E
	女儿	琳琳	7	小学	A	D	D	D	E
42	户主	鲍铁刚	43	小学	A	C	A	C	E
	妻子	林九月	43	小学	A	C	A	D	E
	长女	鲍塔那	21	大学	A	A	A	A	F
	次女	鲍双双	19	高中	A	A	A	A	F
	三女	鲍婷婷	16	初中	A	A	A	A	E
43	户主	关宝玉	59	初中	A	A	A	A	E
	妻子	郎红小	60	文盲	A	D	D	D	E
	儿子	关学智	38	初中	A	A	A	A	E
	儿媳	刘玉花	42	高中	A	A	A	A	E
	孙女	关朦朦	15	初中	A	A	A	A	E
44	户主	林景辉	30	高中	A	A	A	A	E
	妻子	陈乌兰其其格	30	初中	A	A	A	B	E
45	户主	孟宪林	45	初中	A	B	B	D	E
	妻子	关银花	46	小学	A	C	B	D	E
	长女	孟庆艳	20	高中	A	A	A	A	E
	儿子	孟庆华	17	初中	A	B	A	B	E
	次女	孟庆丽	17	初中	A	C	B	D	E

（续表）

46	户主	胡呼斯吐	30	初中	A	A	B	C	E
	妻子	郃接锁	29	小学	A	A	C	D	E
	儿子	胡特日根白乙	7	小学	A	C	D	D	E
47	户主	李春喜	31	初中	A	A	A	B	E
	妻子	高秀荣	32	初中	A	A	A	B	E
	女儿	李颖	7	小学	A	D	B	D	E
48	户主	赵东岭	60	文盲	A	D	A	D	E
	妻子	王桂香	56	文盲	A	D	A	D	F
49	户主	鲍铁旦	46	初中	A	A	A	B	E
	妻子	关孟兰	43	小学	A	B	B	C	E
	女儿	鲍美丽	20	高中	A	A	A	A	E
	儿子	鲍小龙	17	初中	A	A	A	B	E
50	户主	苏军革	39	初中	A	A	A	B	E
	妻子	鲁东杰	38	小学	A	B	B	D	E
	儿子	苏永胜	18	高中	A	A	A	A	E
	女儿	苏永芳	15	初中	A	A	D	D	E
51	户主	苏宝山	65	初中	A	A	D	D	E
	妻子	包来小	60	小学	A	D	D	D	E
52	户主	杨春林	57	小学	A	D	A	A	E
	妻子	包梅花	50	初中	A	A	A	A	E
	儿子	杨志恒	24	初中	A	A	A	B	E
	儿媳	包金荣	24	初中	A	A	A	C	E
53	户主	包双泉	43	小学	A	C	C	D	E
	妻子	白翠花	43	初中	A	B	A	B	E
	儿子	包春喜	16	初中	A	B	A	B	E
	女儿	包春杰	11	小学	A	A	A	B	E
54	户主	佟白岁	39	小学	A	B	A	C	E
	妻子	张晓明	41	高中	A	A	A	A	E
	长子	佟乌云满都拉	15	初中	A	A	B	B	E
	次子	佟阿拉德尔	14	初中	A	A	A	B	E
55	户主	贾福田	42	小学	A	D	C	D	E
	妻子	高高娃	40	小学	A	C	D	D	E
	长子	贾特布钦	20	高中	A	A	A	A	E
	次子	贾东东	14	初中	A	A	A	B	E

（续表）

56	户主	白占柱	46	小学	A	C	C	D	E
	妻子	包梅香	43	初中	A	A	A	B	E
	长子	关呼斯乐	18	高中	A	A	A	B	E
	次子	关呼木吉乐	16	初中	A	A	A	B	E
	女儿	关萨茹拉	14	初中	A	A	A	B	E
57	户主	包秀兰	57	小学	A	B	B	D	E
	女儿	陈斯琴	22	初中	A	A	A	B	E
58	户主	赵长福	35	初中	A	A	A	B	E
	妻子	孙铁花	35	小学	A	C	B	D	E
	女儿	赵永平	15	初中	A	D	A	A	F
	儿子	赵永辉	7	小学	A	C	B	D	E
59	户主	杨志民	36	小学	A	B	B	D	E
	妻子	马斯日古楞	36	初中	A	A	B	C	E
60	户主	吕双月	22	初中	A	A	A	B	E
	女儿	吕淑玲	18	高中	A	A	A	A	F
	父亲	吕证民	56	小学	A	D	A	B	F
	母亲	赵文贤	54	小学	A	D	A	B	F
61	户主	白英春	35	初中	A	A	A	B	E
	妻子	鲍红梅	34	小学	A	B	B	C	E
	女儿	包正月	7	小学	A	D	B	D	E
62	户主	林格日乐吐	28	初中	A	A	B	B	E
	妻子	佟龙梅	28	初中	A	A	B	C	E
63	户主	姚九斤	28	初中	A	A	B	B	E
	妻子	李铁花	29	初中	A	A	B	B	E
64	户主	林子成	47	小学	A	B	B	D	E
	妻子	韩其其格	44	小学	A	B	B	D	E
	儿子	林金鑫	17	大学	A	A	A	A	E
	长女	林通力嘎	27	大学	A	A	A	A	E
	次女	林图雅	15	初中	A	A	A	B	E
65	户主	白吉仁台	45	初中	A	A	B	B	E
	妻子	张套格斯	47	初中	A	A	B	B	E
	儿子	白顺全	25	高中	A	A	A	A	E
	女儿	白乌日娜	24	高中	A	A	A	A	E

(二)前查干花嘎查语言使用情况

1. 嘎查概况

前查干花嘎查位于宝龙山镇西南,距宝龙山镇3公里,北面是后查干花嘎查,与通(通辽)让(让湖路)铁路隧道相望,南与前保健厂相邻,西与扎布斯尔嘎查为邻。全嘎查共有83户(包括暂住户),汉族2户。总人口332人,其中男144人,女188人,蒙古族327人,汉族5人。总面积1.5万亩,耕地5300亩,其中水浇地2000亩,主要种植玉米、高粱,还有向日葵、绿豆、蓖麻子;林地1500亩,主要有杨树、柳树;草牧场及荒地8000亩。有牛295头,羊780多只,马、驴30多匹。人均收入2450元(2007年),名列全镇前茅。全嘎查村村通电。有大卡车1辆、轿车2辆、摩托车68辆、拖拉机74台,几乎家家都有农机(播种机、剥粒机等);手机90多部、座机55部、互联网3户、电视机90台、电冰箱13台;砖房37户。

2. 语言使用的基本特点

如上所述,前查干花嘎查共有83户。我们调查了其中的64户,占总户数的77.1%,共228人(包括6岁以下儿童1人),占总人口的68.7%。未调查的户数共19户,其中外出打工、家里无人的有15户,暂住户有4户。

表1-3 前查干花嘎查6岁以上(包括6岁)的人蒙古语能力统计表

年龄段	调查总人口	A		B		C		D	
		人口	百分比	人口	百分比	人口	百分比	人口	百分比
6~12岁	14	10	71.4	2	14.3	2	14.3	0	0
13~18岁	22	22	100	0	0	0	0	0	0
19~59岁	178	165	92.7	5	2.8	8	4.5	0	0
60岁以上	13	12	92.3	1	7.7	0	0	0	0
合计	227	209	92.1	8	3.52	10	4.4	0	0

从表中可以看出,前查干花嘎查熟练使用(即A级)和较好使用(即B级)蒙古语的人口比例很高,占总人口的95.6%,没有不懂(即D级)蒙古语的人,略懂(即C级)蒙古语的人也不多。这说明,蒙古语是前查干花蒙古族日常生活中最重要的交际工具。

该嘎查蒙古族人中略懂蒙古语的人共有10名(包括汉族2人),他们是:第22户的汤振武、汤宝海,上汉族学校,蒙古语水平不高,家里一般使用汉语;第42户的李淑云,从小入汉族学校,家里多用汉语;第44户的韩俊英,汉族;第45户的佟小倩,原为汉族,后改为蒙古族;第46户的刘慧、韩学志,刘慧是汉族,韩学志是其女儿,原为汉族,入汉族学校学习;第60户的关爽,入汉族学校学习,家里多用汉语;第61户的汤亚坤,从小入汉族学校学习;第64户的马长鹏,其父亲是汉族,蒙古语水平不高,家里一般使用汉语。

表 1－4 前查干花嘎查家庭语言使用情况一览表

序号	家庭关系	姓名	年龄	文化程度	蒙古语水平		汉语水平		混合话情况
					语	文	语	文	
1	户主	白双福	45	初中	A	D	C	B	E
	妻子	包高娃	46	初中	A	D	C	B	E
	长子	白文龙	19	小学	A	A	C	C	E
2	户主	吴巴特尔	37	初中	A	A	B	C	E
	妻子	包金莲	40	初中	A	A	C	B	E
	长子	敖日格乐	15	初中	A	A	A	B	F
3	户主	包满良	42	小学	A	C	B	C	F
	长子	包额尔敦敖其尔	21	初中	A	B	A	C	F
4	户主	包双泉	52	高中	A	B	B	A	E
	妻子	关斯琴	45	初中	A	B	D	D	E
	长子	包国峰	17	高中	A	A	A	C	F
	次子	包国强	16	初中	A	B	A	C	F
5	户主	吴国英	47	高中	A	D	A	A	F
	妻子	吴桂花	47	高中	A	D	A	A	F
	长子	吴苏鲁斯	22	中专	A	B	A	A	F
	次子	吴斑布拉	20	中专	A	A	A	A	F
6	户主	李贵	47	高中	A	D	A	A	F
	妻子	冯月英	42	高中	A	D	B	A	E
	长女	李玲玲	21	初中	A	A	A	B	F
	次女	李红梅	20	初中	A	A	A	B	F
7	户主	冯希日莫	40	初中	A	D	C	A	E
	妻子	韩春花	39	小学	A	B	C	C	E
	长女	冯小军	17	初中	A	A	A	A	F
8	户主	包国泉	25	小学	A	B	C	C	E
	妻子	于秀珍	25	初中	A	B	A	C	E
9	户主	李巴根娜	50	文盲	A	D	C	D	E
	妻子	包牡丹	50	文盲	A	D	C	D	E
	长女	李桂芝	26	初中	A	B	B	C	E
	长子	李金山	24	初中	A	B	C	C	F
	儿媳	白棠	22	小学	A	C	C	C	E
10	户主	霍布和	51	中专	A	A	A	A	E
	妻子	刘慧芬	47	初中	A	D	A	A	F
	哥哥	霍白音孟和	58	初中	B	A	A	B	F
	弟弟	霍白龙	41	初中	B	D	A	B	F

（续表）

11	户主	吴特木勒	40	高中	A	A	B	A	E
	妻子	丁桂兰	38	高中	A	A	B	A	E
	长子	吴恩宇	14	初中	A	A	B	B	E
	次子	吴恩东	7	小学（汉）	A	D	A	B	F
12	户主	代哈日巴拉	32	初中	A	B	A	C	F
	妻子	包高娃	29	小学	A	B	A	C	F
	长女	代佳琦	9	小学（汉）	B	D	A	A	F
13	户主	李阿力塔	47	初中	A	D	B	B	E
	妻子	包领兄	43	初中	A	D	B	B	E
	长子	李青龙	20	初中	A	B	A	C	F
14	户主	于八一	37	高中	A	A	A	B	F
	妻子	王塔娜	38	高中	A	B	B	C	E
	长女	于乌日鲁格	12	小学	A	A	C	C	E
15	户主	于六十三	48	高中	A	D	A	A	F
	妻子	包桂兰	49	初中	A	D	B	A	F
	母亲	包彩花	65	文盲	A	D	B	D	F
	长子	于那木拉	22	初中	A	A	B	B	E
	儿媳	白山丹	23	小学	A	C	C	D	E
16	户主	包乌力吉	37	文盲	A	D	A	D	E
	妻子	张桂荣	34	文盲	A	D	C	D	E
	长女	包小芳	12	小学	A	A	C	B	E
17	户主	包道尔基	30	小学	A	B	C	C	E
	妻子	包三英	30	初中	A	B	B	C	E
	父亲	包双海	66	初中	A	B	C	C	E
	母亲	达古拉	52	文盲	A	D	C	D	E
	户主	霍龙堂	54	小学	A	D	C	D	E
	长女	刘小花	27	初中	A	B	B	C	E
	女婿	何长生	28	初中	A	B	B	C	E
18	户主	唐那申乌力塔	58	文盲	A	D	C	D	E
	妻子	李都吉雅	52	文盲	A	D	B	D	F
	长子	唐勿音宝音	23	初中	A	B	C	C	E
	儿媳	代结兄	21	初中	A	B	C	C	E
19	户主	刘喜	57	小学	A	C	B	C	E
	妻子	海花	58	小学	A	C	B	C	E
20	户主	唐春林	27	小学	A	C	B	C	E
	妻子	包文香	22	小学	A	C	C	C	E

（续表）

21	户主	关双喜	52	小学	A	C	B	C	E
	妻子	韩良玉	45	高中	A	D	B	A	E
	长子	关长江	23	小学	A	B	A	C	E
	次子	关长福	21	小学	A	B	C	C	E
22	户主	汤振武	55	初中（汉）	C	D	A	A	F
	妻子	李桂芝	53	文盲	A	D	A	D	F
	长子	汤宝海	29	初中（汉）	C	D	A	A	F
	儿媳	张玉荣	28	初中	A	A	A	C	F
	孙女	汤嘉馨	7	幼儿园（汉）	A	D	A	B	F
23	户主	包太平	38	小学	A	C	C	C	E
	妻子	吴桂花	38	小学	A	C	B	C	E
	长女	斯琴塔娜	9	小学	A	A	C	C	E
24	户主	包宝玉	33	初中	A	B	B	C	E
	妻子	关敖道胡	33	初中	A	B	C	C	E
	长子	包布仁	7	小学（汉）	A	D	A	B	F
25	户主	白双泉	39	小学	A	B	B	C	E
	妻子	龙堂	37	小学	A	B	C	C	F
	长子	白文平	17	初中	A	A	A	C	E
	次子	白文强	15	小学	A	C	A	C	E
26	户主	冯万喜	51	高中	A	D	B	A	E
	妻子	毛义根	46	文盲	A	D	D	D	E
	长子	冯文泉	23	初中	A	B	B	C	E
	次子	冯福泉	20	小学	A	C	D	C	E
27	户主	唐长明	52	高中	A	D	A	A	E
	妻子	冯风兰	45	文盲	A	D	D	D	E
	长子	唐永青	21	小学	A	C	C	C	E
28	户主	冯高力套	55	文盲	A	D	D	D	E
	妻子	关福英	55	文盲	A	D	D	D	E
	长子	冯德山	30	小学	A	C	D	C	E
	次子	冯玉山	28	小学	A	C	C	C	E
29	户主	包宝平	45	高中	A	D	B	A	E
	妻子	刘水花	42	文盲	A	D	D	D	E
	长子	包建国	16	小学	A	B	C	C	E
30	户主	包宝喜	41	初中	A	D	A	B	F
	妻子	梁水花	35	文盲	A	D	A	D	F
	长女	包红英	14	初中	A	A	A	B	F

（续表）

31	户主	齐长喜	45	小学	A	C	C	C	F
	妻子	李清兰	45	高中	A	D	A	A	F
	长子	齐喜光	20	高中	A	A	A	A	E
	父亲	齐阿拉坦仓	81	文盲	A	D	C	D	F
32	户主	邓学文	46	初中	A	D	C	D	F
	妻子	李德力格胡	38	文盲	A	D	B	D	F
	次子	邓建勇	14	初中	A	A	A	A	E
33	户主	关忙牛	63	小学	A	D	C	D	F
	妻子	吴玉兰	60	小学	A	C	A	C	E
	长子	呼格吉乐图	30	小学	A	C	A	C	F
	儿媳	木兰	33	小学	A	C	D	C	E
	孙女	关晶晶	10	小学（汉）	A	D	A	A	F
34	户主	包向阳	41	小学	A	D	C	C	E
	妻子	张田亮	40	小学	A	C	D	C	E
	长女	红英	17	小学	A	B	C	C	E
	长子	包图布新	13	小学	A	A	B	C	E
35	户主	哈斯额尔敦	27	小学	A	C	C	C	E
	妻子	包丽霞	24	初中	A	B	B	C	E
	母亲	白玉	51	文盲	A	D	C	D	E
36	户主	包宝金	40	小学	A	D	A	C	F
	妻子	包根兄	38	文盲	A	D	D	D	
	母亲	包胡日格英	70	文盲	A	D	D	D	
	长子	包春龙	14	初中	A	A	A	B	E
37	户主	李品杰	35	小学	A	C	C	C	E
	妻子	王塔娜	32	小学	A	C	C	C	E
38	户主	吴桂兰	64	初中	A	D	A	A	F
	长子	包宝泉	42	小学	A	C	C	C	E
39	户主	特古斯巴雅尔	46	小学	A	D	A	C	F
	妻子	唐占小	44	中专	A	A	C	B	E
	次女	高娃	18	初中	A	A	B	C	E
	三女	图雅	16	初中	A	A	A	C	F
40	户主	包格日乐图	45	文盲	A	D	B	D	F
	妻子	于满良	42	小学	A	C	C	D	E
	长子	包希日莫	22	初中	A	A	B	C	E
	儿媳	叶丽霞	19	初中	A	A	B	C	E
	长女	包春丽	20	初中	A	A	B	C	E

（续表）

41	户主	冯宝音德力格尔	26	小学	A	B	A	C	F
	妻子	海燕	24	小学	A	B	C	C	E
42	户主	李长山	60	小学（汉）	B	D	A	A	F
	妻子	李淑云	55	小学（汉）	C	D	A	A	F
	长子	李成林	29	小学	B	A	A	C	F
	儿媳	代娜仁	22	小学	A	A	A	C	F
43	户主	刘宝龙	38	高中	A	A	A	B	F
	妻子	金桃	38	文盲	A	D	A	B	F
	长女	刘荣荣	12	小学（汉）	A	D	A	A	F
44	户主	代铁山	55	初中（汉）	A	D	A	A	F
	妻子	叶姑娘	53	小学	A	D	A	D	F
	长子	代喜春	26	初中	A	B	A	C	F
	儿媳	韩俊英（汉族）	26	初中（汉）	C	D	A	A	F
45	户主	贺喜格宝音	57	小学	A	B	A	C	F
	妻子	八月	55	文盲	A	D	C	D	E
	长子	额布日乐图	25	初中	A	B	A	C	F
	儿媳	佟小倩	22	初中	C	D	A	B	F
46	户主	韩群	29	初中	A	D	A	B	F
	妻子	刘慧（汉族）	31	初中（汉）	C	D	A	B	E
	母亲	陈宝兰	64	初中	A	D	A	B	F
	孙女	韩学志	9	小学（汉）	C	D	A	B	E
47	户主	布林巴雅儿	51	文盲	A	D	C	D	E
	妻子	包龙梅	42	文盲	A	D	C	D	E
	长女	冯永华	14	小学	A	A	A	B	E
48	户主	好斯巴雅儿	25	小学	A	B	B	C	F
	妻子	桂英	23	小学	A	B	C	C	E
	父亲	额尔敦扎布	64	小学	A	B	A	C	F
49	户主	额尔敦巴雅儿	59	初中	A	A	A	A	E
	妻子	白海堂	56	小学	A	D	A	D	E
	母亲	良义	78	文盲	A	D	D	D	E
	次子	巴达拉胡	29	高中	A	A	A	B	F
	儿媳	包海英	27	初中	A	A	A	B	F
	孙子	吴孙布尔	7	幼儿园（汉）	B	D	A	B	F
50	户主	吴那木杰	30	初中	A	A	A	B	F
	妻子	王志红	32	初中	A	A	A	B	F
	儿子	吴海日罕	9	小学（汉）	A	D	A	B	F

（续表）

51	户主	巴音那木拉	29	初中	A	B	A	C	F
	妻子	焦春霞	29	初中	A	B	A	B	F
	父亲	关前德门	61	小学	A	C	A	D	E
	母亲	叶九月	58	文盲	A	C	D	D	E
52	户主	刘烈国	40	初中（汉）	A	D	A	C	F
	妻子	马根兄	43	小学	A	B	A	C	F
	长女	刘爽爽	18	小学	A	B	A	C	E
	次女	刘阳阳	16	小学	A	B	A	C	E
53	户主	刘烈武	45	初中（汉）	A	D	A	B	F
	妻子	白海格	43	小学	A	B	A	C	F
	长女	刘圆圆	20	初中	A	B	A	C	F
	次女	刘圆丽	10	小学（汉）	A	D	A	B	F
54	户主	包贺	43	初中	A	B	A	C	F
	妻子	白秀兰	43	初中	A	B	A	C	F
	长女	包春领	19	初中	A	B	A	C	F
	次女	包春艳	15	初中	A	B	A	C	F
55	户主	华姑娘	46	初中（汉）	A	D	C	B	E
	长子	包哈斯	19	初中	A	B	B	C	F
	长女	包月英	22	初中	A	B	B	C	E
	女婿	包宝亮	25	小学	A	B	A	C	F
56	户主	马福义	56	小学（汉）	A	D	A	A	F
	妻子	张桂琴	56	文盲	A	D	A	D	F
	长子	马长亮	27	小学	A	D	A	B	F
	次女	马长红	25	小学	A	D	A	B	F
57	户主	吉日根图	39	初中（汉）	A	D	C	B	E
	妻子	白五月	44	小学	A	D	C	B	E
	长子	包曙光	19	高中	A	A	B	A	E
	长女	包曙霞	15	初中	A	A	B	B	E
58	户主	韩贵成	56	小学	A	A	B	B	F
	妻子	李秀霞	53	小学	A	B	B	C	F
	长子	韩小亮	26	初中	A	B	B	C	F
59	户主	包勿力吉	36	初中	B	B	C	C	F
	妻子	张桂荣	37	小学	B	C	C	C	E
	母亲	冯其木格	50	初中	A	B	C	C	F

（续表）

60	户主	包嘎达	51	小学	A	B	C	C	F
	妻子	唐玉兰	51	小学	A	B	C	C	E
	三女	包斯琴	26	初中	A	B	B	C	F
	孙女	关爽	7	小学（汉）	C	D	B	B	F
61	户主	汤亚坤	32	初中（汉）	C	D	A	A	F
62	户主	唐六斤	60	小学	A	C	C	D	E
	妻子	包套套玛	56	小学	A	C	C	D	E
	长子	唐春林	33	初中	A	B	C	C	E
	次子	唐双林	27	初中	A	B	C	C	F
63	户主	叶七十三	45	小学	A	C	B	C	E
	妻子	敖道胡	43	初中	A	B	B	C	E
	长子	叶满全	14	初中	A	A	C	C	F
	次女	叶红霞	18	初中	A	B	B	B	F
64	户主	马长鹏	30	小学	C	D	A	A	E
	妻子	吴高娃	30	初中	A	A	B	B	F
	长女	韩晨阳	4						

（三）后查干花嘎查语言使用情况

1. 嘎查概况

后查干花嘎查位于宝龙山镇西部，距宝龙山镇 3 公里，南面是前查干花嘎查，与通让铁路隧道相望，西与科尔沁区相邻。共有 67 户，其中汉族 3 户；总人口 280 人，其中男 130 人，女 150 人，汉族 8 人。总面积 16153 亩；耕地 2899.8 亩，其中水浇地 1000 亩，主要种植玉米、向日葵、高粱、豆类作物；林地 905.2 亩，主要有杨树、柳树；草牧场 11948 亩，有牛 86 头，羊 1200 多只。人均收入 1200 元(2007 年)。有农用四轮车 50 台、摩托车 55 台、手机 68 部、电视机 67 台、电冰箱 8 台。

2. 语言使用的基本特点

如上所述，后查干花嘎查共有 67 户。我们调查了其中 62 户，占总户数的 92.5%，255 人(包括 6 岁以下儿童 6 人)，占总人口的 91.1%，因外出打工、家里无人的有 5 户。

表 1-5 后查干花嘎查 6 岁以上(包括 6 岁)的人蒙古语能力统计表

年龄段	调查总人口	A		B		C		D	
		人口	百分比	人口	百分比	人口	百分比	人口	百分比
6～12 岁	22	20	90.9	2	9.1	0	0	0	0
13～18 岁	31	31	100	0	0	0	0	0	0
19～59 岁	173	167	96.5	2	1.16	3	1.73	1	0.58
60 岁以上	23	22	95.7	0	0	1	4.35	0	0
合计	249	240	96.4	4	1.61	4	1.61	1	0.4

从表中可以看出,后查干花嘎查蒙古语水平高的人口比例很高,占调查总人口的 96.4%;只有 1 人不懂蒙古语;略懂(即 C 级)的人也很少,只有 4 人(包括汉族 1 人)。

该嘎查不懂蒙古语的人是:第 33 户的李凤霞,原为汉族,后改为蒙古族。

该嘎查略懂蒙古语的人是:第 5 户的包银山,原住在汉族地区,十多年前才搬至该嘎查;第 30 户的宋风霞,原为汉族,后改为蒙古族;第 52 户的夏井哲,原为汉族,后改为蒙古族;第 56 户的王殿臣,汉族,赘婿。

表 1-6 后查干花嘎查家庭语言使用情况一览表

序号	家庭关系	姓名	年龄	文化程度	蒙古语水平		汉语水平		混合话情况
					语	文	语	文	
1	户主	包苏昵嘎	59	小学	A	C	B	D	E
	妻子	高玉兰	54	小学（汉）	A	D	B	B	E
	儿子	包红成	30	小学	A	B	B	B	E
	儿媳	塔娜	28	中学	A	B	A	B	F
	孙子	包志文	5						
2	户主	白福喜	45	初中（汉）	A	D	A	B	E
	妻子	王叔艳	46	初中	A	D	B	B	E
	长子	白永亮	23	初	A	B	A	C	F
	长女	萨如拉	19	小学	A	C	B	C	E
3	户主	包栓柱	55	小学	A	C	A	D	E
	妻子	张秀云	52	小学（汉）	A	D	B	C	F
	长子	包宝全	33	小学（汉）	A	D	A	C	E
	次子	包玉全	27	小学（汉）	A	D	B	C	E
	三子	包海全	24	小学	A	D	B	C	E
4	户主	代照那斯吐	60	初中	A	B	B	B	E
	妻子	张八月	57	小学	A	C	B	C	E
	长子	代双喜	33	高中	A	A	B	B	E
	儿媳	孙铁英	32	初中	A	B	B	B	E
	女儿	代春荣	23	初中	A	B	B	B	E
	孙子	代文栋	8	小学（汉）	A	C	A	D	F

（续表）

5	户主	包银山	41	初中（汉）	C	D	A	C	F
	妻子	红英	43	高中（汉）	A	D	B	A	E
	长女	包娜义雅	10	小学（汉）	A	D	B	C	E
6	户主	白勿力吉苍	60	小学	A	C	B	C	E
	妻子	代八月	61	初中	A	B	B	B	E
	儿子	白福春	33	高中	A	A	B	A	E
	儿媳	白图雅	31	初中	A	A	B	A	E
	孙子	白文丰	9	小学	A	D	B	C	E
7	户主	包宝斤	54	初中	A	B	B	C	E
	妻子	姜乌云	52	小学	A	C	B	C	E
	长子	包俊德	24	初中	A	C	B	C	F
	长女	包美荣	20	初中	A	B	B	B	F
8	户主	敖乌日塔	50	高中（汉）	A	D	B	A	E
	妻子	何根小	52	文盲	A	D	B	D	E
	长子	敖阿特巴根	25	初中	A	B	B	C	E
	儿媳	敖通嘎拉	27	初中	A	B	B	C	F
	长女	梅荣	23	初中	A	B	A	B	E
9	户主	包福全	55	初中	A	B	C	D	E
	妻子	玉花	50	小学（汉）	A	D	B	C	E
	三女	包都加	20	初中	A	B	B	C	F
10	户主	张九斤	54	小学	A	C	C	C	E
	妻子	韩秀英	52	文盲	A	D	C	D	E
11	户主	敖白乙拉	47	初中	A	D	B	B	E
	妻子	包都烈	48	初中	A	D	B	C	E
	长子	敖徐光	23	初中	A	A	A	B	F
	次子	敖初一	20	初中	A	A	A	B	F
12	户主	包呢玛	52	高中	A	D	C	B	E
	妻子	莫德格	46	初中	A	D	C	B	E
	长女	包彩霞	17	初中	A	A	C	C	E
	长子	包永成	13	小学	A	A	B	B	E
13	户主	何福生	34	初中	A	A	A	C	E
	妻子	齐桂琴	32	小学	A	B	A	C	E
	长女	何庆龄	11	小学	A	B	A	B	F
14	户主	白银宝	53	高中	A	A	B	B	E
	妻子	白乌云格日乐	53	初中	A	B	C	C	E
	长子	白刚龙	15	初中	A	B	B	C	E
	次女	白淑霞	25	初中	A	A	B	C	E

（续表）

15	户主	包桑都冷	55	小学	A	A	B	B	E
	妻子	关福洁	50	文盲	A	D	C	D	E
	长子	包永亮	29	初中	A	D	B	D	E
	儿媳	白哈申格日乐	27	初中	A	A	B	B	E
	孙子	包振兴	4						
16	户主	齐明根白拉	60	小学	A	B	B	C	E
	妻子	王梅	67	文盲	A	D	C	D	E
	次子	齐国亮	29	初中	A	B	C	C	E
	儿媳	刘格日乐	27	小学	A	B	B	C	E
	三子	国忠	27	高中	A	A	B	B	E
17	户主	齐国英	36	初中	A	B	B	C	E
	妻子	包清兰	35	高中	A	A	B	B	E
	长女	齐艳芳	12	小学（汉）	A	D	A	C	F
	次女	齐艳虹	2						
18	户主	包永全	31	初中	A	B	B	C	E
	妻子	白小英	28	小学	A	B	C	D	E
	长子	包伟喜	6	小学（汉）	A	D	A	C	F
19	户主	包塔木	66	初中	A	A	B	B	E
	长子	包吉力特	39	小学	A	B	B	C	E
	四子	包永生	24	初中	A	B	B	C	E
20	户主	包福柱	38	初中	A	B	B	C	E
	妻子	白娜仁高娃	35	小学	A	B	C	C	E
	长子	包永明	14	小学	A	D	A	C	F
21	户主	包玉光	37	初中	A	A	B	C	E
	妻子	敖领兄	37	初中	A	A	B	B	E
	母亲	包义日格舍	61	小学	A	B	C	C	E
	长子	包宝龙	14	初中（汉）	A	D	A	B	F
22	户主	包宝英	31	初中（汉）	A	D	B	B	E
	妻子	包高娃	26	初中（汉）	A	A	B	C	E
	长女	包山丹	5						
	长子	包毕力格	2						
23	户主	何长友	44	初中	A	D	B	B	E
	妻子	包七月	41	小学	A	D	B	C	E
	长子	何福晨	20	初中	A	A	B	A	E
	次子	何占柱	15	初中	A	B	B	C	E

（续表）

24	户主	白色音勿力吉	56	高中	A	A	C	B	E
	长子	白阿斯楞	22	初中	A	A	B	C	E
	儿媳	包春花	20	初中	A	A	B	C	E
25	户主	马宝玉	74	小学	A	D	B	C	E
	妻子	包银梅	67	初中	A	B	B	D	E
	长子	马海林	41	初中（汉）	A	D	B	B	E
	儿媳	包美荣	43	初中（汉）	A	D	B	C	E
	孙女	马闪丹	18	高中	A	B	A	B	E
	孙子	马文斌	17	高中	A	B	A	B	E
26	户主	谢七十三	40	初中（汉）	A	D	B	B	E
	妻子	包风英	45	高中	A	A	B	A	E
	母亲	齐梅花	66	初中	A	A	C	C	E
	长子	谢永明	17	初中	A	B	B	C	E
	次子	谢永振	15	初中	A	A	B	B	E
27	户主	谢满达	47	小学	A	D	B	B	C
	妻子	吴海堂	42	初中（汉）	A	D	B	C	E
	长子	谢永春	22	初中	A	A	B	C	F
	次子	谢永胜	21	初中	A	A	B	B	F
28	户主	包帮柱	51	小学	A	D	B	D	E
	妻子	包月英	43	小学	A	C	C	D	E
	长女	齐桂芝	20	初中	A	B	A	C	E
	次女	齐玲芝	14	小学	A	A	B	C	F
29	户主	敖满良	70	文盲	A	D	B	D	E
	妻子	赵金者	68	文盲	A	D	D	D	E
	儿子	敖套吐格	41	高中	A	A	B	B	F
	儿媳	王根兄	37	高中	A	A	C	B	F
	孙女	敖小芳	17	初中	A	A	A	B	F
	孙女	敖秀芳	15	初中	A	A	A	B	F
30	户主	齐白顺	41	初中	A	D	A	B	E
	妻子	宋风霞	40	初中	C	D	A	B	F
	长子	齐巴特尔	18	初中	A	B	A	B	F
	次子	齐家伟	14	小学（汉）	A	D	A	C	F
31	户主	王贵生	39	高中	A	A	C	A	E
	妻子	齐金花	36	初中（汉）	A	B	C	B	E
	长子	王建华	13	小学	A	C	A	C	F
	次子	王建彬	9	小学	A	D	A	C	F

（续表）

32	户主	包国志	33	小学	A	C	B	C	E
	妻子	包图雅	35	初中	A	B	B	C	E
	长子	包敖日格乐	9	小学（汉）	A	D	A	C	F
33	户主	何长海	46	初中	A	D	A	B	E
	妻子	李凤霞	49	初中	D	D	A	B	F
	长子	何福强	19	初中	A	A	A	B	F
	长女	何旭慧	18	初中	A	A	A	B	F
34	户主	白宝喜	49	小学	A	B	A	C	F
	妻子	齐三月（汉族）	51	文盲	A	D	A	D	F
	长女	白淑梅	32	初中	A	B	A	C	F
	次子	白曙军	26	初中	A	A	A	B	F
35	户主	白曙亮	30	小学	A	B	B	C	F
	妻子	何福霞	30	高中	A	A	C	B	E
	长子	白文淞	7	小学（汉）	A	D	A	C	F
36	户主	包海山	55	小学	A	B	C	D	E
	妻子	阿日特其其格	56	小学	A	B	D	D	
	长子	包文龙	28	高中	A	A	B	B	E
	儿媳	李斯琴	26	小学	A	B	B	C	F
37	户主	齐宪	62	初中	A	D	A	B	F
	妻子	陈秀英	59	文盲	A	D	B	D	F
	三子	齐海生	36	初中	A	A	A	B	F
	儿媳	图雅	36	初中	A	A	B	B	E
	孙女	齐塔娜	12	小学	A	D	A	C	F
38	户主	吴小军	35	初中	A	A	B	C	E
	妻子	郝艳芬	35	初中	A	B	B	B	E
	儿子	吴文斌	10	小学（汉）	A	D	A	C	F
39	户主	白铜柱	46	高中	A	D	B	A	E
	妻子	代木兰	46	初中	A	D	B	B	E
	长子	白志强	20	大学	A	A	A	A	F
	次子	白永强	17	初中	A	A	A	C	F
40	户主	白乌力吉白尔	39	文盲	A	D	B	D	E
	妻子	孟玉香	37	文盲	A	D	C	D	E
	母亲	包孟柱	62	小学	A	D	B	C	E
	长女	白春玲	24	小学	A	C	A	D	E
	孙女	桂荣	11	小学	A	A	B	C	F

（续表）

41	户主	包合其乐吐	37	小学	A	C	A	D	E
	妻子	包高娃	36	小学	A	C	B	D	E
	长子	包青格乐	9	小学（汉）	A	D	A	C	F
42	户主	齐银所	41	高中	A	D	B	A	E
	妻子	郜金风	43	小学	A	D	B	C	E
	长女	齐美荣	20	初中	A	A	A	C	F
	次女	齐美芳	16	初中	A	A	B	C	E
	三女	齐美红	12	小学（汉）	A	D	B	C	F
43	户主	齐图门白拉	58	小学	A	D	A	C	E
	妻子	佟海堂	55	文盲	A	D	C	D	E
	长子	齐国庆	28	初中	A	B	B	C	E
44	户主	包国军	35	小学	A	B	C	C	E
	妻子	代英梅	35	初中	A	B	B	B	E
	长女	包山丹	14	初中	A	A	B	B	F
45	户主	包那木拉	41	文盲	A	D	B	D	E
	妻子	海花	41	文盲	A	D	C	D	E
	长女	包高娃	18	初中	A	B	B	C	F
	长子	包春生	16	初中	A	B	B	C	F
46	户主	何根祥	72	小学	A	D	B	C	E
	妻子	包宝吉	68	小学	A	C	C	D	E
	儿子	何长福	41	初中	A	D	B	B	E
	儿媳	白福荣	41	高中	A	A	B	A	E
	孙女	何旭芳	15	小学	A	A	A	C	F
	孙子	何福宽	12	小学	A	A	B	C	E
47	户主	包七斤	51	小学	A	C	C	C	E
	妻子	包银小	47	小学	A	C	C	C	E
	长女	包欢欢	20	初中	A	A	B	C	E
	哥哥	包六斤	60	小学	A	C	C	C	E
48	户主	齐银峰	34	初中	A	B	B	C	E
	妻子	桂平	29	小学	A	B	A	D	E
	长子	齐文斌	9	小学（汉）	A	D	A	C	F
	母亲	包宝牛	66	小学	A	D	C	D	E
49	户主	齐金所	43	初中	A	D	A	C	E
	妻子	王雅芝	42	小学	B	D	A	C	E
	长女	齐美玲	22	初中	A	B	A	C	F
	长子	齐八十六	20	初中	A	B	A	C	F

（续表）

50	户主	何长所	40	初中	A	C	B	B	E
	妻子	包哈申	40	初中	A	A	C	A	E
	长女	何丽丽	17	初中	A	A	B	B	E
	长子	何福龙	9	小学（汉）	A	D	A	B	F
	次女	何福慧	14	初中	A	B	A	B	E
51	户主	白巴布	70	小学	A	D	B	B	E
	妻子	包冬月	66	小学	A	B	C	D	E
	长子	白树林	29	初中	A	B	B	B	E
	儿媳	董秀连	28	初中（汉）	B	D	A	B	F
	孙女	白雪	7	小学（汉）	B	D	A	C	F
52	户主	夏井哲	73	初中（汉）	C	D	A	C	F
	妻子	齐格日勒吐	58	文盲	A	D	A	D	F
	三子	夏福诚	31	初中	A	B	A	B	F
	儿媳	孟色音其木格	31	初中	A	B	A	B	F
53	户主	白海宝	45	初中	A	D	A	B	E
	妻子	潘斯芹	35	文盲	A	D	B	D	E
	岳母	孟正月	61	文盲	A	D	D	D	
	长女	白阿如娜	17	初中	A	B	B	B	E
	长子	白晨龙	9	小学（汉）	A	D	A	B	F
	次女	白乌日娜	14	初中	A	B	B	B	E
54	户主	何长林	47	高中（汉）	A	D	B	A	E
	妻子	包银昌鸣	46	小学（汉）	A	D	B	C	E
	长子	何福军	22	初中	A	B	B	B	E
	次子	何福奎	19	初中	A	B	B	B	E
55	户主	白巴根那	52	高中（汉）	A	D	B	A	E
	妻子	包金花	47	高中	A	A	B	B	E
	长女	白斯琴	24	初中	A	B	A	B	E
	长子	白清林	20	初中	A	B	A	B	E
	次女	白斯日古冷	22	初中	A	B	A	C	E
	三女	包沙其拉	17	初中	A	B	A	C	E
56	户主	包宝山	47	小学（汉）	A	D	B	C	E
	妻子	白秀英	48	初中	A	D	A	A	E
	长女	包香连	24	初中	A	B	A	B	F
	女婿	王殿臣（汉族）	28	小学	C	D	A	C	F

（续表）

57	户主	何春祥	82	文盲	A	D	B	B	E
	儿子	何长青	38	高中	A	A	B	A	E
	儿媳	高九月	38	高中	A	A	B	A	E
	孙子	何福森	6	小学（汉）	A	D	A	C	F
	孙女	何福鸽	12	小学（汉）	A	D	A	C	F
58	户主	包拉力哈	60	小学	A	C	C	D	E
	妻子	白桂兰	58	文盲	A	D	C	D	E
59	户主	包胡其吐	43	初中（汉）	A	D	B	B	E
	妻子	邢玉霞（汉族）	41	小学（汉）	A	D	A	C	F
	长子	包喜全	19	初中	A	B	A	C	F
	长女	包高娃	18	高中	A	A	A	C	F
60	户主	包巴根那	41	小学	A	B	B	C	E
	妻子	白福香	39	初中	A	B	C	C	E
	儿子	包音图	15	初中	A	C	B	C	F
61	户主	辛海山	50	高中（汉）	A	D	A	A	F
	妻子	何淑琴	46	小学	A	C	B	C	E
	长子	辛晨丰	25	初中	A	B	B	B	E
	儿媳	吴领兄	24	初中	A	B	B	B	E
	孙子	辛晨玲	2						
62	户主	白福林	36	初中	A	A	B	C	E
	妻子	郃风云	33	小学	A	B	C	D	E
	长女	萨日娜	14	小学	A	A	B	B	F
	次女	白黎明	8	小学（汉）	B	D	A	B	F

（四）敖日其格嘎查语言使用情况

1. 嘎查概况

敖日其格嘎查东与本镇七爷艾里嘎查相邻，南与本镇查干淖尔嘎查相接，西与本镇蒙古艾里嘎查相接，北与本镇乌斯吐嘎查相邻，东与乌力吉木仁河相接，距巴彦塔拉镇 7.5 公里。

全嘎查总户数 205 户，其中有汉族 1 户，总人口 754 人，其中汉族 3 人。

总面积 2.8 万亩；耕地 1.3 万亩，水浇地 1000 亩，主要种植玉米、豆类、葵花、水稻等；草牧场 5000 多亩，有牛 520 头、马 52 匹、羊 860 只。2007 年人均收入 3750 元。有轿车、面包车 4 辆、摩托车 73 台、四轮拖拉机 134 台，电视机、手机普及率达到 80%。有砖房户数占总户数的 50%。

2. 语言使用的基本特点

我们调查了205户(其中包括汉族3人,6岁以下儿童36人),754人。

表1-7 敖日其格嘎查6岁以上(包括6岁)的人蒙古语能力统计表

年龄段	调查总人口	A		B		C		D	
		人口	百分比	人口	百分比	人口	百分比	人口	百分比
6～12岁	67	64	95.5	3	4.48	0	0	0	0
13～18岁	76	72	94.74	2	2.63	2	2.63	0	0
19～59岁	513	509	99.22	2	0.38	2	0.19	0	0
60岁以上	62	62	100	0	0	0	0	0	0
合计	718	707	98.5	7	0.97	4	0.56	0	0

从上表中可以看出,该嘎查蒙古语水平高的人的比例很高,占总人口的98.5%。没有不懂蒙古语的人;略懂蒙古语的人只有4人(包括汉族1人),他们是:第8户的张海生,原为汉族,后改为蒙古族;第165户的包美玲,其母亲是汉族;第187户的包艳艳,入汉族小学学习。

表1-8 敖日其格嘎查家庭语言使用情况一览表

序号	家庭关系	姓名	年龄	文化程度	蒙古语水平		汉语水平		混合话情况
					语	文	语	文	
1	户主	包敖日布	65	小学	A	C	C	D	E
2	户主	张宝连	43	高中	A	A	B	B	E
	妻子	张金连	42	高中	A	A	B	B	E
3	户主	李金钢	45	小学	A	C	C	C	E
	三弟	李照日格吐	42	小学	A	C	C	C	E
4	户主	王代兄	48	小学	A	C	C	C	E
	次子	张布和巴乙拉	21	初中	A	B	C	C	E
5	户主	王英	66	初中	A	C	C	C	E
	妻子	李梅兰	62	小学	A	C	C	D	E
	三子	王福泉	34	初中	A	B	C	C	E
	儿媳	陈明云	35	初中	A	B	C	C	E
	孙女	王立春	10	小学	A	C	C	C	E
	孙子	王立强	5						
6	户主	王常所	35	初中	A	B	B	C	F
	妻子	高风英	37	初中	A	B	B	C	F
	长子	王启梦	13	初中	A	B	B	C	F
	长女	王楼楼	7	小学	A	C	C	C	F
7	户主	赵万福	60	小学	A	B	C	C	E
	妻子	田双凤	57	小学	A	B	C	C	E
	次子	赵曙光	28	初中	A	B	B	C	F

（续表）

8	户主	张海生	45	初中	C	C	A	B	E
	妻子	贾桂珍	44	初中	A	B	B	B	E
	长子	张南	14	初中	A	B	B	C	F
	长女	张丽娜	16	初中	A	B	B	B	F
9	户主	贾青海	27	初中	A	B	B	B	F
	母亲	王银梅	52	小学	A	B	B	C	E
	二妹	贾通拉嘎	24	大学	A	A	A	A	F
	三妹	贾萨如拉	22	初中	A	B	C	C	E
10	户主	王甘珠	70	小学	A	C	C	D	E
	妻子	白开花	61	文盲	A	D	D	D	E
	次子	王常柱	28	初中	A	B	B	C	F
	儿媳	许梅珍	27	初中	A	B	C	C	F
	孙女	王园园	6	小学	A	C	D	D	F
	长女	王吉木色	42	高中	A	A	A	B	E
11	户主	韩红亮	28	初中	A	B	B	C	F
	妻子	金玲	24	初中	A	B	B	C	F
	长子	韩志豪	2						
12	户主	韩红彬	33	初中	A	B	B	C	F
	妻子	包桂芳	31	高中	A	A	B	C	F
	长女	韩佳琪	4						
13	户主	孟文成	28	初中	A	B	C	C	F
	长子	孟俊杰	4						
14	户主	孟胡达古拉	56	小学	A	C	C	C	E
15	户主	张布和套吐格	23	高中	A	A	C	C	F
	长女	张佳悦	2						
16	户主	肖乐升	20	初中	A	B	C	C	F
17	户主	张金明	32	初中	A	C	C	C	F
	妻子	齐金凤	34	初中	A	C	C	C	F
	长子	张建军	9	小学	A	C	C	C	F
18	户主	张德喜	45	小学	A	C	C	C	E
	妻子	李桂荣	47	小学	A	C	C	C	E
	长子	张志刚	17	初中	A	B	C	C	F
	次子	张志国	14	初中	A	B	C	C	F
19	户主	张金良	34	初中	A	C	C	C	F
	妻子	王占荣	36	初中	A	C	C	C	F
	长子	张彦俊	14	初中	A	B	C	C	F

（续表）

20	户主	张布和	55	小学	A	C	C	D	E
	长子	张洪青	23	初中	A	B	C	C	F
	次子	张洪彬	18	初中	A	B	C	C	F
	长女	张小兰	20	初中	A	B	C	C	F
21	户主	赵春成	45	小学	A	C	C	C	E
	妻子	贾高娃	42	小学	A	C	C	C	E
	长女	赵吐雅	21	小学	A	B	C	C	F
	长子	赵范启子	19	小学	A	B	C	C	F
22	户主	田银锁	49	高中	A	A	A	C	E
	妻子	王玉花	51	高中	A	A	A	C	E
	三子	田小明	21	高中	A	A	A	B	F
	母亲	白天梅	68	小学	A	C	C	D	E
23	户主	陈环珠	36	小学	A	C	C	C	E
	妻子	包高娃	35	小学	A	C	B	C	E
	长女	陈美娟	11	小学	A	C	C	C	F
24	户主	韩风头	43	初中	A	C	B	C	E
	长子	韩毕力格	13	小学	A	A	B	B	F
25	户主	陈栓柱	39	小学	A	C	C	C	E
	妻子	郎玉荣	38	初中	A	C	B	C	E
	长子	陈英	8	小学	A	B	B	C	F
26	户主	崔洪武	45	初中	A	C	A	B	E
	妻子	田双莲	50	高中	A	B	A	B	E
	长子	崔希平	23	初中	A	C	A	B	E
	长女	崔丹丹	22	初中	A	A	A	A	F
	次子	崔希荣	19	高中	A	A	A	A	F
27	户主	包金柱	43	初中	A	C	C	C	E
	妻子	韩水花	42	初中	A	C	C	C	E
	长子	包孟和	17	初中	A	B	B	C	E
	次子	包吐布心	17	初中	A	B	B	C	F
28	户主	张吐旺	46	小学	A	C	C	C	E
	妻子	贾玉荣	47	小学	A	C	C	C	E
	长女	张通拉嘎	23	初中	A	B	B	C	E
	三女	张玲芝	20	初中	A	B	B	C	E

（续表）

29	户主	贾巴音都冷	45	小学	A	C	C	C	E
	妻子	胡玲锁	37	小学	A	C	C	C	E
	长子	贾文彬	18	初中	A	C	C	C	E
	次子	贾文强	16	初中	A	C	C	C	E
30	户主	张七十三	43	初中	A	C	C	C	E
	妻子	包金桃	41	初中	A	C	C	C	E
	长女	张盼盼	18	高中	A	A	B	B	E
31	户主	赵布和	52	高中	A	B	C	C	E
	妻子	金小梅	47	高中	A	B	A	B	E
	长子	赵黎波	19	高中	A	A	A	A	F
	次子	赵黎恩	16	高中	A	A	A	A	F
32	户主	贾冬月	71	初中	A	C	A	C	E
33	户主	葛送拉	66	初中	A	C	C	C	F
	妻子	白五月	57	文盲	A	D	D	D	F
	次女	葛银花	35	初中	A	B	C	C	F
	次女婿	白双福	35	初中	A	C	C	C	E
	外孙	白葛荣	12	小学	A	B	B	C	F
	外孙	白葛凡	4						
34	户主	包莱珠	43	小学	A	C	C	C	E
	妻子	王海荣	42	小学	A	C	B	C	E
	长女	包春霞	16	初中	A	B	B	B	E
	次女	包春梅	15	初中	A	B	B	B	E
35	户主	包五十八	45	小学	A	C	B	C	E
	长子	包宝青	18	初中（汉）	B	C	A	A	F
36	户主	包斯日古楞	37	初中	A	C	C	C	E
	长女	包国园	15	初中	A	C	C	B	F
	长子	包治国	5						
	母亲	关双喜	49	文盲	A	D	D	D	E
37	户主	包来福	38	初中	A	B	B	C	E
	妻子	赵双燕	32	初中	A	B	B	C	E
	长女	包秀梅	11	小学	A	C	B	C	F
	次女	包秀琴	4						
	弟弟	肖黎明	28	初中	A	B	B	C	F
	弟媳	吴晓红	28	初中	A	B	B	C	F
38	户主	关昌文	45	小学	A	C	C	C	E
	母亲	白金莲	76	文盲	A	D	C	D	E

（续表）

39	户主	张九月	70	文盲	A	D	C	D	E
	六女	包玉红	31	初中	A	B	C	C	F
40	户主	杨长河	42	初中	A	B	C	C	E
	妻子	包玉荣	43	初中	A	B	C	C	E
41	户主	白长青	54	小学	A	C	C	C	E
	妻子	陈玉荣	47	小学	A	C	C	C	E
	长子	白玉泉	27	初中	A	B	C	C	F
	三子	白玉洪	23	初中	A	B	C	C	F
42	户主	张来喜	50	小学	A	C	C	C	E
	妻子	郭桂杰	49	小学	A	C	C	C	E
	长子	张志民	22	初中	A	B	B	C	F
	次子	张志强	18	初中	A	A	B	C	F
43	户主	张根喜	47	初中	A	B	B	C	E
	妻子	白其其格	47	高中	A	A	B	B	E
	次女	张秀荣	23	初中	A	A	B	B	F
	三女	张春艳	21	高中	A	A	A	B	F
	四女	张春芝	19	高中	A	A	A	B	F
44	户主	韩玉祥	63	小学	A	C	C	C	E
	妻子	韩杏云	60	小学	A	C	C	C	E
45	户主	赵春友	34	小学	A	C	C	C	F
	妻子	常春杰	39	小学	A	C	C	C	E
	长女	赵萍萍	14	小学	A	A	C	C	F
	长子	赵文龙	1						
46	户主	吴铁宝	52	高中	A	C	C	C	E
	妻子	金淑霞	47	初中	A	C	C	C	E
	长子	吴文成	23	初中	A	A	C	C	F
	次女	吴丽梅	21	初中	A	B	B	C	F
	三女	吴春梅	19	初中	A	A	C	C	F
47	户主	张青峰	54	初中	A	C	B	C	E
	妻子	崔红青	51	初中	A	A	B	C	F
	长子	张明明	25	初中	A	A	B	C	E
	长女	张玲玲	27	初中	A	B	C	C	F
	三女	张梅玲	21	初中	A	A	B	C	E
	外孙女	孙然	5						
	孙女	张思萌	2						

（续表）

48	户主	包民玛	54	小学	A	C	C	D	E
	妻子	肖九月	51	小学	A	C	C	C	E
	长子	包金泉	29	初中	A	B	C	C	F
	次子	包银泉	27	初中	A	B	C	C	F
	长女	包孟根托亚	24	高中	A	A	A	B	F
49	户主	崔风头	38	小学	A	C	C	C	E
	妻子	包桂英	36	初中	A	B	C	C	F
	长子	崔玉柱	17	初中	A	B	C	C	F
	次子	崔榜柱	15	初中	A	B	C	C	F
50	户主	田连锁	29	初中	A	B	C	C	F
	妻子	张美荣	29	初中	A	B	C	C	F
51	户主	包旺其嘎	47	小学	A	C	B	C	E
	妻子	刘梅花	44	初中	A	B	B	C	E
	长子	包同格拉嘎	20	初中	A	A	B	C	F
	次子	包满达	19	初中	A	A	B	C	F
52	户主	白玉	35	初中	A	B	C	C	F
	妻子	鲍红玉	34	初中	A	B	C	C	F
	长子	白国栋	14	初中	A	B	C	C	F
	父亲	白朝德布	58	小学	A	C	C	C	E
	母亲	赵玉珍	56	小学	A	C	C	C	E
53	户主	白双宝	37	初中	A	C	C	C	E
	长女	白珊丹	14	初中	A	B	C	C	F
	次女	白广慧	9	小学	A	B	C	C	F
	三女	白广智	6	小学	A	B	C	C	F
54	户主	包乌恩布和	46	初中	A	B	B	C	E
	妻子	刘淑花	38	初中	A	B	B	C	E
	长子	包额尔敦	10	小学	A	B	C	C	F
55	户主	田达林台	60	高中	A	A	B	B	E
	妻子	吴格日乐其木格	59	初中	B	B	B	C	E
	长子	田胡日查	24	初中	A	B	B	C	F
	长女	田迎春	37	初中	A	B	B	C	F
	三女	田玉梅	30	大专	A	A	A	A	F
	四女	田永梅	28	高中	A	A	A	B	F
	五女	田玉霞	26	高中	A	A	A	B	F

（续表）

56	户主	唐文德	36	初中	A	B	C	C	F
	妻子	孟玉晶	33	初中	A	B	C	C	F
	母亲	陈秀兰	58	文盲	B	B	D	D	E
57	户主	吴双宝	45	初中	A	B	B	B	E
	妻子	贾孟兰	43	初中	A	B	B	C	E
	长子	吴明亮	21	大学	A	A	A	A	F
	长女	吴明霞	19	高中	A	A	A	B	F
58	户主	韩九连	37	初中	A	B	C	C	E
	妻子	唐启晓	37	初中	A	B	C	C	E
	长子	韩智新	12	小学	A	B	B	C	F
59	户主	常小玉	41	初中	A	B	C	C	E
	妻子	包银凤	41	初中	A	B	C	C	E
	长子	常利伟	17	初中（汉）	A	B	B	C	F
	次子	常利发	7	小学（汉）	A	C	C	D	F
60	户主	金七十三	23	初中	A	B	C	C	F
61	户主	陈文峰	34	初中	A	B	B	C	F
62	户主	贾布任俄	37	初中	A	B	B	C	F
	长女	贾丽雅	8	小学	A	C	B	D	F
63	户主	包春亮	30	初中	A	B	B	C	F
	长女	苏日娜	11	小学	A	B	B	C	F
64	户主	贾青山	28	初中	A	B	C	C	F
	妻子	白通格乐嘎	28	初中	A	B	B	C	F
65	户主	孟桂红	31	初中	A	B	B	C	F
	长子	付智民	8	小学（汉）	B	D	B	C	F
66	户主	贾桂珍	47	高中	A	B	B	B	E
67	户主	包龙安	67	小学	A	C	C	C	E
68	户主	吴玉祥	71	初中	A	C	C	C	E
	妻子	葛洛玛	68	小学	A	C	C	C	E
69	户主	吴乌力吉白乙拉	51	小学	A	C	C	C	E
70	户主	王玉宝	39	初中	A	B	B	C	E
	妻子	韩莲晓	41	初中	A	B	B	C	E
	长女	王利平	16	初中	A	B	B	B	F
	长子	王利军	13	小学	A	C	B	B	F
71	户主	田黎明	26	初中	A	B	C	C	F
	妻子	贾春兰	26	初中	A	B	B	C	F
	长子	田展之	3						

（续表）

72	户主	韩玉春	58	小学	A	C	C	D	E
	妻子	张玉珍	54	小学	A	C	C	C	E
	大哥	韩玉山	75	小学	A	C	C	D	E
73	户主	张金柱	41	初中	A	C	B	C	E
	妻子	陈孟根其其格	33	初中	A	B	C	C	F
	长子	张春生	12	小学（汉）	A	B	B	C	F
	长女	张春香	3						
74	户主	陈桑布	61	小学	A	C	C	C	E
	妻子	刘玉珍	56	小学	A	C	B	C	E
	长女	陈阿拉坦其其格	27	初中	A	B	A	B	F
	次子	陈满全	25	初中	A	B	B	C	F
	孙子	陈文景	3						
75	户主	马腊月	47	初中	A	B	B	C	E
	次子	肖常升	25	初中	A	B	A	C	F
	三子	肖春升	17	初中	A	A	B	B	F
76	户主	贾文智	40	初中	A	C	C	C	E
	妻子	李海玲	37	初中	A	C	C	C	E
	养女	苏日姑	10	小学	A	B	B	B	F
77	户主	包布仁百乙拉	70	初中	A	C	B	C	E
	妻子	贺景俊	41	高中	A	B	B	B	E
	长女	包灵芝	18	初中	A	A	A	A	F
	次女	包灵丽	16	初中	A	A	A	B	F
	三女	包沙初拉	12	小学	A	B	C	C	F
	母亲	韩桂玲	70	文盲	A	C	D	D	E
78	户主	张海深（汉族）	47	初中	A	C	C	C	E
	妻子	贾水平	46	初中	A	C	C	C	E
	长子	张东	23	高中	A	A	A	B	F
	次子	张飞	22	初中	A	A	B	C	F
	长女	张彩云	21	大学	A	A	A	B	F
79	户主	金学彬	28	初中	A	B	C	C	F
	妻子	包春云	28	初中	A	B	C	C	F
	长女	金秋	7	小学	A	C	C	C	F
	长子	金鑫	4						
80	户主	金满都拉	58	小学	A	C	C	D	E
	妻子	鲍套吐木乐	53	小学	A	C	C	D	E
	次女	金学智	26	初中	A	B	C	C	F
	次子	金学勇	25	初中	A	B	C	C	F

（续表）

81	户主	贾满都拉	36	高中	A	A	B	B	F
	妻子	齐风	37	高中	A	A	B	B	F
	长女	贾鑫鑫	11	小学	A	B	C	C	F
82	户主	包环珠	50	高中	A	A	B	B	E
	妻子	贾银花	48	初中	A	B	B	C	E
	长女	包斯琴	25	初中	A	B	B	C	F
	长子	包莫日根	24	高中	A	A	A	A	F
	次女	包通格拉嘎	23	初中	A	B	B	C	F
	三女	包沙如拉	22	初中	A	B	B	C	F
83	户主	孟七十三	35	小学	A	C	C	C	F
	长女	孟繁洁	2						
	哥哥	孟贺亚格都荣	50	小学	A	C	C	D	E
84	户主	包巴音都冷	48	高中	A	A	C	C	E
	妻子	梁米祥	45	初中	A	B	C	C	E
	长子	包宝亮	24	初中	A	A	B	C	F
	长女	包萨日娜	22	初中	A	A	B	C	F
	次女	包乌日娜	20	初中	A	A	B	C	F
85	户主	赵达林台	58	小学	A	C	C	D	E
	弟弟	赵吐门昌	47	小学	A	B	C	B	E
	弟媳	关玉花	42	小学	A	B	C	B	E
	侄长子	赵宏卫	20	小学	A	B	C	C	F
	侄次子	赵宏泉	17	小学	A	B	C	C	F
86	户主	王长金	37	初中	A	B	B	C	E
	长女	包明珠	12	小学	A	B	C	C	F
	长子	包额尔敦	7	小学	A	B	C	C	F
87	户主	赵德亮	30	初中	A	B	B	C	F
	妻子	孟红霞	30	初中	A	B	B	C	F
	长子	赵盛杰	6	小学	A	C	C	D	F
88	户主	张七十八	36	小学	A	B	C	C	F
	妻子	霍春梅	37	小学	A	B	C	C	E
	长子	张磊	9	小学	A	C	C	C	F
	长女	张可欣	2						
	父亲	张忠	70	初中	A	B	C	C	E
	母亲	白银牛	68	文盲	A	C	D	D	E
89	户主	关金苹	50	初中	A	C	C	D	E

（续表）

90	户主	包海山	43	小学	A	C	C	C	E
91	户主	贾文成	33	初中	A	B	C	C	F
	妻子	包斯琴	28	初中	A	B	B	C	F
	长子	贾自力	3						
	母亲	吴福日来玛	62	文盲	A	C	D	D	E
92	户主	贾文秀	37	小学	A	B	C	C	F
	妻子	包玉英	34	小学	A	C	C	D	F
	长子	贾智启	10	小学	A	B	C	C	F
	次子	贾志刚	2						
93	户主	贾文华	42	小学	A	B	C	D	E
	妻子	黄梅玉	38	小学	A	B	C	C	E
	长子	贾思奇	12	小学	A	B	C	C	F
	长女	贾山丹	14	小学	A	B	C	C	F
94	户主	贾晓军	36	高中	A	A	A	B	F
	妻子	王秀梅	35	高中	A	A	A	B	F
	长女	贾坤	12	小学（汉）	B	D	A	B	E
	长子	贾萱	4						
95	户主	张玉山	32	初中	A	B	C	C	F
	妻子	王红春	27	初中	A	B	C	C	F
	长子	张向阳	7	小学	A	C	C	C	F
96	户主	张玉春	37	初中	A	B	C	C	F
	妻子	任小红	36	高中	A	A	A	B	F
	长女	张青香	14	初中	A	B	C	C	F
	次女	张凯利	9	小学	A	B	C	C	F
97	户主	田锁	38	小学	A	C	C	C	F
	妻子	张永花	37	高中	A	A	A	C	F
	长子	田聪明	13	小学	A	B	C	C	F
	次子	田精明	7	小学	A	C	C	C	F
98	户主	包马楞阿	39	初中	A	B	C	C	F
	妻子	王金英	34	初中	A	B	C	C	F
	长子	包董董	12	小学	A	B	C	C	F
99	户主	张五斤	45	高中	A	A	A	A	E
	妻子	赵海玉	45	高中	A	A	A	A	E
	长子	张东升	20	高中	A	A	A	A	F
	长女	张萨如拉	17	初中	A	B	B	C	F

（续表）

100	户主	贾阿民布和	61	中专	A	A	A	A	E
	妻子	吴九月	59	小学	A	D	C	C	E
101	户主	王双喜	55	小学	A	C	C	D	E
	弟弟	王铁牛	42	初中	A	B	C	C	E
	弟媳	李高娃	43	高中	A	A	B	B	E
	长女	王萨日娜	15	初中	A	B	B	C	F
	次女	王马日娜	8	小学	A	C	C	C	E
102	户主	吴宝玉	43	初中	A	C	C	C	E
	妻子	包田荣	36	初中	A	C	C	C	F
	长子	吴文财	11	小学	A	C	C	C	F
103	户主	李占军	37	初中	A	B	C	C	F
	妻子	海木兰	39	初中	A	B	C	C	F
	长子	李相容	13	小学	A	C	C	C	F
	长女	李香春	4						
104	户主	吴宝莲	44	小学	A	C	C	C	E
105	户主	赵春芳	55	初中	A	C	C	C	E
	妻子	贾金花	50	初中	A	C	B	C	E
	长子	赵十月	29	初中	A	B	B	C	F
	次子	赵长宏	27	初中	A	B	A	C	F
	三子	赵长柱	25	初中	A	B	A	B	F
106	户主	韩海泉	39	小学	A	C	B	C	E
	父亲	韩铁本台	70	小学	A	D	C	C	E
	舅舅	王六十三	68	小学	A	D	C	C	E
	舅妈	张水小	59	小学	A	C	B	C	E
107	户主	张铁牛	42	初中	A	B	B	C	E
	妻子	丁金花	44	初中	A	C	C	C	E
	长女	张欧	17	初中	A	C	A	C	F
	长子	张敖	14	初中	A	C	B	C	F
108	户主	白玉宝	40	初中	A	C	A	C	E
	妻子	韩荷花	40	高中	A	A	B	B	E
	长子	白忠彦	11	小学	A	B	B	C	F
109	户主	肖哈斯巴根	51	高中	A	A	A	B	E
	妻子	赖团亮	50	高中	A	A	A	B	E
	次女	肖斯琴高娃	24	大学	A	A	A	A	F
	三女	肖代弟	22	初中	A	B	B	B	F

（续表）

110	户主	贾金钢	28	初中	A	C	C	C	F
	妻子	包月亮	24	初中	A	C	B	C	F
	长女	贾靖靖	2						
	母亲	吴来英	60	小学	A	C	C	D	E
111	户主	孟俄日贺	40	初中	A	C	C	C	E
	妻子	李玉美	38	初中	A	C	B	C	E
	长女	孟婷婷	14	小学	A	A	B	B	F
	次女	孟春丽	8	小学	A	B	B	C	F
112	户主	张双盛	37	初中	A	B	B	B	E
	妻子	白春玲	33	初中	A	B	B	C	E
	长女	张园园	12	小学	A	A	B	C	F
	母亲	潘马仁其木格	72	文盲	A	D	C	D	E
	哥哥	张双喜	43	初中	A	B	B	C	E
113	户主	梁串贵	37	初中	A	B	B	C	E
	妻子	包云霞	30	初中	A	B	A	B	F
	长女	梁沙日娜	14	初中	A	A	A	A	E
	长子	梁甲文	10	小学	A	B	A	B	E
114	户主	梁传成	29	初中	A	C	B	C	F
	妻子	白春香	33	初中	A	B	B	C	F
	长女	梁玲玲	10	小学	A	B	B	C	F
115	户主	白那木拉	51	文盲	A	D	C	D	E
116	户主	白玉山	47	高中	A	A	B	B	E
	妻子	田双金	48	高中	A	A	B	B	E
	长子	白智伟	20	高中	A	A	B	B	F
	长女	白智灵	16	高中	A	A	B	B	F
117	户主	韩玉林	56	初中	A	B	C	C	E
	妻子	田双格	58	高中	A	A	B	C	E
	次女	韩迎鹰	26	高中	A	A	B	B	F
	三女	韩晓梅	23	大学	A	A	A	A	F
118	户主	王连	71	小学	A	B	C	C	E
	妻子	张乌云塔娜	64	小学	A	C	B	C	E
	次子	王宝泉	35	初中	A	B	C	C	F
	儿媳	贾玉珍	36	初中	A	B	B	C	F
	孙子	王家乐	9	小学	A	C	B	C	F

（续表）

119	户主	贾七十四	40	初中	A	B	B	C	E
	妻子	陈格乐其木格	42	初中	A	B	C	C	E
	长子	贾哈达	18	高中	A	A	A	B	F
	长女	贾山丹	16	初中	A	B	B	B	F
120	户主	贾八十三	50	高中	A	A	B	B	E
	妻子	刘晓英	50	高中	A	A	B	B	E
	长子	贾志学	24	高中	A	B	B	B	F
	次子	贾初一	22	初中	A	B	C	C	F
	长女	贾秀娟	21	文盲	A	C	D	D	F
121	户主	白七十九	38	初中	A	B	B	C	E
	妻子	包其其格	38	小学	A	C	C	C	E
	长子	白文成	14	小学	A	C	C	C	F
	次子	白文平	7	小学	A	C	C	C	F
122	户主	辛桂连	42	初中	A	C	C	C	E
	弟弟	辛海珠	40	初中	A	C	C	C	E
123	户主	王达瓦	57	小学	A	C	C	C	E
	妻子	黄金花	50	初中	A	C	C	C	E
	长女	王玲玲	25	高中	A	A	B	C	F
	次女	王丽丽	22	初中	A	B	C	C	F
	三女	王丽红	19	初中	A	B	C	C	F
124	户主	韩长明	39	初中	A	C	C	C	E
	妻子	陈双吉	40	初中	A	C	C	C	E
	长女	韩园园	17	高中	A	A	A	B	F
	次女	韩萨如拉	14	初中（汉）	B	D	A	B	F
	长子	韩治民	11	小学	A	C	C	C	F
125	户主	曲立江	47	初中	A	C	C	C	E
	妻子	王宝格	43	初中	A	C	C	C	E
	长女	曲丹丹	19	初中	A	B	C	C	F
	长子	曲蒙蒙	18	初中	A	B	C	C	F
126	户主	崔宝钢	65	初中	A	A	A	B	E
	妻子	吴来小	66	小学	A	C	C	C	E
	次子	崔长所	34	小学	A	C	C	C	E
	儿媳	包领弟	37	初中	A	B	B	C	E
	长孙女	崔托雅	10	小学	A	C	C	C	E
	次孙女	崔塔娜	6	小学	A	D	B	D	F

（续表）

127	户主	包好秋	56	初中	A	C	B	C	E
	妻子	孟都古加	53	小学	A	C	B	C	E
	长子	包胡格土乐吐	29	初中	A	B	B	C	E
	长女	包红艳	28	初中	A	B	A	C	E
	次子	包布仁吐	24	初中	A	B	A	C	F
128	户主	陈格日乐吐	46	初中	A	B	C	C	E
	妻子	包淑琴	45	初中	A	B	B	C	E
	长女	陈小荣	20	高中	A	B	B	B	E
	长子	陈小云	18	初中	A	B	B	C	E
	母亲	黄金桂	67	初中	A	B	C	C	E
129	户主	韩九成	32	初中	A	C	C	C	E
	妻子	白哈申图雅	32	初中	A	C	B	C	E
	长女	韩蔺	7	小学	A	C	C	C	F
	母亲	刘淑琴	65	文盲	A	D	C	D	E
	弟弟	韩红玉	29	初中	A	C	A	B	F
130	户主	包老福生	65	小学	A	D	C	D	E
	长女	包宝金	37	小学	A	C	C	C	E
	女婿	鲁宽喜	32	初中	A	B	B	C	E
	外孙女	鲁萍萍	13	小学	A	C	B	C	E
	外孙子	鲁源起	3						
131	户主	唐文明	38	小学	A	C	C	C	F
	妻子	张其其格	34	初中	A	B	B	C	F
	长子	唐治民	11	小学	A	B	C	C	F
132	户主	杨长德	53	初中	A	C	C	D	E
	妻子	包桂荣	48	小学	A	C	C	D	E
	长女	杨淑芳	22	初中	A	C	B	C	F
	长子	杨辉	19	初中	A	B	B	C	F
	次女	杨淑梅	2						
133	户主	吴金宝	58	小学	A	D	C	D	E
	妻子	王其其格	51	小学	A	D	C	C	E
	长子	吴晓军	29	初中	A	C	C	C	F
	次女	吴斯琴	21	初中	A	C	B	C	F
	次子	吴文平	20	初中	A	C	B	C	F
134	户主	张留柱	48	初中	A	C	C	C	E
	妻子	赵晓英	42	初中	A	C	C	C	E
	长女	张春梅	20	初中	A	B	C	C	F
	长子	张海廷	17	初中	A	C	B	C	F
	次子	张海亮	15	初中	A	C	B	C	F

（续表）

135	户主	张双柱	39	小学	A	C	C	C	F
	弟弟	张银龙	35	小学	A	C	C	C	F
	母亲	韩景格	78	文盲	A	D	C	D	E
136	户主	刘双全	42	文盲	A	D	C	D	E
	长女	刘阳阳	7	小学	A	C	C	C	F
	母亲	张水莲	64	小学	A	C	C	C	E
137	户主	孟巴特尔	37	小学	A	C	C	C	E
	妻子	刘小鸽	33	小学	A	C	C	C	F
	长女	孟盼盼	11	小学	A	C	C	C	F
138	户主	贾旺喜	68	小学	A	C	C	D	E
	妻子	孟正月	64	小学	A	C	C	D	E
	女婿	赖德喜	33	小学	A	C	C	D	F
	五女	贾水晓	35	小学	A	C	C	C	F
	外孙女	赖沙娜	12	小学	A	C	C	C	F
	外孙子	赖常亮	10	小学	A	C	C	C	E
139	户主	白来柱	51	小学	A	C	C	D	E
	妻子	赵玉琴	50	小学	A	C	C	D	F
	长女	白丽丽	21	大学	A	B	A	B	F
	次女	白闪闪	20	高中	A	C	C	C	F
	长子	白永辉	16	初中	A	B	C	C	F
140	户主	包金山	55	小学	A	C	C	C	E
	妻子	包景格	54	小学	A	C	C	C	E
	长子	包来福	28	小学	A	C	C	C	F
	次子	包宝音吐	25	小学	A	C	C	C	F
141	户主	包民玛敖斯	65	小学	A	C	C	C	E
	妻子	吴天梅	63	小学	A	C	C	C	E
	三子	包根巴根	37	初中	A	C	C	C	F
142	户主	袁金奖	60	小学	A	C	C	D	E
	妻子	赵玉环	54	小学	A	C	C	C	E
	长子	袁文采	26	中专	A	A	A	B	F
	次子	袁文斌	25	初中	A	B	C	C	F
	儿媳	吴桂花	27	初中	A	B	C	C	F
	孙子	袁顺	3						
143	户主	金海龙	34	初中	A	B	C	D	E
	妻子	韩红智	30	初中	A	B	C	C	F
	长子	金呼和	6	小学	A	C	D	C	F

（续表）

144	户主	贾洪彬	30	初中	A	A	B	B	F
	妻子	张永玲	27	初中	A	A	B	B	F
	长女	贾欣雨	5						
	母亲	苏玉莲	56	小学	A	C	C	C	E
	妹妹	贾红艳	29	初中	A	B	B	C	F
	弟弟	贾红杰	26	初中	A	A	A	C	F
145	户主	张满泉	30	初中	A	B	B	C	E
	长子	张秀军	7	小学	A	C	C	C	E
146	户主	包查干巴拉	59	初中	A	C	C	C	E
	妻子	贾凤兰	55	初中	A	C	C	C	E
147	户主	张敖其老	69	小学	A	C	C	C	E
	妻子	包其其格	70	小学	A	C	C	C	E
	三子	张铁锁	38	初中	A	B	B	C	E
148	户主	肖七斤	55	初中	A	B	C	C	E
	妻子	张玉晓	52	初中	A	B	C	C	E
	次子	肖利光	25	初中	A	A	B	B	F
149	户主	贾文泉	30	初中	A	C	A	C	F
	妻子	白双梅	29	初中	A	C	A	C	E
	长子	贾欣喆	4						
	父亲	贾海山	63	高中	A	B	A	C	E
	二姐	贾香彬	33	中专	A	B	A	B	E
150	户主	孟巴根那	48	高中	A	A	A	A	E
	妻子	韩牡丹	35	初中	A	B	B	C	E
	长子	孟文昌	22	大学	A	A	A	A	F
	长女	孟香梅	26	大学	A	A	A	A	F
	次女	孟丽梅	21	大学	A	A	A	A	F
	三女	孟秀梅	20	大学	A	A	A	A	F
	次子	孟文俊	13	初中	A	A	A	B	F
151	户主	张民玛	51	高中	A	A	A	B	E
	长女	张春玲	24	初中	A	B	B	C	E
	次女	张春艳	19	高中	A	A	A	A	F
	外孙	韩爱民	5						
152	户主	包双喜	41	小学	A	C	B	C	E
	妻子	刘百岁	33	小学	A	C	C	C	E
	长女	包木兰	8	小学	A	B	B	C	F
	长子	包温都苏	3						

（续表）

153	户主	包乃音台	34	初中	A	B	B	C	E
	妻子	韩红梅	31	初中	A	B	B	C	E
	长子	包国强	6	小学	A	B	B	C	F
154	户主	包银柱	40	初中	A	B	C	C	E
	妻子	关双树	37	初中	A	C	B	C	E
	长女	包散丹	15	初中	A	B	B	C	F
	次女	包玛莲	12	小学	A	B	C	C	F
	父亲	包色冷布	71	文盲	A	C	C	D	E
155	户主	田根柱	54	初中	A	C	C	C	E
	妻子	陈凤兰	54	初中	A	C	C	C	E
156	户主	孟玉良	54	小学	A	C	C	C	E
	妻子	刘来晓	54	小学	A	C	C	C	E
	次子	孟大十八	27	小学	A	C	C	C	F
	儿媳	高良萍	27	高中	A	A	A	A	F
157	户主	李永胜	60	小学	A	C	C	D	E
	妻子	吴都达古拉	57	小学	A	C	C	D	E
	次子	李晓军	32	初中	A	B	B	C	F
	儿媳	白青梅	29	初中	A	B	B	C	F
	孙子	李泉辉	7	小学	A	C	C	C	F
158	户主	金六金定	53	小学	A	C	C	D	E
	长子	肖青文	28	初中	A	A	B	B	F
	长女	肖青华	25	初中	A	A	B	B	F
159	户主	金前德门	60	小学	A	C	C	D	E
	妻子	肖景英	60	小学	A	C	C	D	E
160	户主	肖胡义嘎	45	初中	A	B	C	C	E
	妻子	张晓兰	41	初中	A	B	B	C	E
	长女	肖萨如拉	16	初中	A	B	B	B	F
	长子	肖杜日斯嘎拉	14	初中	A	B	B	B	F
	母亲	贾梅格	73	小学	A	C	C	D	E
161	户主	包满都拉	50	中专	A	A	A	A	E
	妻子	田根花	51	中专	A	A	B	B	E
	长女	包萨日娜	27	高中	A	A	B	B	F
	次女	包萨如拉	26	高中	A	B	B	C	F
	长子	包色吉日胡	23	大专	A	A	A	B	F

（续表）

162	户主	孟其木德	53	初中	A	B	B	C	E
	妻子	贾双云	55	小学	A	B	C	C	E
	长子	孟达瓦敖斯	26	初中	A	B	C	C	F
	次子	孟叶喜	24	大学	A	A	A	A	F
	儿媳	张秀梅	23	初中	A	B	C	C	F
	孙女	孟莹莹	2						
163	户主	韩天明	40	小学	A	B	C	D	E
	妻子	韩高娃	39	小学	A	C	C	D	E
	长子	韩志强	14	初中	A	B	C	C	F
	长女	韩志青	12	初中	A	C	C	C	F
164	户主	孟德全	50	小学	A	B	C	D	E
	妻子	包梅花	51	小学	A	C	C	C	E
	长子	孟五十八	25	高中	A	A	A	B	F
	长女	孟红芝	23	高中	A	A	B	B	F
	次子	孟好斯白拉	21	初中	A	B	C	C	F
165	户主	包海军	35	初中	A	B	C	C	F
	妻子	曹玉如（汉族）	35	高中（汉）	C	D	A	A	
	长女	包美玲	13	小学（汉）	C	C	B	B	F
166	户主	包苏木吉德	49	高中	A	A	B	B	E
	妻子	陈玉华	46	高中	A	A	B	B	E
	儿子	包智强	21	高中	A	A	B	B	F
	女儿	包斯琴	24	大专	A	A	B	A	F
167	户主	韩郎特根尔	80	小学	A	B	C	C	E
	妻子	白莲花	68	小学	A	B	C	C	E
	三子	韩德力根儿	42	初中	A	C	B	C	E
	四子	韩套吐格	41	初中	A	B	C	C	E
	孙子	洪伟冬	16	初中	A	B	C	D	E
	孙女	洪伟伟	7	小学	A	A	B	B	F
	儿媳	娜仁格日乐	36	初中	A	B	C	C	F
168	户主	贾全	48	高中	A	B	B	B	E
	妻子	包玉芝	40	初中	A	C	C	C	E
	长女	贾雪连	6	小学	B	D	C	D	F
169	户主	贾成	54	初中	B	B	B	C	E
	妻子	李八月	52	初中	A	C	B	C	E

（续表）

170	户主	贾特格喜都荣	44	初中	A	B	C	C	E
	妻子	包金凤	44	初中	A	C	C	C	E
	长子	贾七十八	25	初中	A	B	B	C	F
	次子	贾彦青	23	初中	A	C	B	C	F
	长女	贾艳梅	21	高中	A	A	C	B	F
171	户主	贾荣	47	高中	A	A	B	B	E
	妻子	刘永花	49	高中	A	B	B	B	E
	长子	贾文泉	25	大学	A	A	A	A	F
	长女	贾文玲	22	高中	A	A	A	B	F
172	户主	梁串连	33	小学	A	C	B	C	F
	弟弟	梁串林	31	初中	A	C	B	C	F
	妹妹	梁红梅	25	初中	A	B	A	B	F
173	户主	包双和	42	初中	A	B	B	C	E
	妻子	鲁玉珠	37	初中	A	B	B	C	F
	长子	包莫日根	11	小学	A	C	B	C	F
	长女	包红霞	5						
174	户主	韩勿力吉巴吐	47	高中	A	A	A	B	E
	妻子	白淑霞	45	初中	A	B	B	C	E
	长子	韩黎明	22	中专	A	A	B	B	F
	次子	韩黎俊	19	大学	A	B	A	A	F
175	户主	包吉格木德	52	高中	A	A	B	B	E
	妻子	陈玉梅	48	初中	A	B	B	B	E
	长子	包志伟	17	初中	A	B	A	A	F
176	户主	韩敏玖	74	小学	A	C	C	C	E
	次子	韩月亮	38	初中	A	C	B	C	E
177	户主	贾文泉	29	初中	A	C	B	C	F
178	户主	田玛尼巴达拉	43	初中	A	C	C	C	E
	妻子	包玉格	45	初中	A	C	C	C	E
	次子	田玉龙	35	初中	A	C	C	C	F
	三女	田乌达巴拉	24	初中	A	B	B	C	F
179	户主	李国胜	49	高中	A	A	B	B	E
	妻子	金金桂	44	高中	A	A	B	B	E
	女儿	李俊杰	9	小学	A	C	C	C	F
180	户主	贾宝玉	60	中专	A	A	A	B	E
	妻子	张秀英	58	小学	A	C	C	C	E
	儿子	贾树元	31	中专	A	A	A	B	F

（续表）

181	户主	张宝山	45	初中	A	C	C	C	E
	妻子	孟玉英	43	初中	A	C	C	C	E
	长女	张玲丽	17	初中	A	B	B	C	F
	长子	张伟民	15	初中	A	B	B	C	F
182	户主	张青山	64	小学	A	C	C	C	E
	妻子	包其木格	60	小学	A	C	C	C	E
183	户主	赵榜柱	58	高中	A	A	A	B	E
	妻子	包天鹅	54	中专	A	A	B	B	E
	次子	赵永亮	27	初中	A	B	B	C	F
	三子	赵文亮	24	初中	A	C	B	C	F
	母亲	吴九月	77	文盲	A	D	D	D	E
184	户主	肖金柱	52	小学	A	B	C	C	E
	妻子	代金亮	54	小学	A	C	C	C	F
	长女	肖旭光	25	初中	A	B	B	C	F
	次女	肖梅玲	24	初中	A	B	C	C	F
	长子	肖景春	22	初中	A	B	A	C	F
	三女	肖玲玲	19	高中	A	A	A	B	F
185	户主	张天晓	58	小学	A	C	C	D	E
	次女	包青花	31	大学	A	A	A	A	E
	次子	包青林	30	初中	A	C	B	C	F
	四女	包梅桂	25	初中	A	B	B	C	F
	三子	包玉林	20	初中	A	C	B	C	F
186	户主	孟七斤	45	初中	A	B	B	C	E
	妻子	齐玉风	46	初中	A	B	C	C	E
	长女	孟塔娜	21	高中	A	B	B	B	F
	长子	孟莫日根	19	高中	A	A	A	B	F
187	户主	周海霞	33	初中	A	B	B	C	E
	长女	包艳艳	13	小学（汉）	C	C	A	B	F
	次女	包美玲	8	小学（汉）	B	C	A	B	F
188	户主	贾连	51	高中	A	B	B	C	F
	妻子	王桂香	47	高中	A	B	B	B	F
	长女	贾曙光	25	大专	A	A	A	A	F
	次女	贾晓光	23	初中	A	A	B	B	F
	三女	贾玲玲	20	高中	A	A	A	A	F
	四女	贾艳艳	18	高中	A	A	A	B	F

（续表）

189	户主	韩额尔敦昌	37	初中	A	C	B	C	F
	妻子	张其木格	39	初中	A	C	B	C	F
	长子	韩黎光	15	初中	A	A	B	C	F
	次子	韩黎杰	14	初中	A	A	B	C	F
190	户主	贾巴音特格喜	43	初中	A				E
	妻子	白海英	42	初中	A	C	B	C	F
	长子	贾文杰	12	小学	A	C	C	C	E
	长女	贾苏日娜	15	初中	A	A	B	B	F
	妹妹	贾乌仁其木格	33	初中	A	B	B	B	F
191	户主	贾晓庆	34	高中	A	A	A	B	F
	妻子	刘淑芳	38	高中	A	A	A	B	F
	长女	贾玭	12	小学	A	C	C	C	E
192	户主	赵红光	30	初中	A	C	B	C	F
	妻子	李花荣	29	初中	A	C	B	C	F
	长子	赵鑫磊	4						
193	户主	田金锁	27	初中	A	C	C	C	F
	妻子	张宝明	21	初中	A	C	B	C	F
	长子	田润泽	3						
194	户主	田承龙	27	初中	A	B	B	C	F
	长女	田诗涵	2						
195	户主	王长宝	37	初中	A	B	C	C	E
	妻子	陈明坦	37	初中	A	B	C	C	E
	长女	王丽娜	14	初中	A	B	C	C	F
	次女	王丽艳	11	小学	A	C	C	C	F
196	户主	白玉光	24	初中	A	B	C	C	E
	长女	白欣冉	2						
197	户主	白银山	44	初中	A	B	C	C	E
	妻子	贾五英	41	初中	A	B	C	C	E
	长女	白玉花	17	初中	A	B	B	B	F
	长子	白乌日乐	13	小学	A	B	B	C	F
198	户主	包宝音贺西格	44	初中	A	B	C	C	E
	妻子	王跟小	41	初中	A	B	C	C	E
	长子	包东升	13	小学	A	B	B	C	F
	哥哥	包巴拉旦	62	小学	A	B	C	D	E
199	户主	田吉明	24	初中	A	B	C	C	F
	妻子	贾春艳	25	初中	A	B	B	C	F
	长女	田秀文	2						

（续表）

200	户主	陶布和	36	初中	A	B	B	C	E
	妻子	王秀玲	37	初中	A	B	B	C	F
	长子	陶喜微	10	小学	A	C	B	C	F
	母亲	贾文月	67	小学	A	D	C	D	E
201	户主	张洛力玛	69	小学	A	D	C	C	E
	妻子	肖玉兰	71	小学	A	D	C	D	E
	三子	张宝平	41	小学	A	B	C	C	E
	儿媳	刘玉琴	39	小学	A	B	B	C	E
	孙女	张伟红	16	初中	A	A	A	B	F
	孙子	张伟岩	10	小学	A	B	C	C	F
202	户主	潘巴吐	50	初中	A	C	C	C	E
	妻子	王梅	49	初中	A	B	B	C	E
	长女	潘小梅	17	初中	A	B	A	A	F
	次女	潘小云	15	初中	A	A	B	B	F
203	户主	贾勿日塔	62	小学	A	C	B	C	E
	妻子	包环小	54	小学	A	C	C	C	E
	长子	贾斯日古楞	26	初中	A	B	A	B	F
	次子	贾布仁额	25	初中	A	B	B	C	F
	次女	贾高娃	24	小学	A	C	A	B	F
204	户主	李海顺	72	小学	A	C	D	D	E
	妻子	张水莲	62	小学	A	D	C	C	E
	长子	李七十三	34	初中	A	B	B	C	F
	次子	李常升	23	初中	A	B	B	C	F
205	户主	孟九斤	41	高中	A	A	A	B	E
	妻子	范美林	39	初中	A	B	A	B	E
	长子	孟乌恩宝音	14	初中	A	B	B	B	F
	次子	孟双福	9	小学	A	B	B	B	F

（五）宝日花嘎查语言使用情况

1. 嘎查概况

宝日花嘎查南面与蒙古艾勒嘎查相邻，西面与嘎达莫瑞嘎查为邻，北面与宝日勒岱、乃仁胡硕嘎查相邻，东面与乌斯吐嘎查相接。与巴彦塔拉镇相距15公里。

该嘎查共有264户(其中汉族34户，满族1户)，总人口926人，蒙古族865人，汉族60

人，满族 1 人。总面积 4.5 万亩；耕地 1.2 万亩，主要种植玉米、花生、绿豆等；林地 1 万亩，主要有杨树、杏树；退耕还林 3500 亩。2007 年人均收入 3600 元。有牛 560 头、羊 800 只、马 79 匹。有轿车 2 辆、面包车 4 辆、四轮拖拉机 120 台、摩托车 38 辆；电视机、手机已普及，座机 80 余部；砖房 70 户。

2. 语言使用的基本特点

如上所述，该嘎查共有 264 户。我们调查了 228 户，占总户数的 86.4%，773 人（包括 6 岁以下儿童 29 人），占总人口的 83.48 %。未调查户共 35 户，其中汉族 34 户，满族 1 户。

表 1－9　宝日花嘎查 6 岁以上（包括 6 岁）的人蒙古语能力统计表

年龄段	总人口	A		B		C		D	
		人口	百分比	人口	百分比	人口	百分比	人口	百分比
6～12 岁	55	54	98.2	1	1.8	0	0	0	0
13～18 岁	72	72	100	0	0	0	0	0	0
19～59 岁	554	544	98.2	4	0.72	5	0.9	1	0.18
60 岁以上	63	61	96.8	0	0	2	3.2	0	0
合计	744	731	98.3	5	0.67	7	0.94	1	0.13

从表中可以看出，宝日花嘎查蒙古语水平高的人的比例很高，占总人口的 98.3%；没有不会说蒙古语的人；略懂蒙古语的人也不多，只有 8 人（包括汉族 1 人），他们是：第 69 户的侯远程、孙秀英，侯远程是汉族，家里说汉语；第 96 户的张柏荣、王凤琴、张秀杰，原住在该旗二龙村汉族地区；第 97 户的张万辉、姜海丹，是 96 户户主的儿子和儿媳；第 189 户的包洪亮，入汉族小学学习。

表 1－10　宝日花嘎查家庭语言使用情况一览表

序号	家庭关系	姓名	年龄	文化程度	蒙古语水平		汉语水平		混合话情况
					语	文	语	文	
1	户主	魏红亮	30	小学	A	C	A	B	F
	妻子	钱红梅	30	初中	A	C	A	B	F
	长子	魏建志	10	小学（汉）	A	C	A	C	F
	次子	魏建利	4						
2	户主	孙德柱	35	小学	A	C	A	C	E
	妻子	金梅花	35	文盲	A	D	A	C	E
3	户主	付福亮	37	小学	A	C	A	C	F
	妻子	韩斯琴	37	初中	A	B	A	B	F
	长女	付园园	11	小学	A	C	A	C	F
4	户主	商素军	35	小学（汉）	A	C	A	C	F
	妻子	代那仁其木格	36	初中	A	B	A	C	F
	长子	商明亮	6	小学	A	C	A	C	F

（续表）

5	户主	李青艳	41	小学	A	C	A	C	E
	妻子	包秀珍	34	小学	A	C	A	C	F
	长子	李建华	19	小学	A	C	A	C	F
6	户主	李青河	43	小学	A	C	A	C	E
	妻子	刘春	38	小学	A	C	A	C	E
	长女	李晶	8	小学	A	D	A	C	F
7	户主	包特古斯	33	小学	A	C	A	C	F
	妻子	张红玉	35	小学	A	C	A	B	F
	长子	包宝贵	10	小学	A	C	A	C	F
8	户主	包金柱	60	小学	A	C	A	C	E
	妻子	徐银花	59	小学	A	C	A	C	E
9	户主	白呼格吉乐图	42	小学	A	C	A	C	E
	妻子	张双玉	40	小学	A	C	A	C	E
	长子	白宝玉	16	小学	A	C	A	B	F
10	户主	李巴特尔	41	小学	A	C	A	C	E
	妻子	包来格	39	小学	A	C	A	C	E
	父亲	李拉西舍楞	87	小学	A	C	A	C	E
	长子	李小刚	18	小学	A	C	A	C	F
	长女	李春香	17	小学	A	C	A	C	F
11	户主	包淑云	43	初中	A	B	A	B	E
	丈夫	钱长青	46	高中	A	A	A	B	E
	长女	钱雪玲	19	小学	A	C	A	C	F
	长子	钱雪春	18	小学	A	C	A	B	F
12	户主	崔玉云	41	小学	A	C	A	C	E
13	户主	包好斯巴特尔	42	小学	A	C	A	B	F
	妻子	钱铁梅	43	小学	A	C	A	B	F
	长女	包明艳	20	初中	A	B	A	B	F
	长子	包明亮	18	小学	A	C	A	B	F
14	户主	韩长荣	34	初中	A	B	A	B	F
	妻子	孙腊月	19	小学	A	C	A	C	F
	长女	韩敏	9	小学	A	C	A	C	F
15	户主	薛双喜	65	小学	A	C	A	C	E
	妻子	史凤兰	59	小学	A	C	A	C	E
16	户主	张德志	47	高中	A	A	A	A	E
	妻子	陈香莲	47	初中	A	B	A	B	E
	次子	张爱民	22	大学	A	A	A	A	F
	三子	张勇民	20	中专	A	A	A	A	F

（续表）

17	户主	白双云	39	小学	A	C	A	B	F
	妻子	包月英	37	初中	A	C	A	B	F
	长子	白伟龙	18	初中	A	B	A	A	F
	长女	白伟玲	16	初中	A	B	A	A	F
	父亲	白宝柱	76	小学	A	C	C	D	E
	母亲	包根小	70	小学	A	C	B	C	E
18	户主	陈亚林	45	小学	A	C	A	C	E
	妻子	崔淑杰	45	初中（汉）	A	B	A	A	E
	长子	陈志勇	22	中专	A	A	A	A	F
	次子	陈志远	20	初中	A	B	A	B	F
	父亲	陈际发	68	小学	A	C	A	C	E
	母亲	李风兰	66	小学	A	C	A	C	E
19	户主	崔玉华	47	小学	A	C	A	C	E
	长子	李银坡	23	初中	A	B	A	B	F
20	户主	李金坡	24	初中	A	B	A	B	F
	妻子	包红梅	28	初中	A	B	A	B	F
	长女	李文静	4						
21	户主	金双宝	26	初中	A	B	A	A	F
	妻子	刘春梅	24	初中	A	B	A	A	F
	长女	金晶晶	4						
22	户主	卢春晓	38	初中	A	C	A	A	F
	妻子	孟小红	38	初中	A	C	A	B	F
	长子	卢志强	15	小学（汉）	A	C	A	A	F
	长女	卢彩凤	7	小学	A	C	A	B	F
23	户主	赵双林	35	小学	A	C	A	B	F
	父亲	赵乌力吉白雅尔	66	小学	A	C	A	B	E
	母亲	韩孟根其其格	60	小学	A	C	A	C	E
	长子	赵明明	13	小学	A	C	A	B	F
24	户主	金广义	45	小学	A	C	B	C	E
	妻子	包淑兰	38	小学	A	C	B	C	F
	哥哥	金阿拉坦敖其尔	53	小学	A	C	B	C	E
	长子	金德才	17	小学	A	C	A	C	F
	长女	金单丹	14	小学	A	C	A	B	F
25	户主	贺景义	35	小学	A	C	A	A	F
	妻子	包玉花	37	小学	A	C	A	B	F
	长女	贺文静	14	初中	A	C	A	A	F
	次女	贺文雅	8	小学	A	C	A	B	F

（续表）

26	户主	包文斌	62	小学	A	C	A	B	E
	妻子	徐金花	55	小学	A	C	A	C	E
	次子	包国宏	33	高中	A	A	A	A	F
	三子	包国辉	30	初中	A	B	A	A	F
	长女	包牡丹	27	初中	A	B	A	B	F
27	户主	张德全	39	初中	A	B	A	A	E
	妻子	赵双月	44	初中	A	B	A	A	E
	长女	张春玲	15	小学	A	C	A	B	F
	长子	张利民	9	小学	A	C	A	B	F
28	户主	韩国军	36	小学	A	C	A	C	F
	妻子	包秀兰	37	初中	A	B	A	A	F
	长子	韩志强	16	小学	A	C	A	B	F
29	户主	包特日根白乙	63	高中	A	A	A	A	E
	妻子	王菊花	61	高中	A	A	A	A	E
30	户主	潘国祥	70	小学	A	C	A	C	E
	四女	潘小霞	26	初中	A	B	A	B	F
	外孙女	孙丹丹	6	小学（汉）	A	C	A	D	F
31	户主	潘小梅(女)	29	初中	A	B	A	B	F
	长子	曹卫东	8	小学（汉）	A	C	B	C	F
32	户主	张德义	49	高中	A	A	A	B	E
	妻子	孙香娥	46	小学	A	C	A	C	E
	长子	张伟民	25	初中	A	B	A	C	F
	次子	张富民	22	初中	A	C	A	C	F
33	户主	张国君	34	小学	A	C	A	C	F
	妻子	白银花	35	初中	A	B	A	C	F
34	户主	张那木拉	55	小学	A	C	B	C	E
	妻子	白金花	55	小学	A	C	A	C	E
35	户主	张双金	29	初中	A	B	A	B	F
	妻子	曹春林	28	初中	A	B	A	B	F
	长子	张绍国	8	小学（汉）	A	B	A	B	F
36	户主	鲍树良	54	小学	A	C	B	C	E
	妻子	金水连	52	小学	A	C	C	D	E
	长子	鲍巴特尔	30	小学	A	C	A	C	F
	次子	鲍少布	28	初中	A	C	A	B	F
	儿媳	张塔娜	33	初中	A	C	A	B	F
	孙子	鲍幸世	9	小学	A	B	B	C	F

（续表）

37	户主	李竟春	49	高中	A	A	A	A	E
	妻子	潘三月	48	高中	A	A	A	A	E
	长子	李曙光	25	大学	A	A	A	A	F
38	户主	刘国峰	36	初中	A	C	A	B	E
	妻子	王丽娟（汉）	35	小学（汉）	B	C	A	B	F
	长女	刘海玲	12	小学	B	B	A	B	F
	次女	刘佳玲	4						
39	户主	贺景峰	37	小学	A	C	A	C	F
	妻子	素红梅	35	小学	A	C	B	C	F
	次女	贺庆玲	12	小学	A	B	A	A	F
40	户主	徐孟和	54	小学	A	C	A	C	E
	妻子	卢玉英	53	小学	B	C	A	C	E
	长子	徐乌力吉	31	初中	A	B	A	B	F
	儿媳	赵文华	30	初中	A	B	A	B	F
	孙子	徐鑫	8	小学	A	C	A	D	F
41	户主	谢巴吐白尔	53	小学	A	C	A	C	E
	妻子	朝布敦格日	46	小学	A	D	B	C	E
	长子	谢长命	27	初中	A	C	A	B	F
	长女	谢结小	25	小学	A	C	A	A	F
	次子	谢吉日嘎拉吐	20	初中	A	B	A	A	F
42	户主	韩长生	35	初中	A	B	A	A	F
	妻子	包春玲	32	初中	A	B	A	A	F
	长子	韩磊	8	小学	A	C	A	B	F
43	户主	侯盼生	41	初中	A	B	A	A	E
	妻子	张丽梅	32	初中	A	B	A	B	F
	长女	侯思蠓	15	小学	A	C	A	A	F
	长子	侯勇	12	初中	A	B	A	B	F
44	户主	张宝音合喜格	30	初中	A	C	A	A	F
	妻子	温斯琴	32	初中	A	C	A	B	F
	长子	张天祥	8	小学	A	C	A	B	F
45	户主	薛文铎	50	高中	A	A	A	A	E
	妻子	白双英	48	高中	A	C	A	A	E
	长子	薛永泉	24	大学	A	A	A	A	F
46	户主	霍瑞全	48	小学	A	C	A	C	E
	妻子	李桂荣	45	小学	A	C	C	D	E
	长女	刘美玲	26	小学	A	C	A	C	E
	次女	刘美萍	24	大学	A	B	A	A	F
	长子	刘广全（汉）	20	初中（汉）	A	C	A	B	F

（续表）

47	户主	包永春	31	小学	A	C	A	B	F
	妻子	张晓梅	31	小学	A	C	B	C	F
	长女	包玉霞	10	小学	A	C	A	B	F
	长子	包祈哲	4						
48	户主	赵桂琴(女)	41	小学	A	C	A	C	E
	长子	孙玉林	19	初中	A	B	A	B	F
	长女	孙丽娜	16	初中	A	B	A	B	F
49	户主	包布日额	38	小学	A	B	A	C	F
	妻子	乌云格日乐	33	小学	A	B	A	C	F
	长女	包明艳	17	小学	A	B	A	C	F
50	户主	霍瑞洪	59	小学	A	C	A	C	E
51	户主	赵包音乌力吉	53	小学	A	C	A	C	E
	妻子	黄根晓	44	小学	A	C	A	B	E
	长子	赵银全	25	初中	A	C	A	B	F
	次子	赵海全	23	初中	A	C	A	B	F
52	户主	温长青	38	小学	A	C	A	B	F
	妻子	刘敖特根	38	小学	A	C	A	C	F
	长子	温喜林	15	小学	A	C	A	C	F
53	户主	周金德（汉族）	43	小学	A	B	A	B	F
	妻子	钱那日娜	43	小学	A	C	A	C	F
	长女	周春丽	19	初中	A	B	A	B	F
	次女	包银锋	18	初中	A	C	A	B	F
	三女	周芝密	16	初中	A	B	A	B	F
54	户主	赵海山	35	小学	A	C	A	B	F
	妻子	孟玉晶	33	小学	A	C	A	B	F
	长女	赵青云	16	小学	A	C	A	B	F
	长子	赵青春	11	小学	A	C	A	C	F
55	户主	金广文	53	高中	A	A	A	B	E
	妻子	海牡丹	53	小学	A	C	A	B	E
	长子	金德柱	26	初中	A	B	A	B	F
	长女	金沙如拉	24	大学	A	A	A	A	F
	次子	金德明	22	初中	A	C	A	B	F
56	户主	王金山	55	文盲	A	D	B	D	E
	次女	王高娃	27	小学	A	C	A	B	F
	三女	王斯琴	24	小学	A	B	A	B	F

（续表）

57	户主	孙占国	68	初中	A	C	A	B	E
	长子	孙长明	31	小学	A	C	A	C	F
	儿媳	王淑杰	33	初中	A	C	A	B	F
	孙子	孙伟	5						
58	户主	张万国	36	小学	A	C	A	B	F
	妻子	田风云	36	小学	A	C	A	C	F
	长子	张永年	15	小学	A	C	A	C	F
59	户主	黄红峰	33	小学	A	C	A	B	F
	妻子	商红艳	33	小学	A	C	A	C	F
60	户主	张双山	38	小学	A	C	A	C	F
	妻子	孙香荣	41	小学	A	C	A	B	F
	长女	张爱红	18	初中	A	B	A	B	F
	次女	张爱俊	17	初中	A	B	A	B	F
61	户主	孙德胜	39	初中	A	B	A	B	F
	妻子	韩海格	35	小学	A	C	B	C	F
	长女	孙晓艳	12	小学	A	C	B	C	F
62	户主	商仁儒	56	小学	A	C	A	C	E
	妻子	陈素琴	56	小学	A	C	B	C	E
	长子	商红泉	29	小学	A	C	B	C	F
	儿媳	李翠萍	28	初中	A	B	A	B	F
	孙子	魏建铜	3						
63	户主	魏秀峰	53	小学	A	C	B	C	E
	妻子	徐秀英	51	小学	A	C	A	C	E
	长子	魏洪伟	24	初中	A	B	A	B	F
64	户主	崔玉民	53	小学	A	C	A	C	E
	妻子	白福道德玛	47	小学	A	C	B	C	E
	长女	崔红智	26	小学	A	C	A	C	F
	长子	崔红亮	21	初中	A	B	A	B	F
65	户主	张双林	39	初中	A	B	A	B	F
	妻子	侯淑梅	32	中专	A	A	A	B	F
	父亲	李朝君	71	文盲	A	D	A	D	E
	母亲	孙春联	66	文盲	A	D	A	D	E
	弟弟	李喜平	37	小学	A	C	A	C	F
66	户主	于志明	38	初中	A	B	A	B	F
	妻子	央金花	38	小学	A	C	B	C	F
	长子	于国军	11	小学	A	C	B	C	F

（续表）

67	户主	侯君宏	27	中专	A	B	A	B	F
	妻子	高红梅	27	大学	A	A	A	A	F
	长女	侯嘉怡	4						
68	户主	侯春宝（汉族）	46	高中	A	A	A	A	F
	妻子	黄金花	36	小学	A	C	B	C	F
	长女	侯丽红	25	大学	A	A	A	A	F
	三子	侯俊明	23	大学	A	A	A	A	F
69	户主	侯远程（汉族）	76	小学	C	C	A	C	F
	妻子	孙秀英	74	小学	C	C	A	C	F
70	户主	卢春根	36	初中	A	B	A	B	F
	妻子	张玉花	36	小学	A	C	B	C	F
	长子	卢志国	13	小学	A	C	B	C	F
	母亲	王宝玉	57	小学	A	C	B	C	E
71	户主	包铁桩	47	高中	A	A	A	B	E
	妻子	潘丽娜	44	初中	A	B	A	B	E
	长子	包要斯吐	22	中专	A	B	A	A	F
	长女	包文明	20	高中	A	A	A	B	F
72	户主	李大奎	26	初中	A	B	A	B	F
	妻子	吴小艳	25	初中	A	B	A	B	F
	长子	李皓	3						
73	户主	张宝山	36	初中	A	B	A	B	F
	妻子	张双梅	32	初中	A	B	A	B	F
	长女	张玲玲	10	小学	A	C	A	C	F
	次女	张伶俐	4						
74	户主	包铁钢	35	高中	A	A	A	B	F
	妻子	白云霞	38	高中	A	A	A	B	F
	长女	包斯琴高娃	10	小学	A	C	B	C	F
75	户主	吴会庭	57	小学	A	C	B	C	E
	妻子	李玉兰	50	小学	A	C	B	C	E
	长子	吴春永	27	小学	A	C	A	C	F
	次子	吴春宝	23	小学	A	C	A	C	F
	三子	吴春喜	20	小学	A	C	A	C	F
76	户主	安长命	55	小学	A	C	B	C	E
	妻子	张金鸽	46	小学	A	C	B	C	E
	长子	崔洪国	25	初中	A	B	A	B	F
	长女	崔洪玲	20	小学	A	C	B	C	F

（续表）

77	户主	于志福	36	初中	A	B	A	B	F
	弟弟	于志平	32	初中	A	B	A	B	F
78	户主	韩双福	41	小学	A	C	A	C	F
	妻子	李春青	35	小学	A	B	A	C	F
	长子	韩金桩	15	小学	A	C	A	C	F
79	户主	刘海龙	36	小学	A	C	A	C	F
	妻子	霍销英	33	小学	A	C	A	C	F
	母亲	王七月	58	小学	A	C	A	C	E
80	户主	李宝音达来	36	初中	A	B	A	B	F
	妻子	陈香云	39	初中	A	B	A	B	F
	长女	李晶	16	小学	A	C	A	C	F
	长子	李少钢	12	小学	A	C	A	C	F
81	户主	李相臣	71	小学	A	C	A	C	E
	妻子	包胖丫	67	小学	A	C	A	C	E
82	户主	吴小四	40	小学	A	C	A	C	F
	妻子	吴图雅	32	小学	A	C	A	C	F
	长子	吴福泉	16	小学	A	C	A	C	F
83	户主	李俊杰	54	初中	A	B	A	B	E
	妻子	吴凤霞	52	小学	A	C	A	C	E
	长女	李丽伟	28	高中	A	A	A	B	F
	次女	李丽丽	23	初中	A	B	A	B	F
84	户主	金青格乐图	22	初中	A	B	A	B	F
	弟弟	金吉日木吐	21	初中	A	B	A	B	F
85	户主	包吉仁台	38	小学	A	C	A	C	F
	妻子	王高娃	43	初中	A	B	A	B	E
	长子	包达巴拉罕	17	小学	A	C	A	C	F
86	户主	张双合尔	52	小学	A	C	A	C	E
	妻子	王玉春	49	小学	A	C	A	C	E
	长女	张红霞	25	小学	A	B	A	C	F
	次女	张红艳	24	初中	A	B	A	B	F
	三女	张吉雅	22	高中	A	C	A	B	F
	四女	张胡吉雅	20	初中	A	B	B	C	E
87	户主	王长青	56	小学	A	C	A	C	E
	妻子	刘其木格	52	小学	A	C	A	C	E
	长女	王海英	28	高中	A	A	A	B	F
	次女	王海格	26	大学	A	A	A	A	F
	长子	王永生	20	初中	A	B	A	B	F

（续表）

88	户主	赵兴华	43	小学	A	C	A	C	F
	长女	赵春艳	20	高中	A	A	A	A	F
	次女	赵春香	17	小学	A	B	A	B	F
89	户主	李河顺	69	小学	A	C	A	C	E
	妻子	王淑华	58	小学	A	C	A	C	E
90	户主	韩海青	63	小学	A	C	B	C	E
	妻子	崔龙艳	58	小学	A	C	B	C	E
	次子	韩国华	34	初中	A	B	A	B	F
	儿媳	吴福英	32	小学	A	C	B	C	F
	孙子	韩志刚	9	小学	A	C	B	C	F
	哥哥	韩朝格吐	68	小学	A	D	B	C	F
91	户主	刘福山	47	高中	A	A	A	B	E
	妻子	包翠花	48	初中	A	B	A	B	E
	儿子	刘九斤	26	初中	A	B	A	B	F
	儿媳	王丽	25	初中	A	B	A	B	F
	孙子	刘俊杰	3						
92	户主	李红树	53	小学	A	C	B	C	E
	妻子	刘其木格	52	小学	A	C	B	C	E
	长女	李高娃	30	高中	A	A	A	B	F
	次女	李代小	29	大学	A	A	A	A	F
	长子	李吉日木吐	24	高中	A	A	A	B	F
93	户主	包铁明	32	初中	A	B	B	C	F
	妻子	白鸽	33	初中	A	B	A	C	F
	长子	包创新	11	小学	A	C	B	C	F
94	户主	包海峰	73	小学	A	C	B	C	E
	妻子	孙秀清	62	小学	A	C	B	C	E
	长子	包布仁巴尔	40	初中	A	B	A	B	F
	儿媳	黄九月	39	小学	A	C	B	C	F
95	户主	商亿儒	47	小学	A	C	A	C	E
	妻子	周富丽	47	小学	A	C	A	C	E
	长子	商小乐	24	小学	A	C	A	C	F
	长女	商小伟	22	小学	A	C	A	C	F
	次子	商晓飞	19	小学	A	C	A	C	F
	长媳	卞丽丽（汉族）	25	初中	D	D	A	A	无
	孙子	商明阳	2						

（续表）

96	户主	张柏荣	58	小学	C	D	A	C	E
	妻子	王凤琴	56	小学	C	D	A	C	E
	次女	张秀杰	30	初中	C	D	A	B	F
97	户主	张万辉	28	初中	C	D	A	B	F
	妻子	姜海丹	26	初中	C	D	A	B	F
	长子	张冬年	4						
98	户主	张敖特根白乙拉	44	小学	A	C	B	C	E
	妻子	韩美荣	41	小学	A	C	B	C	E
	长子	张斯日古楞	20	小学	A	C	B	C	F
	次子	张志勇	19	小学	A	C	B	C	F
99	户主	刘宝山	43	小学	A	C	B	C	F
	妻子	王姑娘	40	小学	A	C	B	C	F
	长子	刘玉红	17	初中	A	B	A	B	F
100	户主	白木日根	39	小学	A	C	B	C	F
	妻子	关代小	36	小学	A	C	B	C	F
	长女	白丽伟	14	小学	A	C	B	C	F
	长子	白国微	8	小学	A	C	B	C	F
101	户主	夏振富	69	文盲	A	D	A	D	E
	妻子	艾淑兰	64	文盲	A	D	A	D	E
	长子	夏春田	35	小学	A	C	A	C	F
	次子	夏春雨	33	小学	A	C	A	C	F
102	户主	李永全	38	小学	A	C	B	C	F
	妻子	张木兰	34	小学	A	C	B	C	F
	长子	李明明	12	小学	A	C	B	C	F
103	户主	李来柱	64	小学	A	C	B	C	E
	妻子	白秀兰	58	小学	A	C	B	C	E
104	户主	白沙那巴特尔	43	小学	A	C	B	C	E
	妻子	刘桂琴	40	小学	A	C	B	C	F
	长女	白秋灵	20	小学	A	C	B	C	F
	长子	白永全	15	小学	A	C	B	C	F
	妹妹	白高娃	41	小学	A	C	C	C	E
	妹妹	白斯琴	39	小学	A	C	B	C	F
	外甥	包伟林	20	初中	A	B	C	C	E
	外甥女	包银叶	18	初中	A	B	C	C	E
105	户主	包来小(女)	72	小学	A	C	B	C	E

（续表）

106	户主	白双生	42	小学	A	C	C	C	E
	妻子	赵双格	40	小学	A	C	C	C	E
	长女	白明智	20	初中	A	A	B	C	F
	长子	白文龙	19	初中	A	B	B	B	F
107	户主	包木日根	45	初中	A	B	C	C	E
	妻子	吴布仁其其格	45	初中	A	B	B	C	E
	长子	包意斯	23	初中	A	B	C	C	F
	儿媳	咸红梅	26	初中	A	B	C	C	F
108	户主	王留柱	39	大学	A	A	A	B	F
	长女	王海日	4						
109	户主	韩山虎	76	小学	A	C	C	C	E
110	户主	卢春梅	33	初中	A	B	B	C	F
	长女	李丹	9	小学	A	C	B	C	F
111	户主	孙长海	50	高中	A	A	B	B	E
112	户主	张玉良	69	小学	A	C	C	D	E
	母亲	卢春英	65	小学	A	C	C	C	E
	弟弟	张永学	36	小学	A	C	B	B	F
113	户主	张永刚	30	初中	A	B	C	C	F
114	户主	关春山	29	初中	A	B	B	C	F
	妻子	白玉双	28	初中	A	B	B	C	F
	长子	关佳伟	8	小学	A	C	C	C	F
115	户主	侯艳生	36	初中	A	B	B	C	F
	妻子	赵海格	35	初中	A	B	C	C	F
	长女	侯丽荣	15	小学	A	B	B	C	F
	长子	侯刚	13	小学	A	C	B	C	F
116	户主	许套吐格	39	初中	A	B	B	C	F
	妻子	包沙布如	30	小学	A	C	B	C	F
	长女	许盼盼	15	小学	A	C	B	C	F
117	户主	赵敖特根白乙拉	45	小学	A	C	C	C	E
	妻子	白双月	44	小学	A	C	C	C	E
	长子	赵海峰	27	初中	A	B	B	C	F
	次子	赵海军	25	初中	A	B	B	C	F
	三子	赵海松	24	初中	A	B	B	C	F
118	户主	李清海	44	小学	A	C	C	C	E
	妻子	张淑霞	42	小学	A	C	C	C	E
	长子	李铁钢	22	初中	A	B	B	C	F
	长女	李志梅	20	初中	A	B	B	C	F
	次子	李志钢	18	初中	A	B	B	C	F

（续表）

119	户主	肖诺恩吉雅	47	小学	A	C	C	C	E
	长子	韩金波	23	小学	A	C	C	C	F
	次子	韩鑫全	20	小学	A	C	B	C	F
120	户主	包长明	38	小学	A	C	C	C	F
	妻子	金六月	38	小学	A	C	C	C	F
	长子	包斌斌	16	小学	A	C	B	C	F
	次子	包新新	12	小学	A	C	B	C	F
121	户主	赵胜利	50	小学	A	C	C	C	E
122	户主	刘嘎日迪	49	高中	A	A	A	B	E
	妻子	白秀莲	47	小学	A	C	C	C	E
	长子	刘玉林	26	初中	A	B	B	C	F
	儿媳	郭桂花	25	初中	A	B	B	C	F
	长女	刘晓荣	23	初中	A	B	B	C	F
123	户主	付业喜	41	初中	A	B	B	C	E
	长女	付红霞	13	小学	A	C	C	C	F
124	户主	刘连生	63	小学	A	C	C	C	E
	妻子	赵格日乐	58	小学	A	C	C	C	E
125	户主	钱套格套巴雅	53	小学	A	C	C	C	E
	妻子	刘素琴	52	小学	A	C	C	C	E
	长子	钱银福	30	小学	A	C	B	C	F
	次子	钱宝亮	28	小学	A	C	B	C	F
126	户主	王玉德	46	小学	A	C	B	C	E
	妻子	张秀兰	45	小学	A	C	C	C	E
	长子	王满成	23	初中	A	B	B	C	F
	次子	王海成	21	初中	A	B	B	C	F
	长女	王美玲	17	初中	A	B	B	C	E
	母亲	色音其木格	64	小学	A	C	C	C	E
127	户主	魏秀军	32	初中	A	B	B	C	E
	妻子	赵海花	36	初中	A	B	B	C	E
	长子	魏红奎	10	小学	A	B	B	C	F
128	户主	孙德才	36	小学	A	B	C	C	E
	妻子	包金亮	36	小学	A	B	C	C	E
	长子	孙小冬	15	小学	A	B	C	C	E
	次子	孙小光	5						
129	户主	赵银海	38	小学	A	B	C	C	E
	妻子	刘跟小	37	小学	A	B	C	C	F
	长子	赵色日古楞	19	小学	A	B	B	C	F

（续表）

130	户主	许布日额	37	初中	A	B	B	C	E
	妻子	李晓梅	36	初中	A	B	B	C	F
	长女	许花	13	小学	A	B	C	C	F
	次女	许丹	9	小学	A	C	C	C	F
131	户主	钱长亮	37	初中	A	B	B	C	E
	妻子	韩高娃	33	初中	A	B	C	C	E
	长女	钱斯琴	16	小学	A	B	B	C	F
	长子	钱吉日嘎拉	14	小学	A	B	B	C	F
	哥哥	钱长江	40	小学	A	B	C	C	E
	妹妹	钱金英	32	小学	A	B	B	C	E
132	户主	周金龙	45	小学	A	C	B	C	E
	妻子	李玉荣	46	小学	A	C	C	C	E
	长子	周志勇	24	初中	A	B	B	C	F
	长女	周丽花	22	初中	A	B	B	C	F
	儿媳	包海玉（汉族）	23	初中	B	D	A	A	F
	孙女	周梦雨	2						
133	户主	包特木乐	54	小学	A	C	C	C	E
	妻子	安秀英	50	小学	A	C	C	C	E
134	户主	包永祥	28	初中	A	B	B	C	F
	妻子	徐鸿鸽	27	初中	A	B	B	C	F
	长女	包安奇	3						
135	户主	徐明阿	64	小学	A	C	C	C	E
	妻子	张喜敏	54	小学	A	C	C	C	E
136	户主	孙长河	34	小学	A	C	B	C	F
	妻子	白来花	36	小学	A	C	B	C	F
	长子	孙伟峰	3						
137	户主	徐敖特根白尔	47	小学	A	C	B	C	E
	妻子	赵玉花	46	小学	A	C	B	C	E
	长子	徐巴特尔	24	初中	A	B	B	C	F
	长女	徐红艳	22	小学	A	C	B	C	F
138	户主	包达福拉	50	文盲	A	D	C	C	E
	妻子	赵沙仁格日乐	49	小学	A	C	C	C	E
	长女	包永花	22	初中	A	B	B	C	F
139	户主	陈国军	42	小学	A	C	C	C	E
	妻子	安秀云	43	小学	A	C	C	C	E
	长子	陈志强	21	初中	A	B	B	C	F
	长女	陈美玲	16	初中	A	B	B	C	F

（续表）

140	户主	苏东坡	38	小学	A	C	B	C	E
	妻子	陈艳华	31	小学	A	C	B	C	E
	长子	苏占魁	4						
	母亲	陈素元	59	小学	A	C	C	C	E
141	户主	张德海	43	小学	A	C	B	C	E
	妻子	刘凤玉	42	小学	A	C	B	C	E
	长子	张爱平	21	初中	A	B	B	C	F
	长女	张爱晶	19	初中	A	B	B	C	F
142	户主	卢连成	55	小学	A	C	B	C	E
	妻子	史来小	50	小学	A	C	B	C	E
	长子	卢春忠	27	初中	A	B	A	B	F
143	户主	韩长玲	41	初中	A	B	B	C	F
	妻子	白双梅	39	小学	A	C	B	C	F
	长女	韩明艳	19	初中	A	B	A	B	F
	次女	韩明明	16	初中	A	B	B	C	F
	儿子	韩明玉	12	初中	A	B	A	B	F
144	户主	孙长德	35	初中	A	B	B	B	F
	妻子	包天桃	35	初中	A	B	B	B	F
	长子	孙伟东	13	小学	A	C	A	B	F
145	户主	赵景德	36	小学	A	C	A	B	F
	妻子	包海格	34	小学	A	C	B	B	F
	长子	赵永刚	14	小学	A	C	B	C	F
	弟弟	赵双宝	34	小学	A	C	B	C	F
146	户主	包永生	37	小学	A	C	B	C	F
	妻子	李永花	40	小学	A	C	A	C	F
	长子	包海军	17	初中	A	C	A	A	F
	次子	包海祥	14	初中	A	C	A	B	F
147	户主	侯东升	44	文盲	A	D	B	D	F
	妻子	李海花	39	文盲	A	D	B	D	F
	长子	侯俊灵	19	小学	A	C	B	C	F
148	户主	孙相云	50	小学	A	C	B	C	E
	长女	贾春艳	25	初中	A	B	A	B	F
	长子	贾伟光	22	小学	A	C	B	C	F
149	户主	白金锁	54	高中	A	A	A	B	E
	妻子	包金桂	51	小学	A	C	B	C	E
	长女	白秀梅	29	初中	A	B	B	C	F
	次子	白香春	25	初中	A	B	A	C	F

（续表）

150	户主	白相林	27	初中	A	B	A	B	F
	妻子	包萨日娜	26	初中	A	B	A	B	F
	长女	白圆圆	4						
151	户主	包双林	28	初中	A	B	A	B	F
	长子	包明辉	2						
	弟弟	包双福	26	初中	A	B	A	B	F
	母亲	金龙梅	51	小学	A	C	B	C	E
152	户主	李长所	36	小学	A	C	B	C	F
	妻子	唐满良	34	小学	A	C	B	C	F
	长女	李圆圆	13	小学	A	C	B	C	F
	次女	李铃界	6	小学	A	C	D	D	E
	母亲	孙秀玲	57	小学	A	C	C	C	E
153	户主	侯盼生	42	初中	A	B	A	B	E
	妻子	张丽梅	44	小学	A	C	B	C	E
	长女	侯思朦	18	小学	A	C	B	C	F
154	户主	孙长春	34	初中	A	B	A	B	F
	妻子	贺景梅	33	小学	A	C	B	C	F
	长子	孙伟伦	9	小学	A	C	B	C	F
155	户主	赵门达	41	小学	A	C	B	C	E
	妻子	代山花	41	小学	A	C	B	C	E
	长子	赵小军	18	小学	A	C	B	C	F
	长女	赵春玲	14	小学	A	C	B	C	F
	母亲	齐巴达玛	61	文盲	A	D	B	D	E
156	户主	白乌兰巴特尔	36	初中	A	B	A	B	F
	妻子	包月亮	32	初中	A	B	A	B	F
	长女	白雪	4						
157	户主	包铁柱	44	初中（汉）	A	D	B	D	E
	妻子	赵图雅	41	小学	A	C	B	C	E
	长子	包乌布日乐吐	23	大学	A	A	A	A	F
158	户主	商贵如	50	小学	A	C	A	C	E
	妻子	李金花	46	小学	A	C	A	C	E
	长女	商淑华	31	初中	A	B	A	B	F
	次女	商淑艳	27	初中	A	B	A	B	F
159	户主	陈平安	64	小学	A	C	A	D	E
	妻子	包金花	67	小学	A	C	A	D	E

（续表）

160	户主	刘银德	33	小学	A	C	A	C	E
	妻子	陈春香	34	初中	A	B	A	B	F
	长女	刘丽丽	12	小学	A	C	B	C	F
	次女	刘丽阳	1						
161	户主	刘六所	50	小学	A	C	A	C	E
	妻子	金都 达古拉	50	小学	A	C	A	C	E
	长子	刘福军	20	初中	A	B	A	B	F
162	户主	刘金德	38	初中	A	B	A	C	F
	妻子	孟水晶	36	小学	A	C	A	C	F
	长子	刘福祥	18	小学	A	C	A	C	F
	次子	刘福财	15	小学	A	C	B	C	F
163	户主	刘六柱	45	小学	A	C	B	C	E
	妻子	包桂英	46	小学	A	C	B	C	E
	长女	刘春艳	21	初中	A	B	B	B	F
164	户主	陈际文	56	小学	A	C	A	C	E
	妻子	白玉兰	53	小学	A	C	A	C	E
165	户主	陈亚涛	31	初中	A	B	A	B	F
	妻子	王莲花	27	初中	A	B	A	B	F
	长女	陈嘉织	5						
166	户主	孙占亭	72	小学	A	C	A	C	E
167	户主	商宝儒	53	小学	A	C	A	C	E
	次子	商淑春	26	小学	A	C	A	C	F
168	户主	潘那顺白尔	67	小学	A	C	A	D	E
	妻子	陈秀兰	58	小学	A	C	A	D	E
169	户主	韩长命	35	小学	A	C	A	C	E
	妻子	才红梅	34	初中	A	B	A	C	F
	长女	韩颖雅	12	小学（汉）	A	C	B	C	F
170	户主	崔长有	57	小学	A	C	A	C	E
	妻子	赵三丹	55	小学	A	C	A	C	E
	长子	崔洪满	32	初中	A	B	A	B	E
	次子	崔洪旗	28	初中	A	B	A	B	F
171	户主	霍瑞峰	55	小学	A	C	A	C	E
	妻子	包其其格	58	小学	A	C	B	C	E
	长女	霍金丽	8	小学	A	C	B	D	F
172	户主	霍锁柱	36	小学	A	C	B	C	E
	妻子	包海花	33	小学	A	C	B	C	E

（续表）

173	户主	霍财住	30	小学	A	C	A	C	F
	妻子	孟香荣	34	小学	A	C	A	C	E
174	户主	赵忠乃	60	小学	A	C	B	D	E
	妻子	刘银花	57	小学	A	C	B	D	E
	长子	赵莫日根	38	初中	A	B	B	C	E
175	户主	商会儒	67	小学	A	C	A	D	E
	妻子	金水平	53	小学	A	C	A	C	E
	长子	商树民	32	小学	A	C	A	C	F
	次子	商树全	31	小学	A	C	A	C	F
176	户主	王玉梅	44	文盲	A	D	B	D	E
	长子	李志强	16	小学	A	C	B	C	F
	次子	李志慧	12	小学	A	C	B	D	F
177	户主	包永利	30	小学	A	C	B	C	F
	妻子	鲍晓丽	32	初中	A	B	B	C	F
	长子	包海清	10	小学（汉）	A	C	B	D	F
	母亲	孙福英	58	小学	A	C	B	D	F
	姐姐	包永红	34	高中	A	A	A	B	F
178	户主	白斯琴巴特尔	41	小学	A	C	B	C	F
	妻子	金花	39	小学	A	C	B	C	F
	长子	白国华	20	初中	A	B	B	C	F
179	户主	李相彬	73	小学	A	D	B	D	E
180	户主	张德福	47	小学	A	C	B	C	E
	妻子	崔霍玲	49	初中	A	C	B	C	E
	长子	张爱君	23	高中	A	A	A	B	F
181	户主	孙占海	61	小学	A	C	A	C	E
	妻子	金银莲	54	小学	A	C	A	C	E
182	户主	李俊义	58	小学	A	C	A	C	E
	妻子	吴那仁格日乐	52	小学	A	C	A	C	E
	长子	李双全	25	小学	A	C	A	C	F
	长女	李圆圆	15	小学	A	C	B	C	F
	次子	李宝泉	13	小学	A	C	B	C	F
183	户主	张双福	42	小学	A	C	B	C	E
	妻子	赵山英	39	小学	A	C	B	C	F
	长女	张那仁高娃	19	小学	A	C	B	C	F
	长子	张雪良	14	小学	A	C	B	D	F

（续表）

184	户主	金广林	55	小学	A	C	B	C	E
	妻子	苏桂兰	53	小学	A	C	B	C	E
	长子	金双柱	28	初中	A	B	B	B	F
185	户主	包国栋	37	小学	A	C	B	C	F
	妻子	斯琴	35	高中	A	A	A	B	F
	长女	包爽	9	小学	A	C	C	D	F
186	户主	张德秋	29	小学	A	C	B	C	F
	妻子	张晓花	28	高中	A	A	B	B	F
	长子	张佳伟	9	小学	A	C	B	D	F
	母亲	吴哈日义很	58	小学	A	C	B	D	E
187	户主	张德仁	54	小学	A	C	B	C	E
	妻子	李玲小	56	小学	A	C	B	C	E
	长子	李宝音达来	27	初中	A	B	B	B	F
	儿媳	刘小林	25	初中	A	B	B	B	F
	孙子	张荣光	4						
188	户主	张宝音胡古拉	26	初中	A	B	B	C	F
	妻子	徐红梅	28	初中	A	B	B	B	F
	长子	张荣华	6	小学	A	C	C	D	F
189	户主	包布和巴特尔	34	小学	A	C	B	C	F
	妻子	刘凤杰	31	初中	A	B	B	C	F
	长女	包春艳	14	小学	A	C	C	C	F
	次女	包新艳	9	小学	A	C	C	D	F
	长子	包洪亮	6	小学（汉）	C	D	A	B	F
190	户主	王德楞阿	83	小学	A	C	C	D	E
	妻子	付春梅	78	小学	A	C	C	D	E
191	户主	张玉柱	72	小学	A	C	C	D	E
	长子	霍白音那木拉	37	初中	A	B	B	C	F
	次子	霍色那	35	初中	A	B	B	C	F
192	户主	吴那斯吐	55	小学	A	D	C	D	E
	妻子	张腊月	56	小学	A	C	C	C	E
	次女	吴海英	23	初中	A	B	B	C	F
193	户主	赵文生	43	小学	A	C	B	C	E
	妻子	包代小	38	小学	A	C	C	C	F
	长女	赵雪梅	17	小学	A	A	A	B	F
	长子	赵雪晶	12	小学	A	A	A	B	F

（续表）

194	户主	张龙梅	35	初中	A	C	B	C	F
	长子	彭宁	8	小学	A	B	B	C	F
195	户主	钱志新	51	小学	A	C	C	D	E
	妻子	潘翠格	46	小学	A	C	C	D	E
	长女	钱沙如啦	21	大学	A	A	A	A	F
196	户主	李榜柱	60	小学	A	C	A	C	E
	妻子	吴凤琴	54	小学	A	D	B	C	E
	长子	包春岩	30	初中	A	C	A	B	F
197	户主	白孟和巴特尔	45	小学	A	D	B	C	E
	母亲	李相兰	65	小学	A	D	C	C	E
198	户主	贺永勤	68	小学	A	D	B	C	E
	妻子	赵少布敦格日乐	60	小学	A	D	C	C	E
199	户主	金七柱	30	初中	A	C	A	B	F
	妻子	曹双莲	30	小学	A	C	B	C	F
	长子	金富生	7	小学	A	C	B	C	F
200	户主	潘那木拉	37	小学	A	C	A	C	F
	妻子	潘小荣	34	文盲	A	D	C	D	F
	弟弟	潘银峰	35	小学	A	C	B	C	F
	弟媳	李春玲	30	小学	A	C	B	C	F
	外甥	赵海山	20	小学	A	C	B	C	F
	侄女	潘伟伟	11	小学	A	C	B	C	F
	侄女	潘园园	5						
	母亲	哈申其木格	69	文盲	A	D	C	D	E
201	户主	张玉山	37	初中	A	C	B	C	F
	妻子	孙丽明	38	小学	A	C	C	C	F
	长子	张泽光	13	小学（汉）	A	C	A	A	F
	父亲	张百岁	58	文盲	A	D	B	D	E
202	户主	钱志明	46	小学	A	C	A	C	E
	妻子	孙妍玲	46	初中	A	B	B	C	E
	长子	钱雪峰	24	初中	A	B	A	B	F
	次子	钱学林	14	小学	A	C	A	B	F
	孙子	钱俊杰	3						
203	户主	付长柱	43	小学	A	C	B	C	E
	妻子	梁桂英	37	初中	A	B	B	C	F
	长子	付银泉	13	小学（汉）	A	B	A	B	F
204	户主	刘金格	45	小学	A	A	B	C	E
	长子	白国荣	22	大学	A	A	A	A	F

（续表）

205	户主	白国庆	24	初中	A	B	A	B	F
	妻子	敖恩达古拉	23	小学	A	C	B	C	F
206	户主	包巴特尔	46	初中	A	B	A	C	E
	妻子	孙香秋	44	初中	A	B	A	C	E
	长子	包亮亮	23	初中	A	B	A	B	F
207	户主	刘六德	44	小学	A	C	A	C	E
	妻子	张五月	40	小学	A	C	A	C	E
	长子	刘福连	18	初中	A	B	A	B	F
	次子	刘福林	17	初中	A	B	A	B	F
208	户主	孟福生	46	小学	A	C	A	C	E
	妻子	包扎拉嘎	44	小学	A	C	A	C	E
	长女	孟金玲	21	初中	A	B	A	C	F
209	户主	钱阿古拉	31	初中	A	B	A	B	F
	妻子	关根小	29	初中	A	B	A	B	F
	长子	钱玉霜	11	小学	A	C	B	C	F
210	户主	黄红小	38	初中	A	B	A	B	F
	妻子	陈哈申塔娜	35	小学	A	C	B	C	F
	长子	黄旭光	11	小学	A	C	B	C	F
211	户主	包哈斯巴根	74	小学	A	C	B	D	E
	妻子	金莲	71	小学	A	C	B	D	E
	长子	包布仁仓	43	小学	A	C	B	C	E
212	户主	李玉柱	55	初中	A	B	A	B	E
	妻子	才玉萍	53	小学	A	C	A	C	E
	岳母	孙素兰	74	小学	A	C	A	C	E
	大伯	李俊生	70	小学	A	C	A	C	E
	次女	李立华	25	初中	A	B	A	B	F
213	户主	张双林	38	初中	A	B	A	B	F
	妻子	王图雅	38	初中	A	B	A	B	F
	长子	张爱国	15	小学	A	C	B	C	F
214	户主	张文秀	72	小学	A	C	B	C	E
	妻子	陈玉兰	69	小学	A	C	B	C	E
	长子	张德倍	32	初中	A	C	B	D	E
	儿媳	关金兰	34	小学	A	C	C	D	E
	孙子	张建升	4						
215	户主	张文斌	75	小学	A	C	B	D	E

（续表）

216	户主	赵巴特尔	54	高中	A	A	A	B	E
	妻子	包金莲	53	小学	A	C	B	C	E
	长女	赵秀梅	31	初中	A	B	A	C	F
	长子	赵图佈信	27	初中	A	B	A	B	F
	孙女	赵萨楚拉	3						
217	户主	韩桑阿	61	小学	A	C	B	D	E
	妻子	赵代小	58	小学	A	C	B	D	E
218	户主	张双全	28	小学	A	C	B	C	F
	妻子	彭淑云	24	小学	A	C	B	C	F
	长子	张学贵	9	小学	A	C	B	D	F
219	户主	赵双德	27	小学	A	C	B	C	F
	妻子	包小梅	26	小学	A	C	B	C	F
	长女	赵全全	14	小学	A	C	B	C	F
	长子	赵海军	10	小学	A	C	B	C	F
220	户主	徐七宝	47	小学	A	C	A	C	E
	妻子	赵五月	43	小学	A	C	B	C	E
	长子	徐达林台	21	初中	A	B	A	C	F
	次子	徐六十八	19	初中	A	B	A	A	F
221	户主	吴格日乐吐	49	小学	A	C	A	C	E
	妻子	金金花	46	小学	A	C	B	C	E
	长子	吴双龙	26	初中	A	B	A	C	F
	长女	吴海桃	24	小学	A	C	B	C	F
222	户主	孙长义（汉族）	47	高中（汉）	A	B	A	B	E
	妻子	霍胖小	45	小学	A	C	B	C	E
223	户主	陈长明	47	初中	A	B	B	C	E
	妻子	徐雨仁其其格	47	初中	A	B	B	B	E
	长子	陈国庆	24	初中	A	B	A	B	F
224	户主	张吐格斯	41	小学	A	C	B	C	E
	妻子	李乌云格日乐	34	小学	A	C	A	C	F
	长子	陈银山	14	小学	A	C	A	B	F
225	户主	贺景军	44	初中	A	B	A	B	E
	妻子	孙研秋	45	初中	A	B	A	B	E
	长子	贺彬彬	20	初中	A	B	A	B	F
	长女	贺佳佳	17	初中	A	B	A	A	F
226	户主	包拉西舍楞	86	小学	A	C	B	D	E
227	户主	赵海青	70	小学	A	C	C	D	E
228	户主	李舍乐	62	小学	A	C	B	C	E

（六）乌斯吐嘎查语言使用情况

1. 嘎查概况

乌斯吐嘎查南面与乌斯吐林场相邻，西面与宝日花嘎查相接，北面与哈日乌苏嘎查相接，东面与哈日巴斯台嘎查相邻。有自治区级乌斯吐自然保护区16万亩，与巴彦塔拉镇相距15公里。

该嘎查共有212户，总人口838人，都是蒙古族。总面积5.1万亩；耕地1万亩，主要种玉米、绿豆、葵花等；退耕还林2100亩，荒地3000亩，主要有杨树、杏树等。2007年人均收入2000元。有牛497头、羊300只、马10匹。有轿车4辆、面包车2辆、四轮拖拉机140台、摩托车30辆；电视机、手机普及，座机近40部；砖房60户。有道吐湖、毛盖达什湖。

2. 语言使用的基本特点

如上所述，该嘎查共有212户。我们调查了181户，占总户数的85.4%，621人（包括6岁以下儿童34人），占调查总人口的74.1%。

表1-11　乌斯吐嘎查6岁以上（包括6岁）的人蒙古语能力统计表

年龄段	总人口	A		B		C		D	
		人口	百分比	人口	百分比	人口	百分比	人口	百分比
6～12岁	34	32	94.1	2	5.9	0	0	0	0
13～18岁	52	48	92.3	1	1.92	0	0	3	5.77
19～59岁	452	431	95.4	2	0.44	8	1.77	11	2.43
60岁以上	49	46	93.9	0	0	1	2.04	2	4.08
合计	587	557	94.9	5	0.85	9	1.53	16	2.73

从表中可以看出，乌斯吐嘎查蒙古语水平高的人的比例很高，占总人口的94.9%；略懂蒙古语及不会说蒙古语的人不多。

该嘎查略懂蒙古语的人共有9人（包括汉族3人）。他们是：第27户的赵淑荣、温床林，他们原住本旗加玛吐镇大瓦房嘎查汉族地区；第32户的潘春艳，原住在本旗协代苏木的蒙、汉杂居地区；第49户的张其林、张金花，原住在保康镇莫力汉族村；第54户的刘殿文，原住在保康镇胜利村汉族地区；第65户的夏淑琴，汉族；第91户的成志平，原为汉族，后改为蒙古族，其母亲是汉族；第92户的成志全，同91户。

该嘎查不会说蒙古语的人共有16人。他们是：第36户的艾亚芬、咸英建，艾亚芬原为汉族，后改为蒙古族，咸英建是她的儿子，家里说汉语；第45户的刘淑梅，是哑巴；第50户的孟祥福、任艳玲，原住在本旗蒙、汉杂居的二龙村；第65户的吴丹丹、吴永新，其母亲是汉族，蒙古语水平不高，家里说汉语；第71户的王广生、张耀辉，原住在江西省，后来搬至该嘎查；第80户的申月芝、苗立强、苗立胜，申月芝是汉族，是苗立强、苗立胜的母亲，家里说汉语；第108户的咸志成、李春梅，原为汉族，后改为蒙古族，家里说汉语；第123户的闫铁军，汉族。

表1-12　乌斯吐嘎查家庭语言使用情况一览表

序号	家庭关系	姓名	年龄	文化程度	蒙古语水平		汉语水平		混合话情况
					语	文	语	文	
1	户主	张福泉	41	初中	A	B	C	C	E
	妻子	贾斯琴	39	小学	A	B	C	C	E
	长子	张白嘎力	18	高中	A	A	B	B	F
	长女	张红雁	15	初中	A	A	B	C	F
	母亲	孟田丽	71	小学	A	C	D	D	E
2	户主	王刚	47	中专	A	A	A	B	E
	妻子	黄玉花	47	中专	A	A	A	B	E
	长子	王维仲	22	大专	A	A	A	B	F
	次子	王维奇	18	高中	B	D	A	A	F
3	户主	王海峰	50	小学	A	C	B	C	E
	妻子	吴代小	49	小学	A	C	B	C	E
	长子	王晓民	25	高中	A	A	B	B	F
	次子	王晓明	23	高中	A	A	B	B	F
4	户主	包孟根敖其尔	38	初中	A	B	B	C	E
	妻子	张淑霞	38	小学	A	C	A	B	E
	长女	包红雁	11	小学	A	C	B	C	F
	长子	包志强	5						
5	户主	包呼和巴拉	45	初中	A	C	C	C	E
	妻子	刘哈斯	45	小学	A	C	C	C	E
	长子	包特木乐	25	大学	A	A	A	B	F
	儿媳	张春霞	25	大专	A	A	A	B	F
6	户主	包宝青	31	初中	A	C	C	C	F
	妻子	吴桂芝	33	初中	A	C	C	C	F
	长女	包凤霞	10	小学	A	C	C	C	F
	父亲	包萨仁满都呼	80	小学	A	C	C	C	E
	母亲	金佳	63	小学	A	C	C	C	E
7	户主	孟敖力木乐	52	小学	A	C	C	C	E
	妻子	包乌云	47	小学	A	C	C	C	E
	长子	张德民	21	初中	A	B	B	C	F

（续表）

8	户主	包宝龙	36	初中	A	B	B	C	F
	妻子	付哈斯	37	初中	A	B	B	C	F
	长子	包永福	13	小学	A	B	B	C	F
	次子	包永康	2						
9	户主	包阿拉坦敖其尔	45	高中	A	A	A	B	E
	妻子	鲍其其格	45	初中	A	B	C	C	E
	长子	包松华	22	初中	A	B	B	C	F
	次子	包志华	20	高中	A	A	A	B	F
10	户主	包玉林	58	小学	A	C	C	C	E
	妻子	刘达古拉	58	小学	A	C	C	C	E
	长子	包文龙	27	大学	A	A	A	B	F
	次子	包晓龙	22	高中	A	A	A	B	F
11	户主	包海龙	36	初中	A	B	B	C	F
	妻子	杨开花	36	初中	A	B	B	C	F
	长女	包文汇	9	小学	A	B	C	C	F
	母亲	陈代小	62	小学	A	C	C	D	E
12	户主	李满全	39	高中	A	A	B	B	E
	母亲	张金鸽	65	小学	A	C	C	D	E
13	户主	李额日敦	47	初中	A	C	B	C	E
14	户主	鲍好斯满达	44	初中	A	B	B	C	E
	妻子	王淑霞	41	初中	A	B	B	C	E
	长女	鲍山丹	20	高中	A	A	B	C	F
	长子	鲍亮泉	19	初中	A	B	B	C	F
15	户主	吴义木扎布	62	小学	A	C	C	C	E
	妻子	包金花	57	小学	A	C	B	C	E
	次子	吴桂全	32	初中	A	B	B	C	F
	儿媳	付玲玲	25	初中	A	B	B	C	F
	孙子	吴鹏	2						
16	户主	金七十六	37	初中	A	B	B	C	E
	妻子	吴哈申其木	35	小学	A	C	B	C	F
	长子	金成功	7	小学	A	C	C	C	F
17	户主	张达古拉（女）	52	小学	A	C	C	C	E
	长子	吴苏雅乐	21	初中	A	B	B	C	F
18	户主	包双喜	53	小学	A	C	B	C	E
	妻子	田高娃	54	小学	A	C	B	C	E

（续表）

19	户主	包福林	43	大专	A	B	A	B	E
	妻子	高凤琴	43	大专	A	B	A	B	E
	长子	包世杰	4						
	母亲	张八月	74	小学	A	D	C	D	E
20	户主	刘龙	41	初中	A	B	A	B	E
	妻子	唐桂兰	43	初中	A	B	A	B	E
	长女	刘鑫鑫	19	高中	A	A	A	B	F
	次女	刘佳佳	16	初中	A	A	B	B	F
	长子	刘洋洋	14	初中	A	B	B	B	F
21	户主	王海庭	48	初中	A	B	B	C	E
	妻子	孙其木格	48	小学	A	C	B	C	E
	长子	王晓良	21	初中	A	B	B	C	F
	次子	王晓江	19	初中	A	B	B	C	F
22	户主	苏道尔吉	60	小学	A	C	C	D	E
	妻子	金勿力吉套吐格	60	小学	A	C	C	D	E
	长子	苏特木尔巴根	35	初中	A	B	B	C	E
23	户主	李青山	42	初中	A	B	B	C	E
	妻子	田庆梅	41	高中	A	A	B	C	E
	长女	李特日格乐	12	小学	A	B	C	C	F
24	户主	包义德玛加	63	初中	A	B	B	C	E
	妻子	海涛	58	高中	A	B	B	C	E
25	户主	苏满达	33	初中	A	C	B	C	F
	妻子	全香	33	初中	A	C	B	C	F
	长子	苏福成	5						
26	户主	安海泉	46	初中	A	C	B	C	E
	妻子	包代小	39	小学	A	C	B	C	E
	长子	安星星	20	初中	A	A	B	C	F
	次子	安彬彬	17	初中	A	A	B	C	F
27	户主	赵淑荣（女）	51	初中	C	D	A	B	E
	丈夫	温床林	45	小学	C	D	A	B	E
28	户主	包八路	63	初中	A	B	B	C	E
	妻子	尹金花	60	小学	A	C	B	C	E
29	户主	包少布	55	小学	A	C	B	C	E
	妻子	海梅	54	小学	A	C	B	C	E
	长子	包宝全	25	初中	A	B	B	C	F
	次子	包美娟	19	初中	A	B	C	C	F

（续表）

30	户主	赵海泉	39	大专	A	A	A	B	E
	妻子	安玉花	40	大专	A	A	A	B	E
31	户主	何小刚	33	大学	A	A	A	B	F
32	户主	包文德	29	初中	A	B	B	C	F
	妻子	潘春艳	26	初中	C	D	A	B	F
	长女	包玲玲	5						
33	户主	包铁球	58	小学	A	D	C	D	E
34	户主	包凤英(女)	49	小学	A	C	C	D	E
	长子	鲍宏权	24	中专	A	A	B	B	F
	儿媳	马红霞	25	中专	D	D	A	A	F
35	户主	鲍志权	23	初中	A	C	B	B	F
	妻子	钱代兄	24	初中	A	C	B	B	F
	长女	鲍雨茹	2						
36	户主	咸志发	38	初中	A	B	B	B	F
	妻子	艾亚芬（汉族）	35	初中	D	D	A	B	F
	长子	咸英建	14	初中	D	D	A	A	F
37	户主	吴桂林	35	初中	A	B	B	B	F
	妻子	张田小	35	初中	A	B	B	C	F
	长女	吴欣欣	13	小学	A	B	C	C	F
	次女	吴丽丽	8	小学	A	B	C	C	F
38	户主	王海鸥	37	初中	A	B	C	D	F
	妻子	赵山花	36	小学	A	C	D	D	F
	长子	王小刚	14	初中	A	A	B	B	F
39	户主	李海山	46	初中	A	B	D	C	E
	妻子	包水花	40	初中	A	C	D	D	E
	长女	李晶晶	16	初中	A	A	C	C	F
	次女	李星星	14	初中	A	A	B	C	F
	长子	李诺民	8	小学	A	B	C	C	F
40	户主	田宏刚	32	初中	A	B	B	B	F
	长子	田纪运	9	小学	A	C	C	C	F
	父亲	田巴吐	56	中专	A	A	B	B	E
41	户主	张布仁	41	初中	A	B	B	B	E
	妻子	付斯琴	43	初中	A	B	D	D	E
	长子	张春辉	14	初中	A	A	B	B	F
	母亲	苏海棠	74	小学	A	C	D	D	E

（续表）

42	户主	包呢特	47	小学	A	C	C	D	F
	妻子	关桂花	46	小学	A	C	C	D	E
	长子	包舍日古楞	23	小学	A	C	C	D	F
	长女	包娜仁图雅	20	高中	A	A	A	A	F
43	户主	鲍金山	54	初中	A	C	C	C	E
	妻子	郑翠平	56	小学	A	C	C	D	E
44	户主	孟照繁	55	初中	A	B	C	C	E
	妻子	鲍斯琴	58	大专	A	A	A	B	E
45	户主	肖永光	34	初中	A	B	B	B	F
	妻子	刘淑梅	27	小学	D	B	D	C	F
	长子	肖文辉	3						
	母亲	包金亮	61	小学	A	D	D	D	E
46	户主	包庆福	61	初中	A	D	A	A	E
	妻子	孟宝莲	58	初中	A	B	B	B	E
	长子	包海柱	18	初中	A	B	B	B	F
47	户主	关玉山	36	初中	A	B	B	B	F
	妻子	李宏霞（汉族）	33	初中	A	D	A	B	F
	长子	关宝音图	12	小学	A	B	C	C	F
	次子	关青格乐吐	1						
48	户主	白胡泉	35	大专	A	A	A	B	F
	妻子	吴红梅	33	大专	A	A	A	B	F
	长子	白泽华	10	小学	A	B	C	C	F
49	户主	张其林	43	初中	C	D	A	B	E
	妻子	张金花	44	初中	C	D	A	C	E
	长女	张亚杰	22	初中	A	C	B	C	F
	长子	张彬	20	初中	A	C	B	C	F
50	户主	孟祥福	71	小学	D	D	A	B	E
	妻子	任艳玲	74	小学	D	D	A	C	E
51	户主	刘长所	53	中专	A	A	B	B	E
	妻子	范乌仁其木格	53	小学	A	C	C	C	E
52	户主	张春华	42	初中	A	B	C	C	E
	妻子	高晓梅	42	初中	A	B	C	C	E
	长子	张伟	19	大学	A	A	A	A	F
53	户主	白占清	57	初中	A	A	B	B	E
	妻子	田三月	59	初中	A	B	B	C	E
	长子	白永明	33	中专	A	B	B	B	F
	儿媳	包咏梅	33	初中	A	B	B	C	F
	孙子	白鑫	6	小学	A	C	C	C	F
	孙女	白洁	2						

（续表）

54	户主	刘殿文	61	初中	C	D	A	B	E
55	户主	包阿敏	56	小学	A	C	B	C	E
	妻子	包雅图	58	小学	A	C	C	C	E
	长子	包春林	32	初中	A	B	B	B	E
	儿媳	杨彩霞	30	高中	A	A	B	B	F
	孙子	包胜杰	9	小学	A	B	B	C	F
56	户主	金黄虎	59	小学	A	C	B	C	E
	妻子	韩银花	57	小学	A	B	B	D	E
	次子	金志	30	初中	A	B	B	C	E
	儿媳	罗艳华	27	初中	A	B	A	B	F
	孙子	金振翔	3						
57	户主	孟阿拉塔(女)	60	小学	A	C	B	C	E
58	户主	王海龙	41	初中	A	B	B	C	E
	妻子	包三月	41	初中	A	B	B	C	E
	长子	王晓杰	17	初中	A	A	A	B	F
59	户主	吴桂琴	53	初中	A	B	B	C	E
	次子	包青格乐	22	大学	A	A	A	A	F
	三子	包斯日古楞	20	高中	A	A	A	A	F
60	户主	包哈斯巴根	46	初中	A	B	B	C	E
	妻子	赵斯琴	43	初中	A	B	B	C	E
	长子	包军军	19	高中	A	A	A	A	F
	长女	包珊珊	18	高中	A	A	A	A	F
61	户主	齐小平	30	初中	A	B	B	C	E
	妻子	刘凯花	29	初中	A	B	B	C	E
	长子	齐兴旺	4						
	母亲	白龙梅	55	小学	A	C	C	D	E
62	户主	包关其格	62	中专	A	A	B	B	E
	妻子	王正月	61	小学	A	C	B	C	E
	长子	包斯日古楞	35	初中	A	B	B	B	E
	儿媳	王高娃	34	初中	A	B	B	C	E
	孙女	包佳佳	8	小学（汉）	B	D	A	B	F
63	户主	李长青	44	高中	A	A	B	B	F
	妻子	张桂云	45	大专	A	A	A	A	E
	长子	李凯文	13	初中	A	A	A	A	F

（续表）

64	户主	毛敖力照	42	小学	A	B	B	C	E
	妻子	白玉鸽	44	初中	A	B	B	C	E
	长子	毛雪芝	17	高中	A	A	A	A	F
	长女	毛雪梅	19	本科	A	A	A	A	F
	哥哥	白占连	52	小学	A	C	B	C	E
65	户主	吴玉林	41	初中（汉）	A	B	A	B	F
	妻子	夏淑琴	40	初中（汉）	C	D	A	B	F
	长女	吴丹丹	17	高中	D	D	A	A	F
	长子	吴永新	15	初中（汉）	D	D	A	A	F
66	户主	包福英	51	小学	A	C	B	C	E
	长女	白萨如拉	23	初中	A	B	B	C	F
	次女	白通拉嘎	21	初中	A	B	B	C	F
	三女	白布仁图雅	17	高中	A	A	A	B	F
67	户主	包双金	49	高中	A	A	B	B	E
	妻子	包双梅	52	初中	A	B	B	C	E
	长女	包丽丽	23	高中	A	A	A	A	F
	次女	包伟伟	22	高中	A	A	A	B	F
	长子	包峰泉	20	高中	A	A	A	A	F
	母亲	金双玉	81	小学	A	C	C	C	E
68	户主	张孝兴阿	59	初中	A	B	C	C	E
	妻子	邢金晓	51	小学	A	C	B	C	E
	长子	张长命	28	小学	A	C	B	C	E
	次子	张清明	25	大学	A	A	A	A	F
	长女	张其力木格	24	高中	A	A	A	A	F
69	户主	田双泉	50	高中	A	A	B	B	E
	妻子	吴玉格	46	高中	A	A	B	B	E
	长子	田伟峰	24	初中	A	B	A	B	F
	长女	田秀萌	21	本科	A	A	A	A	F
	母亲	张六月	76	小学	A	C	C	D	E
70	户主	李金花	78	小学	A	D	B	D	E
	长子	吴布和	44	初中	A	B	A	B	F
	儿媳	田桂春	44	大专	A	A	A	A	F
	孙子	吴习文	20	本科	A	A	A	A	F
	孙女	吴塔娜	17	高中	A	A	B	B	F
71	户主	王广生	85	初中	D	D	A	A	F
	妻子	张耀辉	81	初中	D	D	A	A	F

（续表）

72	户主	陈双宝	40	初中	A	B	B	C	E
	妻子	高敖敦高娃	38	初中	A	B	B	B	E
	长女	陈淑华	16	初中	A	A	A	A	F
	次女	陈淑君	11	小学	A	B	A	B	F
73	户主	包长锁	47	高中	A	A	B	B	E
	妻子	包水小	45	小学	A	C	B	C	E
	长女	包丽丽	21	大学	A	A	A	A	F
	长子	包阿木达木	17	高中	A	B	A	B	F
74	户主	张桂芳	52	大专	A	A	B	B	E
	长女	包阿如汗	22	大专	A	A	A	A	F
75	户主	李洪光	33	初中	A	B	B	B	E
	妻子	关建英	34	初中	A	B	B	C	E
	长女	李蕊	9	小学（汉）	A	C	A	B	F
76	户主	陈长青	58	小学	A	C	B	C	E
	妻子	包金花	52	小学	A	C	C	C	E
	次子	陈小亮	26	初中	A	B	B	B	F
	三子	陈明亮	23	初中	A	B	A	B	F
77	户主	鲍海龙	57	小学	A	C	B	C	E
	妻子	白锁莲	54	小学	A	C	C	C	E
	四子	鲍德泉	29	小学	A	C	A	C	E
	长女	鲍乌云	24	初中	A	B	A	B	F
78	户主	佟双泉	51	小学	A	C	B	C	E
	妻子	田毛义很	50	小学	A	C	B	C	E
	长女	佟春丽	27	初中	A	B	B	B	E
	次女	佟春良	25	初中	A	B	B	C	F
	长子	佟青格乐	24	初中	A	B	B	B	F
79	户主	吴伟民	39	初中	A	B	B	C	E
	妻子	杜桂花	36	小学	A	C	B	C	E
	母亲	赵其其格	58	小学	A	C	B	D	E
	长女	吴文珍	14	初中	A	A	A	B	F
	次女	吴文灵	9	小学	A	A	B	B	F
80	户主	刘铁山	41	小学	A	C	B	C	E
	妻子	申月芝（汉族）	45	初中	D	D	A	C	F
	长子	苗立强	24	初中	D	D	A	B	F
	次子	苗立胜	17	初中（汉）	D	D	A	B	F

（续表）

81	户主	包玉山	37	初中	A	B	B	C	E
	妻子	吴艳华	37	初中	A	B	B	C	E
	长子	查日苏	13	小学	A	B	A	B	F
82	户主	吴宝春	47	高中	A	A	A	A	E
	妻子	王淑坤	45	小学	B	B	A	C	F
	长子	吴宏亮	21	大学	A	A	A	A	F
83	户主	杨双金	44	初中	A	A	B	B	E
	妻子	白高娃	43	初中	A	A	B	C	F
	长女	杨图雅	22	大学	A	A	A	A	F
	次女	杨萨如拉	19	高中	A	A	A	A	F
	三女	杨其乐木格	16	高中	A	A	A	A	F
84	户主	包丁峰	38	初中	A	B	C	C	E
	妻子	包来小	40	初中	A	C	B	C	E
	长子	包阿汗	15	初中	A	A	A	A	F
85	户主	白色音宝音	43	大专	A	A	A	A	E
	妻子	包田梅	52	大学	A	A	A	A	E
	长子	白永斌	24	大学	A	A	A	A	F
86	户主	鲍玛义	67	小学	A	C	B	C	E
87	户主	包春英	39	大专	A	A	A	B	E
88	户主	鲍双全	28	初中	A	B	B	C	E
	妻子	包根小	27	初中	A	B	B	B	F
	长女	鲍苏日古嘎	5						
89	户主	金宝山	52	高中	A	A	B	B	E
	妻子	孙萨仁高娃	46	初中	A	B	B	C	E
	长女	金艳艳	25	初中	A	B	B	B	F
	长子	金满达	22	大学	A	A	A	A	F
90	户主	吴阿拉坦巴	46	小学	A	C	C	C	E
	妻子	包代小	54	小学	A	C	C	C	E
	次子	明德	28	初中	A	B	B	C	F
91	户主	成志平	48	高中	C	D	A	A	F
	妻子	包桂芬	46	大学	A	A	A	A	E
	长子	成苏米亚	19	大学	A	A	A	A	F
	长女	成晶晶	17	高中	A	A	A	A	F
92	户主	成志全	49	高中（汉）	C	D	A	A	F
	妻子	田玉华	49	高中（汉）	B	D	A	A	F
	长女	成佳慧	20	大学	A	A	A	A	F

（续表）

93	户主	包木仁	54	初中	A	B	B	C	E
	妻子	韩梅兰	54	小学	A	C	C	C	E
	长女	包雪霞	23	大学	A	A	A	A	F
	次女	包秀花	20	初中	A	B	A	A	F
94	户主	金七十八	31	高中	A	A	A	B	E
	妻子	杨桂花	39	高中	A	A	B	B	E
	长女	金园园	8	小学（汉）	B	B	A	B	F
	母亲	胡桂珍	65	小学	A	C	B	D	E
95	户主	吴玉山	48	初中	A	B	A	C	E
	妻子	包其其格	49	初中	A	B	B	C	E
	长子	吴永强	20	大学	A	A	A	A	F
96	户主	贾金山	39	初中	A	A	B	B	E
	妻子	吴丽君	38	高中	A	A	B	B	E
	长女	贾芳芳	15	初中	A	A	B	B	F
	次女	贾荣荣	14	初中	A	A	A	B	F
97	户主	李洪涛	39	中专	A	A	B	B	E
	妻子	陈勿仁其木格	37	中专	A	A	B	B	E
	长子	李鑫	13	初中	A	A	B	B	F
98	户主	白那顺宝音	49	中专	A	A	B	B	E
	妻子	吴桂玲	51	高中	A	A	A	B	E
	三女	白雪梅	22	大专	A	A	A	A	F
	长子	白雪峰	19	大学	A	A	A	A	F
99	户主	鲍布仁满达	50	高中	A	A	B	B	E
	妻子	包凤英	51	初中	A	B	B	C	E
100	户主	孟常玉	46	初中	A	C	B	C	E
	妻子	杨莲桂	46	初中	A	D	A	B	E
	长子	孟发财	22	大专	A	A	A	B	F
	次子	孟初一	19	高中	A	A	B	B	F
101	户主	白格日乐吐	47	初中	A	C	B	C	E
	妻子	吴金凤	47	初中	A	C	B	C	E
	长子	白特尼格尔	19	高中	A	A	B	B	F
	母亲	包松来玛	74	小学	A	D	C	D	E
102	户主	吴万喜	60	初中	A	C	B	B	E
	妻子	苏莹莹	57	小学	A	C	C	C	E
	长子	吴九斤	27	初中	A	B	B	C	F
	次子	吴世亮	24	大专	A	A	A	B	F

（续表）

103	户主	孟嘎日迪	35	初中	A	C	B	C	F
	妻子	吴为华	36	初中	A	C	B	C	F
	长子	孟文斌	12	小学	A	C	C	C	F
104	户主	包顶山	40	中专	A	A	B	C	E
	妻子	包海玉	39	高中	A	A	B	B	E
	长女	包文珍	11	小学	A	C	C	C	F
105	户主	鲍老虎	58	小学	A	C	C	D	E
	妻子	刘代小	60	小学	A	C	C	C	E
	长子	鲍乌恩布和	30	初中	A	B	C	C	F
	儿媳	吴春梅	30	初中	A	B	C	C	F
	孙女	鲍美娜	4						
106	户主	王套告	52	小学	A	C	C	C	E
	妻子	包金英	50	小学	A	C	C	C	E
	长子	王桩柱	30	初中	A	B	B	C	F
	次子	王福柱	27	高中	A	A	B	C	F
107	户主	包吉仁台	36	初中	A	A	A	B	F
	妻子	白美英	36	初中	A	A	A	B	F
	长子	包瀚盖	13	初中	A	B	B	C	F
	母亲	关狗生	72	小学	A	C	C	C	E
108	户主	咸志成	54	小学	D	D	A	A	E
	妻子	李春梅	52	小学	D	D	A	A	E
109	户主	张文潮	35	高中	A	A	B	C	F
	妻子	王春英	34	初中	A	B	C	C	F
	长女	张苏亚丽	10	小学	A	D	A	B	F
	父亲	张宝龙	60	小学	A	C	C	C	E
	母亲	贾凤英	58	小学	A	C	C	C	E
	弟弟	张文成	34	初中	A	C	C	C	F
110	户主	韩明珠	40	初中	A	B	B	C	F
	长子	韩冬冬	9	小学	A	C	B	C	F
	次子	韩冰	5						
	母亲	包青莲	61	小学	A	C	D	D	E
111	户主	张曙光	27	初中	A	B	B	B	F
	长女	张瑞婷	2						
	父亲	张德财	75	小学	A	C	A	C	E
112	户主	韩木仁	48	高中	A	A	B	B	F
	弟弟	韩斑布拉	23	高中	A	A	B	B	F
	弟弟	韩淑鲁斯	20	高中	A	A	A	A	F
	母亲	包玉花	47	初中	A	B	B	C	E

（续表）

113	户主	王建南	44	初中	A	A	B	C	E
	妻子	关梅兰	40	初中	A	B	B	C	E
	长女	王丽芳	20	高中	A	A	B	B	F
	次女	王丽珍	19	初中	A	B	B	C	F
	三女	王丽萍	16	初中	A	B	B	C	E
114	户主	陈海红	28	初中	A	A	B	C	E
	长女	陈佳鑫	3						
	弟弟	陈海峰	27	初中	A	B	B	B	F
115	户主	张双喜	56	初中	A	B	B	C	E
	妻子	牛跟小	52	小学	A	C	B	C	E
	长子	张春明	23	初中	A	B	B	B	F
116	户主	赵布和	34	初中	A	B	B	C	E
	妻子	陈萨仁格日乐	35	初中	A	B	B	C	E
	长女	赵青梅	13	初中	A	A	B	B	F
	长子	赵文琦	5						
117	户主	白长青	39	初中	A	B	B	B	E
	妻子	包老丫头	34	小学	A	C	B	C	E
	长女	白文静	13	小学	A	C	B	B	F
	次女	白文佳	9	小学	A	C	B	B	F
118	户主	孙长江	54	初中	A	B	A	B	E
	妻子	刘桂杰	54	初中	A	B	A	A	F
	次子	孙贺	25	大专	A	A	A	A	F
	三子	孙欢	20	大专	A	A	A	A	F
119	户主	王月英	45	初中	A	B	B	B	E
	长女	陈春梅	19	大专	A	A	A	A	F
	长子	陈文君	17	初中	A	B	B	B	F
120	户主	陈有迁	51	初中	A	B	A	B	E
	妻子	金和平	49	初中	A	B	A	B	E
	次女	陈兰兰	22	高中	A	A	B	B	F
	长子	陈玉鑫	19	高中	A	A	A	A	F
	母亲	谢苓芝	82	小学	A	C	B	D	E
121	户主	包阿拉塔	40	小学	A	C	B	C	E
	妻子	关美玲	32	初中	A	B	B	C	F
	长女	包萨如拉	12	小学	A	C	B	B	F
	次女	包通拉嘎	7	小学	A	C	B	C	F
	哥哥	包芒沙	52	小学	A	C	D	D	E

（续表）

122	户主	包宝柱	43	初中	A	B	B	C	E
	妻子	孟玉连	40	初中	A	B	B	C	E
	长女	包燕燕	18	初中	A	B	B	B	F
	次女	包艳玲	13	小学	A	C	B	C	F
123	户主	闫铁军（汉族）	32	大专	D	D	A	A	E
	妻子	包容霞	32	大专	A	A	A	A	F
	长女	闫楚寒	3						
124	户主	齐金龙	55	高中	A	A	A	A	F
125	户主	关明玉	55	初中	A	B	B	C	E
	妻子	包玉兰	54	初中	A	B	B	C	E
126	户主	刘长林	57	初中	A	B	B	C	E
	妻子	包哈申其木格	56	小学	A	C	B	C	E
	次子	刘永光	33	初中	A	B	B	C	E
	儿媳	包凤云	31	初中	A	B	A	B	E
	孙女	刘文化	7	小学	A	C	B	C	F
	孙子	刘文忠	3						
127	户主	刘永全	31	初中	A	B	B	C	E
	妻子	吴秀梅	30	初中	A	B	B	C	E
	长子	刘文峰	7	小学	A	C	B	C	F
128	户主	苏金贵	66	小学	A	C	C	D	E
129	户主	刘长海	49	初中	A	B	A	B	E
	妻子	包银花	46	小学	A	C	C	C	E
130	户主	韩图布信	42	初中	A	C	C	C	E
	妻子	潘九梅	38	小学	A	C	B	C	E
	长子	韩艳成	18	小学	A	C	B	C	E
	长女	韩艳艳	13	初中	A	B	B	B	F
131	户主	包延清	30	初中	A	B	B	B	F
	妻子	赵欢荣	33	初中	A	B	B	C	F
	长女	包嘉楠	6	小学	A	C	B	C	F
132	户主	陈永亮	28	初中	A	B	A	B	E
	妻子	黄立华	24	初中	A	B	A	B	F
	长女	陈嘉敏	3						
133	户主	刘宝泉	25	中专	A	A	A	B	F
	妻子	包沙仁高娃	25	初中	A	B	A	B	F
	长女	刘伟祎	1						

（续表）

134	户主	安建军	25	初中	A	B	A	B	F
	妻子	敖通拉嘎	23	初中	A	B	B	C	F
	长子	安幼宇	4						
135	户主	吴红泉	28	初中	A	B	A	B	F
	妻子	陈艳艳	24	初中	A	B	B	C	F
	长女	吴嘉乐	3						
136	户主	吴双柱	64	小学	A	C	C	D	E
	妻子	李金花	60	小学	A	C	C	D	E
	长子	吴永生	28	初中	A	B	B	C	F
	儿媳	包阿如娜	26	初中	A	B	B	B	F
	孙子	吴文都苏	5						
137	户主	包音加布	64	中专	A	A	B	B	E
	长子	包伟彬	30	初中	A	B	B	B	F
	儿媳	周静文	31	大专	A	A	B	B	F
	孙女	包文芳	5						
138	户主	包占权	36	初中	A	B	C	D	F
	妻子	刘翠香	35	初中	A	B	C	D	F
	长子	包俊杰	14	初中	A	B	B	C	F
	次子	包文杰	8	小学	A	D	B	B	F
	父亲	包敖力玛	67	初中	A	B	B	B	E
	母亲	关伊英	57	小学	A	D	D	D	E
139	户主	安木仁	55	小学	A	C	C	D	E
	妻子	王叔琴	51	小学	A	C	C	D	E
	长子	安建国	31	初中	A	B	C	C	F
	儿媳	史玉祥	25	初中	A	B	C	C	F
	长女	安图雅	28	小学	A	C	B	D	F
	孙女	安慧珠	2						
140	户主	包桂荣(女)	53	小学	A	C	C	C	E
	长女	郃丽红	14	初中	A	A	B	B	F
141	户主	刘明安	49	初中	A	B	B	C	E
	妻子	徐秀莲	51	小学	A	C	C	C	E
	长女	刘晓清	25	初中	A	B	A	C	F
	次女	刘晓红	23	初中	A	B	B	C	F
	长子	刘文华	22	中专	A	B	A	B	F
142	户主	包巴图	60	初中	A	B	B	C	E
	妻子	王六月	56	小学	A	C	C	D	E

（续表）

143	户主	张和平	52	高中	A	A	A	A	E
	长子	张彬彬	27	初中	A	B	B	B	F
	儿媳	苏玉萍	28	初中	A	B	B	C	F
	孙女	张佳琪	4						
144	户主	齐七斤	31	初中	A	B	B	C	F
	妻子	白格日乐	25	小学	A	C	B	C	F
	长女	齐呼斯楞	3						
145	户主	鲍海英	32	初中	A	B	A	B	F
	长子	何博慧	6	小学	A	C	A	B	F
146	户主	陈明珠	52	初中	A	A	B	B	E
	妻子	王月亮	50	初中	A	A	B	C	E
	次子	陈红斌	23	高中	A	A	A	B	F
147	户主	潘乌云	65	小学	A	C	A	C	E
	丈夫	刘长锁	52	中专	A	A	B	B	E
148	户主	鲍铁柱	47	大专	A	A	A	B	E
	妻子	张凯云	45	大专	A	A	A	B	E
	长女	鲍苏日娜	21	大学	A	A	A	A	F
	长子	鲍春阳	18	大学	A	A	A	A	F
	母亲	潘瑞兰	89	小学	A	C	C	D	E
149	户主	白九红	28	小学	A	C	B	C	E
	妻子	包金鱼	25	初中	A	B	C	C	F
	弟弟	白永红	26	小学	A	C	B	C	E
	弟媳	于海辉	22	初中	A	B	B	C	F
	母亲	苏春华	62	小学	A	C	C	C	E
150	户主	朝明媚(女)	29	初中	A	B	B	C	E
151	户主	肖色吉拉呼	39	高中	A	A	B	B	E
	妻子	包香云	39	高中	A	A	B	B	E
	长子	肖战辉	9	小学	A	C	B	B	F
	次子	肖国辉	4						
152	户主	张金鸽	63	初中	A	B	B	C	E
153	户主	包音加卜	54	大专	A	A	B	B	E
154	户主	鲍沙日娜	47	高中	A	A	B	B	E
	妻子	包水莲	48	高中	A	A	B	B	E
	长子	鲍清泉	23	大学	A	A	A	A	F
	长女	鲍乌云山丹	21	高中	A	A	A	A	F

（续表）

155	户主	霍玉春	53	中专	A	A	A	B	E
	妻子	王莲花	56	大专	A	A	B	B	E
156	户主	曹海小（女）	54	初中	A	B	B	C	E
	长子	崔春辉	24	初中	A	B	B	C	E
157	户主	咸英勇	29	初中	A	B	B	B	E
	妻子	包斯琴	25	初中	A	B	B	C	F
	长子	咸鹤翔	4						
158	户主	宝金山	51	初中	A	B	C	C	E
	妻子	敖文吉雅	46	小学	A	C	C	C	E
	长子	阿民布和	23	初中	A	B	B	B	F
	儿媳	白永霞	25	初中	A	B	B	B	F
	孙女	宝阿如娜	2						
159	户主	张乌力吉	44	初中	A	B	B	C	E
	妻子	张永花	40	初中	A	B	B	B	E
	长子	张春清	22	高中	A	A	A	A	F
160	户主	宋建国	45	初中	A	B	B	C	E
	妻子	白玉兰	45	初中	A	B	B	B	E
	长女	宋乌云	16	初中	A	A	B	B	F
	次女	宋婷婷	14	初中	A	A	B	B	F
161	户主	张红霞（女）	31	大学	A	A	A	A	F
	丈夫	鲍永明	31	初中	A	B	B	B	E
162	户主	田双宝	52	大专	A	A	B	B	E
	妻子	白金亮	50	初中	A	B	B	C	E
163	户主	李晓宏	31	高中	A	A	B	B	E
	妻子	鲍莎如拉	34	高中	A	A	B	B	E
164	户主	李八斤	52	初中	A	B	B	C	E
	妻子	金荣花	48	小学	A	C	C	C	E
	次子	李黎亮	27	初中	A	B	B	C	F
	儿媳	齐老丫头	24	初中	A	B	C	C	F
	孙女	李子涵	4						
165	户主	吴扎布	59	初中	A	B	B	B	E
	妻子	李乌云	58	初中	A	C	B	C	E
	长子	吴红钢	31	初中	A	B	B	C	E
	儿媳	王萨日娜	27	初中	A	B	B	B	F
	孙女	吴嘉敏	3						

（续表）

166	户主	田双喜	60	小学	A	C	B	C	E
	妻子	白桂兰	56	初中	A	C	B	C	E
167	户主	韩勿力吉	54	小学	A	D	B	D	E
	妻子	吴凤英	52	小学	A	D	B	D	E
	长子	韩文成	29	初中	A	B	B	C	E
	次子	韩文泉	29	初中	A	B	B	B	F
	儿媳	纪园园	24	初中	A	B	B	B	F
	孙子	韩宇轩	5						
168	户主	王海林	52	初中	A	B	B	C	E
	妻子	包少布道	48	小学	A	C	B	C	E
	长子	王晓伟	24	初中	A	B	B	B	F
	儿媳	李满卓	24	初中	A	B	B	B	F
	孙子	王凯瑞	2						
169	户主	赵福全	47	初中	A	B	B	C	E
	妻子	吴银花	47	初中	A	B	B	C	E
	长子	赵春亮	22	大学	A	A	A	A	F
170	户主	金泉	32	初中	A	B	C	C	E
	妻子	任爱华	32	初中	A	B	A	B	F
	长子	金秋龙	8	小学	A	C	A	B	F
171	户主	苏朝格吐	46	初中	A	B	B	C	E
	妻子	郎永花	37	小学	A	C	C	C	E
	长女	苏塔娜	20	初中	A	B	B	B	F
	次女	苏丽娜	18	初中	A	A	A	B	F
	长子	苏长命	16	初中	A	A	B	B	F
172	户主	吴朝古拉	45	初中	A	B	B	C	E
	妻子	包雪梅	43	初中	A	B	B	C	E
	长女	吴满都花	20	初中	A	B	A	B	F
	长子	吴特日根	17	初中	A	A	A	B	F
173	户主	包长林	42	初中	A	B	B	C	E
	妻子	崔格	42	初中	A	B	B	B	E
	长子	包塔拉	17	初中	A	B	A	B	F
174	户主	鲍海驹	60	高中	A	A	B	B	E
	妻子	吴秀梅	58	小学	A	C	C	C	E
175	户主	白秀梅(女)	29	初中	A	B	B	C	F
	长女	梁佳慧	6	小学	A	C	B	C	F

（续表）

176	户主	白占柱	55	初中	A	B	B	B	E
	妻子	高水连	51	小学	A	C	C	C	E
	长女	白红玉	27	高中	A	A	A	A	F
	长子	白尼格木德	23	高中	A	A	B	B	E
	次子	白额尼乐图	20	高中	A	A	B	C	E
177	户主	鲍宝泉	37	初中	A	A	B	C	E
	妻子	金英春	39	高中	A	A	A	A	E
	长女	鲍萨秋荣	15	初中	A	A	A	A	F
	长子	鲍超鲁门	8	小学	A	C	B	C	F
178	户主	陈宝柱	58	初中	A	A	A	B	E
	妻子	吴秀兰	60	高中	A	A	A	B	E
179	户主	刘长明	56	小学	A	B	C	C	E
180	户主	吴丁柱	53	小学	A	C	C	C	E
	妻子	包景春	50	小学	A	C	C	C	E
	次女	吴秀霞	23	初中	A	B	C	C	F
	三女	吴萌苓	19	初中	A	B	C	C	F
181	户主	鲍山虎	43	初中	A	B	C	C	E
	妻子	代君	43	初中	A	B	C	C	E
	长女	鲍玲芝	19	初中	A	B	C	C	F
	长子	鲍森林	8	小学	A	C	C	C	F

（七）大伙房嘎查语言使用情况

1. 嘎查概况

大伙房嘎查南面与舍伯吐镇相邻，西面与本苏木敖宝艾里嘎查相接，后与本苏木巴格塔拉嘎查相邻，东与本苏木巴吐巴雅尔嘎查相邻，距通辽市 60 公里。111 国道从嘎查中间通过。

全嘎查有 776 户，其中汉族 3 户，满族 1 户。总人口 2936 人，其中汉族 8 人，满族 1 人。设有 1 个党总支，下属 3 个支部。总面积 16 万亩；耕地 1.1 万亩，主要种植玉米、豆类；林地 4 万亩，主要有杨树、榆树等；草牧场 5.7 万亩。2007 年人均收入 1800 元。牲畜总数有 9000 头（只）。有轿车 2 辆、面包车 5 辆、卡车（货车）7 辆、四轮拖拉机 230 余台、摩托车 280 台；电视机 627 台、手机 700 部、座机 50 余台；砖房 200 余户。

2. 语言使用的基本特点

如上所述，该嘎查共有 776 户，3 个党支部。我们调查了 2 个党支部所属的 307 户，占总户数 39.56%，1153 人（包括 6 岁以下儿童 7 人），占总人口的 39.3%。

表 1-13 大伙房嘎查 6 岁以上(包括 6 岁)的人蒙古语能力统计表

年龄段	总人口	A		B		C		D	
		人口	百分比	人口	百分比	人口	百分比	人口	百分比
6～12 岁	70	70	100	0	0	0	0	0	0
13～18 岁	138	138	100	0	0	0	0	0	0
19～59 岁	839	836	99.6	1	0.12	1	0.12	1	0.12
60 岁以上	99	97	97.98	0	0	0	0	2	2.02
合计	1146	1141	99.6	1	0.09	1	0.09	3	0.26

从表中可以看出，该嘎查蒙古语水平高的人的比例极高，占所调查的总人口的 99.6%；略懂级的只有 1 人；不懂级的有 3 人(包括满族 1 人)。

该嘎查略懂蒙古语的人是：第 247 户的玉青，原为汉族，后改为蒙古族。

该嘎查不懂蒙古语的人是：第 123 户的贾海、王亚茹、贾玉财，贾海是满族，王亚茹、贾玉财，后改为蒙古族。

表 1-14 大伙房嘎查家庭语言使用情况一览表

序号	家庭关系	姓名	年龄	文化程度	蒙古语水平		汉语水平		混合话情况
					语	文	语	文	
1	户主	韩铁山	58	小学	A	C	C	C	E
	妻子	双月	57	小学	A	C	C	C	E
	长子	韩永福	24	小学	A	C	C	C	F
2	户主	佟巴图仓	52	小学	A	C	C	C	E
	妻子	梅花	51	小学	A	C	C	C	E
	长子	佟海泉	23	小学	A	C	B	C	F
	长女	佟玲玲	20	高中	A	A	B	B	F
3	户主	齐初一	51	初中	A	B	C	C	E
	妻子	包金梅	47	小学	A	C	C	C	E
4	户主	王宝山	65	小学	A	C	C	C	E
	妻子	白哈日义很	59	小学	A	C	C	C	E
	长子	王海青	37	高中	A	A	B	A	F
	儿媳	赵海棠	39	小学	A	C	B	C	F
	孙女	沙其日嘎	17	初中	A	B	B	C	F
	孙子	王敖日格乐	6	小学	A	C	C	C	E
	外孙女	王朝拉嘎胡	11	小学	A	C	C	C	E
5	户主	王宝山	40	小学	A	C	C	C	E
	妻子	静兰	41	小学	A	C	C	C	E
	长子	那日苏	14	初中	A	B	C	C	F

（续表）

6	户主	韩富柱	40	小学	A	C	C	C	E
	妻子	春英	40	初中	A	B	C	C	E
	长女	韩敖敏	15	初中	A	B	C	C	F
	次女	苏敏	11	小学	A	C	C	C	F
7	户主	陈代来	56	小学	A	C	C	C	E
	妻子	云风	55	小学	A	C	C	C	E
8	户主	海双宝	45	初中	A	B	B	C	E
	妻子	五月	32	小学	A	C	B	C	E
	长子	玉泉	22	高中	A	A	B	C	F
	次子	文泉	17	初中	A	B	B	C	F
9	户主	赵学坤	40	初中	A	B	C	C	E
	妻子	团亮	36	小学	A	C	C	C	E
	长子	赵鹏鹏	12	小学	A	C	C	C	F
	母亲	色音其其格	62	小学	A	C	C	C	E
10	户主	王照那斯吐	56	初中	A	B	C	C	E
	妻子	牡丹	52	小学	A	C	C	C	E
11	户主	吴丁山	61	初中	A	B	C	C	E
	妻子	田小	53	初中	A	B	C	C	E
	长子	哈达	30	初中	A	B	C	C	E
	四子	海林	25	小学	A	C	C	C	F
12	户主	韩巴音巴特尔	55	初中	A	B	B	C	E
	妻子	满花	55	初中	A	B	B	C	E
	长子	韩宝泉	32	初中	A	B	B	C	F
	次子	韩宝林	29	高中	A	A	B	B	F
	长女	韩红英	27	初中	A	B	B	C	F
13	户主	洪富泉	44	初中	A	B	C	C	E
	妻子	包梅丹	44	初中	A	B	C	C	E
	长子	洪胡斯楞	20	小学	A	C	B	C	F
	次子	敖敏	16	小学	A	C	B	C	F
14	户主	佈和巴雅	45	小学	A	C	C	C	F
	妻子	水英	40	小学	A	C	C	C	F
	长女	金莲	22	初中	A	B	B	C	F
	次女	代兄	17	小学	A	C	B	C	F
15	户主	高连山	46	小学	A	C	C	C	E
	父亲	高嘎达	80	小学	A	C	C	C	E
	母亲	宝力高	76	小学	A	C	C	C	E
	七弟	东亮	37	高中	A	A	B	C	E
	二妹	银花	35	初中	A	B	B	C	F

（续表）

16	户主	陈哈斯额尔敦	36	初中	A	B	B	C	F
	妻子	何月	34	小学	A	C	B	C	F
	长子	陈钢	15	初中	A	B	C	C	F
17	户主	张龙山	56	小学	A	C	C	C	E
	妻子	金花	54	小学	A	C	C	C	E
	长子	张晓文	32	高中	A	A	A	B	F
	次子	张泉	27	小学	A	C	B	C	F
18	户主	包胡和巴拉	57	小学	A	C	B	C	E
	妻子	玉兰	54	小学	A	C	C	C	E
19	户主	胡六斤	53	小学	A	C	B	C	E
	妻子	桂兰	53	初中	A	C	B	B	E
	长子	那西呢玛	31	初中	A	B	B	B	F
20	户主	吴常宝	41	小学	A	C	B	C	E
	妻子	金花	41	高中	A	A	C	C	F
	长子	吴那日苏	17	初中	A	B	B	B	F
	长女	吴艳艳	13	小学	A	C	B	C	F
21	户主	李田仓	46	初中	A	B	B	C	E
	妻子	刘金亮	48	初中	A	B	B	C	E
22	户主	好斯白乙拉	40	初中	A	C	C	C	E
	妻子	王桂兰	44	初中	A	C	C	C	E
	长子	色音必力格	17	初中	A	B	B	B	F
	次子	阿拉木沙	15	初中	A	B	B	B	F
23	户主	陈喜宝	37	小学	A	C	B	C	E
	妻子	九月	36	初中	A	B	B	B	E
	长子	陈时光	12	小学	A	B	C	C	F
24	户主	王银宝	46	初中	A	B	B	B	E
	妻子	格日乐	45	初中	A	B	B	B	E
	长子	王平	21	高中	A	A	A	B	F
	长女	王梅	19	高中	A	A	A	A	F
25	户主	白宝柱	36	初中	A	B	B	B	F
	母亲	德力格日呼	53	小学	A	C	C	C	E
26	户主	白根柱	41	高中	A	A	B	B	E
	妻子	乌云塔娜	40	初中	A	B	B	B	E

（续表）

27	户主	吴铁龙	55	初中	A	B	B	C	E
	妻子	齐领兄	56	初中	A	B	C	C	E
	长子	吴玉海	27	初中	A	B	B	B	F
	次子	吴全海	25	初中	A	B	B	B	F
	三子	吴金海	23	初中	A	B	B	B	F
28	户主	谭留柱	46	小学	A	C	C	C	E
	妻子	金海棠	37	小学	A	C	C	C	E
	长子	谭格日乐吐	16	初中	A	B	B	B	F
	次子	胡格吉乐吐	12	小学	A	C	C	C	F
29	户主	吴布和	46	高中	A	A	B	C	E
	妻子	哈斯格日乐	47	高中	A	A	B	C	E
	长子	青格乐吐	24	小学	A	C	B	C	F
	次子	胡格吉乐吐	17	小学	A	C	B	C	E
	三子	巴亚拉吐	17	小学	A	C	B	C	F
30	户主	胡双喜	57	小学	A	C	B	C	F
	妻子	白堂	57	小学	A	C	C	C	E
	长子	柒十三	29	初中	A	B	C	C	F
	次子	玉泉	27	初中	A	B	B	C	F
	四女	十月	26	初中	A	B	B	C	F
	孙女	丹丹	16	初中	A	A	B	B	E
	孙子	志伟	12	小学	A	B	C	D	E
31	户主	却扎布	66	小学	A	C	C	C	E
	妻子	莲花	66	小学	A	C	C	C	E
	长子	特木乐	40	小学	A	C	C	C	E
	儿媳	美荣	42	初中	A	B	B	C	E
	次子	连胜	34	初中	A	B	B	C	F
32	户主	赵根柱	35	小学	A	C	C	C	F
	妻子	色音其其格	36	小学	A	C	C	C	E
	长子	温明	11	小学	A	C	C	C	F
	父亲	赵福林	57	初中	A	B	C	C	E
	母亲	包宝妞	57	小学	A	C	C	C	E
33	户主	赵德新	42	初中	A	B	B	C	E
	妻子	达古拉	43	小学	A	C	B	C	E
	长女	亮亮	21	初中	A	B	B	C	F
	长子	晓光	18	初中	A	B	B	C	F

（续表）

34	户主	包金壮	34	初中	A	B	C	C	E
	妻子	哑头	42	小学	A	C	C	C	E
	长子	包那申	17	初中	A	B	B	C	F
35	户主	王别别	61	初中	A	B	B	C	E
	妻子	姑娘	59	小学	A	C	C	C	E
36	户主	唐巴根	61	小学	A	C	C	C	E
	长子	山英	29	初中	A	B	B	B	F
37	户主	陈宝玉	58	小学	A	C	C	C	E
	妻子	胡吉雅	55	小学	A	C	C	D	E
38	户主	白查干巴拉	58	小学	A	C	C	C	E
	妻子	哈斯	42	初中	A	B	C	C	E
39	户主	殷宝山	53	小学	A	C	C	C	E
	妻子	来小	54	小学	A	C	C	C	E
40	户主	王佈仁套格吐格	58	小学	A	C	C	D	E
	妻子	孙秀兰	54	初中	A	B	B	C	E
	长子	王乌云必力格	21	大学	A	A	A	A	F
41	户主	杭那音台	29	小学	A	C	C	C	F
	弟弟	浩斯巴乙拉	26	初中	A	B	B	B	F
	弟媳	海英	26	初中	A	B	B	B	F
	侄女	许春	6	小学	A	C	D	D	F
	母亲	色音其其格	59	初中	A	C	C	D	E
42	户主	包金山	42	小学	A	C	C	C	E
	妻子	包接锁	43	初中	A	B	B	B	E
	长女	玉船	23	初中	A	B	B	B	F
	长子	包玉柱	21	初中	A	B	B	B	F
	母亲	田亮	78	小学	A	D	D	D	E
43	户主	王宝喜	44	初中	A	C	B	C	F
	妻子	哈申塔娜	42	初中	A	C	B	B	F
	长女	王跟小	22	大学	A	A	A	A	F
	长子	王斯琴必力格	20	大学	A	A	A	A	F
44	户主	新塔本	57	小学	A	C	C	C	E
	妻子	海棠	56	小学	A	C	C	C	E
	长子	王晓奇	28	小学	A	C	C	C	E
45	户主	海金龙	54	高中	A	A	B	B	F
	妻子	银花	54	小学	A	C	C	C	E
	长子	那木斯来	28	大学	A	A	A	A	F

（续表）

46	户主	张青乐	70	小学	A	C	C	D	E
	妻子	寒梅	64	小学	A	C	C	C	E
	长子	张富林	37	初中	A	B	B	B	E
	次女	双英	28	初中	B	C	A	B	F
	儿媳	刘春艳	36	高中	A	A	B	B	E
	孙子	特日乐	10	小学	A	C	C	C	F
47	户主	陈壮沙	47	初中	A	B	C	C	E
	妻子	阿拉坦其其格	44	小学	A	C	C	C	E
	长子	双龙	22	高中	A	A	B	B	F
	次子	双泉	20	初中	A	B	B	B	F
48	户主	齐扎拉嘎	48	初中	A	B	B	C	E
	妻子	高娃	50	初中	A	B	B	B	E
	长子	富海	25	大学	A	A	A	A	F
	长女	春兰	24	大学	A	A	A	A	F
	次女	冬梅	19	高中	A	A	A	A	F
49	户主	包白乙拉	45	初中	A	B	B	C	E
	妻子	格日乐	40	初中	A	B	B	B	E
	长女	敖日格乐	20	初中	A	B	B	B	F
	次子	青格乐	17	初中	A	B	B	B	F
	母亲	哈日义很	69	小学	A	C	C	C	E
50	户主	张色音巴乙拉	38	初中	A	B	B	C	F
	妻子	孟根其其格	38	初中	A	B	B	C	F
	长女	领领	11	小学	A	C	B	C	E
51	户主	王金宝	35	初中	A	B	B	C	E
	母亲	宝杰	63	初中	A	B	C	D	E
52	户主	王宝泉	34	初中	A	B	B	B	F
	妻子	小红	37	初中	A	B	B	C	E
	长女	鑫鑫	13	初中	A	B	B	B	F
53	户主	包留柱	54	初中	A	B	B	C	E
	妻子	铁花	49	小学	A	C	C	C	E
	长子	包宝石	26	初中	A	B	B	B	F
54	户主	包金宝	34	初中	A	B	B	B	E
	妻子	胡义乐	33	初中	A	B	B	C	E
	长女	包乌云嘎	11	小学	A	C	B	C	F

（续表）

55	户主	胡吉仁台	65	小学	A	C	C	C	E
	妻子	风英	62	小学	A	C	C	C	E
	次子	胡银泉	36	初中	A	B	B	B	F
	儿媳	桂云	37	高中	A	A	B	B	F
	孙女	娜木	14	初中（汉）	A	B	B	B	F
56	户主	郃富山	38	初中	A	B	B	C	E
	妻子	赵雪丽	38	初中	A	B	C	C	F
	长子	郃玉龙	9	小学	A	C	C	C	F
57	户主	黄额日贵	63	初中	A	B	C	C	E
	妻子	达古拉	61	初中	A	B	C	C	E
	长子	黄吉仁台	35	初中	A	B	C	C	F
58	户主	包留柱	37	初中	A	B	C	C	E
	妻子	曹玉谭	41	中专	A	A	B	C	E
	长子	敏敏	13	小学	A	C	C	C	F
59	户主	陈宝龙	39	初中	A	B	C	C	F
	妻子	斯琴	40	初中	A	B	C	C	E
	长女	陈山丹	18	初中	A	B	B	C	F
	次女	陈意	15	初中	A	B	C	C	F
60	户主	陈嘎达	41	高中	A	A	B	C	E
	妻子	代田亮	41	初中	A	B	C	C	E
	长女	青格乐	17	初中	A	B	C	C	F
	长子	陈光玉	15	小学	A	C	C	C	F
61	户主	韩扎拉嘎	32	初中	A	B	C	C	F
	妻子	佟都吉雅	31	小学	A	C	C	C	F
	长女	韩雪芳	10	小学	A	C	C	C	F
62	户主	龙山	55	初中	A	B	C	C	E
	妻子	宝老	59	小学	A	C	C	C	E
	长子	扎拉根白乙拉	35	初中	A	B	C	C	F
	次子	佈仁白乙拉	29	小学	A	C	C	C	F
	三子	特古斯白乙拉	26	小学	A	C	C	C	F
	次女	海霞	23	小学	A	C	C	C	F
	四子	好斯白乙拉	21	小学	A	C	C	C	F
	三女	红霞	18	小学	A	C	C	C	F
63	户主	宝宝	60	小学	A	C	C	C	E

（续表）

64	户主	阿拉坦巴塔	75	小学	A	C	C	C	E
	长子	满都拉	44	初中	A	B	C	C	E
	四子	宝泉	36	初中	A	B	C	C	E
65	户主	黄贵民	56	小学	A	C	C	C	E
	妻子	田喜	54	小学	A	C	C	C	E
	长子	黄留所	25	初中	A	B	C	C	F
66	户主	黄爱民	40	初中	A	B	C	C	E
	妻子	桂花	33	初中	A	B	C	C	F
	长女	黄萨出拉	10	小学	A	C	C	C	F
	母亲	香琴	75	初中	A	C	C	C	E
67	户主	赵树林	38	高中	A	A	A	B	F
	妻子	梅其其格	39	高中	A	A	A	B	F
	长女	赵苏敏	11	小学	A	C	C	C	F
68	户主	佟勿力吉仓	47	小学	A	C	C	C	E
	妻子	玉格	44	小学	A	C	C	C	E
	长女	佟丽丽	19	初中	A	B	C	C	F
	次女	军利	18	小学	A	C	C	C	F
69	户主	佟色音白乙拉	57	小学	A	C	C	C	E
	妻子	龙艳	59	小学	A	C	C	C	E
	长子	百顺	30	初中	A	B	C	C	F
	次子	百岁	25	初中	A	B	C	C	F
70	户主	韩那木拉	56	小学	A	C	C	C	E
	次女	山丹其木格	26	初中	A	C	C	C	F
71	户主	都拉(女)	54	小学	A	C	C	C	E
	长女	王芳	28	小学	A	C	C	C	F
	长子	王胜	25	初中	A	B	C	C	F
	三女	王沙哈如	24	小学	A	C	C	C	F
72	户主	韩双富	40	初中	A	B	C	C	F
	妻子	春英	40	初中	A	B	C	C	F
	父亲	韩天宝	74	小学	A	C	C	C	E
	母亲	领小	60	小学	A	C	C	C	E
	长子	格日乐吐	15	小学	A	C	C	C	E
	次子	胡格吉乐吐	12	小学	A	C	C	C	E
73	户主	王吉仁台	66	小学	A	C	C	C	E
	妻子	韩梅	66	小学	A	C	C	C	E

（续表）

74	户主	王金宝	47	小学	A	C	C	C	E
	妻子	双月	46	小学	A	C	C	C	E
	长子	王金胜	26	初中	A	B	C	C	F
	长女	王金线	25	小学	A	C	C	C	F
75	户主	吴套吐格	45	小学	A	C	C	C	E
	妻子	金亮	45	小学	A	C	C	C	E
	长女	吴凤英	21	小学	A	C	C	C	E
	长子	哈斯必力格	19	小学	A	C	C	C	F
76	户主	宝日少佈	55	初中	A	B	C	C	E
	妻子	玉荣	51	初中	A	B	C	C	E
	长子	额尔德木吐	23	初中	A	B	C	C	F
	长女	娜仁格日乐	21	大学	A	A	A	A	F
77	户主	钱银山	48	初中	A	B	C	C	E
	妻子	金花	46	初中	A	B	C	C	E
	长女	钱英英	19	初中	A	B	C	C	F
	次女	钱荣荣	17	小学	A	C	C	C	F
78	户主	韩海宝	36	初中	A	B	C	C	F
	妻子	西仁其其格	38	初中	A	B	C	C	F
	长子	韩晶晶	12	小学	A	C	C	C	F
79	户主	腰苏吐	49	初中	A	B	C	C	E
	妻子	代小	50	小学	A	C	C	C	E
	长子	斯日古楞	24	小学	A	C	C	C	F
	次子	胡斯楞	23	小学	A	C	C	C	F
	三子	日斯古楞	23	小学	A	C	C	C	F
80	户主	王宝来	61	小学	A	C	C	D	E
	妻子	富日来玛	59	小学	A	C	C	D	E
	长子	门德	36	小学	A	C	C	C	F
	儿媳	陈金珠	33	小学	A	C	B	C	F
	孙子	王德力黑敖斯尔	6	小学	A	C	D	D	E
81	户主	包胡格吉乐吐	53	小学	A	C	C	C	E
	妻子	银梅	53	高中	A	A	A	A	E
	长子	满都拉	29	初中	A	B	B	B	F
	次子	志峰	26	高中	A	A	A	B	F
	三子	志泉	24	初中	A	B	B	B	F

（续表）

82	户主	吴宝玉	66	小学	A	C	C	D	E
	妻子	其其格	64	小学	A	C	C	D	E
	次子	吴达胡拉	34	初中	A	B	B	B	F
	儿媳	玉荣	32	初中	A	B	B	C	F
	孙女	乌日罕	10	小学	A	C	C	C	F
83	户主	何七斤	47	初中	A	B	B	C	E
	妻子	沙哈茹	46	小学	A	C	B	C	F
	长女	萨日娜	22	初中	A	B	B	B	F
	次女	何玲玲	20	初中	A	B	B	B	F
	三女	小光	16	初中	A	B	B	C	F
84	户主	邰秀春	68	小学	A	C	C	D	E
	妻子	达古拉	65	小学	A	C	C	C	E
	次子	邰福泉	30	初中	A	B	B	B	F
	三子	邰福林	28	初中	A	B	B	B	F
85	户主	韩银山	46	小学	A	C	C	D	E
	侄子	苏雅拉吐	29	小学	A	C	C	C	F
86	户主	王五金山	54	初中	A	B	B	C	E
	妻子	白风兰	56	小学	A	C	C	C	E
	次子	晓军	28	初中	A	B	A	C	F
	长女	海荣	26	初中	A	B	B	B	F
87	户主	黄巴特尔	37	初中	A	B	B	B	F
	妻子	丫头	40	小学	A	C	B	C	F
	长子	黄勇强	16	小学	A	C	C	C	F
88	户主	李苏和	49	小学	A	C	B	C	E
	妻子	胡吉雅	50	初中	A	B	B	C	E
	长女	李乌云	25	初中	A	B	B	B	F
	次女	李高娃	23	初中	A	B	B	B	F
	长子	李泉	22	初中	A	B	B	B	F
89	户主	宝林	45	初中	A	B	B	B	E
	妻子	都瓦拉	42	小学	A	C	B	C	E
	长子	王磊	17	小学	A	C	B	C	F
	长女	王秀美	15	小学	A	C	B	D	F
90	户主	沙格斯嘎	57	初中	A	B	B	B	E
	妻子	边都	56	初中	A	B	B	B	E
	次子	胡日查	31	初中	A	B	B	B	F
	三子	斯日古楞	26	初中	A	B	B	B	F
	四子	胡斯楞	20	初中	A	B	B	B	F

（续表）

91	户主	包那木吉拉	60	小学	A	C	C	C	E
	妻子	包汗其其格	57	小学	A	C	C	C	E
	长子	包七斤	36	初中	A	B	B	B	F
	次女	包玉萍	27	高中	A	A	A	A	F
	次子	包钢	25	小学	A	C	A	C	F
92	户主	马所合	41	小学	A	C	C	B	E
	妻子	格日乐吐	41	小学	A	C	B	C	E
	长子	马乾隆	19	初中	A	B	B	B	F
	长女	马斯琴	18	初中	A	B	B	B	F
93	户主	高山	48	小学	A	C	B	C	E
	妻子	李月	45	初中	A	B	A	C	E
	长女	晓方	15	小学	A	C	C	C	F
94	户主	关文祥	39	小学	A	C	B	C	F
	妻子	花梅	38	初中	A	B	B	B	F
	长子	格日乐吐	11	小学	A	C	C	C	F
95	户主	王铁宝	30	初中	A	B	B	B	E
	妻子	陈海梅	37	初中	A	B	B	B	E
	长女	澈力木格	11	小学	A	C	C	D	F
	长子	王杭盖	7	小学	A	C	C	C	E
	父亲	王呼日乐套高	70	小学	A	C	C	C	E
	母亲	金亮	63	小学	A	C	C	D	E
96	户主	王阿拉坦巴根	38	初中	A	B	B	B	E
	妻子	海玉	41	初中	A	B	B	B	E
	长女	萨如拉	15	初中	A	B	B	B	F
97	户主	包八斤	38	小学	A	C	B	C	F
	父亲	包金山	68	小学	A	C	C	D	E
	母亲	阿亚玛	63	初中	A	C	B	B	E
	弟弟	包七斤	32	初中	A	B	B	B	F
	妹妹	包金花	28	小学	A	C	C	D	F
98	户主	白巴力敦	58	小学	A	C	C	C	E
	妻子	玉兰	50	小学	A	C	C	C	E
	长子	格日乐吐	29	小学	A	C	C	C	F
	次女	银花	26	初中	A	B	B	C	F
	次子	阿其拉吐	24	初中	A	B	B	C	F

（续表）

99	户主	陈乌日图	42	小学	A	C	C	C	E
	妻子	王玉兰	44	初中	A	B	B	C	E
	长子	陈钢	19	高中	A	A	A	A	F
	次子	陈英	17	高中	A	A	A	A	F
100	户主	王宝音昌	72	小学	A	C	C	D	E
	长子	王海山	40	高中	A	A	A	A	E
	儿媳	乌兰	40	高中	A	A	A	A	E
	孙子	苏日力格	15	初中	A	B	B	C	F
101	户主	吴银山	47	高中	A	A	A	A	F
	长女	萨仁胡	21	高中	A	A	A	A	F
	长子	吴钢	20	初中	A	A	B	B	F
102	户主	黄斯日古楞	38	初中	A	B	B	C	F
	妻子	萨木嘎	40	初中	A	B	B	B	E
	长子	初一	17	初中	A	B	B	B	F
	长女	玉霞	14	初中	A	B	B	B	F
103	户主	包五斤	43	初中	A	B	B	C	E
	妻子	合花	40	初中	A	B	B	C	E
	长女	晓艳	17	小学	A	C	B	C	F
	长子	包乌日乐	13	小学	A	C	B	C	F
104	户主	陈白乙拉	50	小学	A	A	C	C	E
	妻子	香桃	54	初中	A	B	B	C	E
105	户主	包白乙拉	48	小学	A	C	C	C	E
	妻子	田亮	46	小学	A	C	C	C	E
	长子	包富贵	17	初中	A	B	C	C	F
106	户主	那德木德	52	初中	A	B	C	C	E
	妻子	乌云其木格	53	初中	A	B	C	C	E
	长子	王格日乐吐	13	初中	A	B	C	C	F
107	户主	阿拉坦仓	39	初中	A	B	C	C	E
	妻子	金风	38	初中	A	B	C	C	F
	长子	斯日古冷	15	初中	A	B	C	C	F
	次子	胡日查	12	小学	A	C	C	C	F
108	户主	韩胜格	63	初中	A	B	C	C	E
	妻子	龙棠	63	初中	A	B	C	C	E

（续表）

109	户主	呼日乐布和	45	初中	A	B	C	C	E
	妻子	富梅	45	小学	A	C	C	C	E
	长子	兴安	21	初中	A	B	C	C	F
	长女	乌云格日乐	19	初中	A	B	C	C	F
110	户主	韩银宝	46	初中	A	B	C	C	E
	妻子	斯仁格日乐	47	初中	A	B	C	C	E
	长女	韩乌兰	20	高中	A	A	C	C	F
	长子	韩双喜	18	初中	A	B	C	C	F
111	户主	韩金山	51	初中	A	B	C	C	E
	妻子	伯义	50	小学	A	C	C	C	E
	次子	阿日斯冷	27	初中	A	B	C	C	F
112	户主	包道日吉	46	初中	A	B	C	C	E
	妻子	七月	45	初中	A	B	C	C	E
	长子	那日苏	15	初中	A	B	C	C	F
113	户主	齐舍楞	53	初中	A	B	C	C	E
	妻子	满亮	40	小学	A	C	C	C	E
	长女	齐小云	14	小学	A	C	C	C	E
	长子	齐晓光	11	小学	A	C	C	C	F
114	户主	韩宝山	57	初中	A	B	C	C	E
	妻子	乌云	53	初中	A	B	C	C	E
115	户主	包铁壮	33	初中	A	B	C	C	E
	妻子	包金山	35	小学	A	C	C	C	E
	母亲	其木格	52	小学	A	C	C	C	E
116	户主	王那申宝音	54	小学	A	C	C	C	E
	次子	王海军	26	初中	A	B	B	C	F
	三子	王小军	24	初中	A	B	B	C	F
117	户主	王朝贵	38	初中	A	B	C	C	E
	妻子	金花	40	小学	A	C	C	C	E
	长子	伟伟	13	小学	A	C	C	C	F
118	户主	王七斤宝	54	高中	A	A	B	B	E
	妻子	玉香	56	小学	A	C	C	C	E
	长子	格日乐吐	29	初中	A	B	C	C	F
119	户主	青格乐吐	33	初中	A	B	C	C	E
	妻子	玉花	36	小学	A	C	C	C	E
	长子	苏布特格日乐	11	小学	A	C	C	C	F
120	户主	银花	51	初中	A	B	C	C	E

（续表）

121	户主	高金山	58	初中	A	B	B	C	E
	妻子	玉香	51	初中	A	B	B	C	E
122	户主	吴金山	45	初中	A	B	C	C	E
	妻子	白明月	37	小学	A	C	C	C	E
	长女	阿如娜	17	小学	A	C	C	C	F
	长子	莫日根	14	小学	A	C	C	C	F
123	户主	贾海（满族）	82	初中	D	D	A	B	F
	妻子	王亚茹	72	初中	D	D	A	B	F
	长子	贾玉财	36	初中	D	D	A	B	F
124	户主	韩宝玉	54	初中	A	B	C	C	E
	妻子	胡日乐	55	小学	A	C	C	C	E
	长子	好斯白乙拉	26	初中	A	B	C	C	F
125	户主	北山	56	初中	A	B	C	C	E
	妻子	乌仁沙娜	54	初中	A	B	C	C	E
	长子	珠日河	27	高中	A	A	A	B	F
	次子	阿民乌日塔	26	初中	A	B	C	C	F
	儿媳	乌日娜	24	初中	A	B	C	C	F
	孙子	洪苏道	7	小学	A	C	C	C	F
126	户主	海红旗	49	初中	A	B	C	C	E
	妻子	金亮	44	小学	A	C	C	C	E
	长子	海福泉	19	高中	A	A	A	B	F
	次子	海银泉	13	小学	A	C	C	C	F
127	户主	李海龙	37	小学	A	C	C	C	E
	长女	李阿荣	16	初中	A	B	C	C	F
	次子	李黎明	13	小学	A	C	C	C	E
	叔叔	高尼高扎布	75	初中	A	B	C	C	E
	母亲	天小	74	小学	A	B	C	C	E
128	户主	哈达朝鲁	62	小学	A	C	C	C	E
	妻子	胡吉雅	57	小学	A	C	C	C	E
	长女	斯琴	30	初中	A	B	C	C	E
129	户主	陈德力格尔	32	初中	A	B	B	C	E
	妻子	吴高娃	31	初中	A	B	B	C	E
	母亲	七月	67	小学	A	C	C	C	E
130	户主	图雅（女）	46	初中	A	B	C	C	E
	长子	特格喜	20	初中	A	B	C	C	F

（续表）

131	户主	王敖特根	58	小学	A	C	C	C	E
	妻子	王三月	45	小学	A	C	B	C	E
	长女	王海兰	24	初中	A	B	C	C	F
132	户主	包照那斯吐	50	初中	A	B	C	C	E
	妻子	都达古拉	49	小学	A	C	C	C	E
	长子	斯日古楞	23	初中	A	B	C	C	F
133	户主	额日贵	46	初中	A	B	C	C	E
	妻子	金牛	42	小学	A	C	C	C	E
	长女	丽丽	20	中专	A	A	A	C	F
	次女	立霞	18	高中	A	A	A	B	F
134	户主	张阿其拉吐	36	初中	A	B	C	C	E
	妻子	陈海花	36	初中	A	B	C	C	E
	长女	丽平	13	小学	A	C	C	C	F
	次女	志敏	10	小学	A	C	C	C	F
135	户主	王银山	45	小学	A	A	C	C	E
	妻子	代小	45	初中	A	B	C	C	E
	长子	萨仁满都拉	21	初中	A	B	B	C	F
	长女	萨仁格日乐	19	初中	A	B	B	C	F
136	户主	海乌力吉白乙拉	54	高中	A	A	A	B	E
	妻子	团月	56	小学	A	C	C	C	E
	次子	玉林	29	初中	A	B	C	C	F
	三子	海七林	24	初中	A	B	C	C	F
137	户主	海嘎日迪	61	小学	A	C	C	C	E
	妻子	桂荣	57	小学	A	C	C	C	E
	长子	海七斤	36	初中	A	B	C	C	F
	儿媳	芙蓉	37	初中	A	B	C	C	E
	次子	海七十	34	初中	A	B	C	C	E
	儿媳	齐代兄	31	初中	A	B	C	C	E
	长孙	敖敏	11	小学	A	C	C	C	F
138	户主	代白乙拉	49	初中	A	C	C	D	E
	妻子	玉兰	56	初中	A	C	C	D	E
	长子	达来	24	初中	A	B	C	C	E
139	户主	金泉	51	初中	A	C	C	C	E
	妻子	梅荣	46	小学	A	C	C	C	E
	长子	呼格吉乐图	23	初中	A	B	A	C	F

（续表）

140	户主	韩壮沙	45	小学	A	C	C	C	E
	妻子	敖青花	35	初中	A	B	C	C	E
	长女	韩双梅	11	小学	A	C	C	C	F
141	户主	谭那申乌力吉	53	小学	A	C	C	D	E
	二弟	色音额尔敦	42	小学	A	C	C	C	E
	八弟	八柱	40	小学	A	C	C	C	F
	九弟	谭九泉	38	小学	A	C	C	C	F
	母亲	李秀梅	76	小学	A	C	C	D	E
142	户主	白青山	51	小学	A	C	C	C	E
	妻子	额尔敦其木格	51	小学	A	C	C	C	E
	长女	白苏佈道	27	初中	A	B	B	C	F
	长子	图佈信	25	初中	A	B	B	C	F
	次子	吉乐特	23	初中	A	B	B	C	F
143	户主	包小平	36	初中	A	B	C	C	E
	妻子	结籽	37	初中	A	B	C	C	E
	长女	明雪	14	小学	A	C	C	C	F
	次女	包文明	9	小学	A	C	C	C	F
144	户主	吴东亮	44	初中	A	C	C	C	E
	妻子	东月	46	初中	A	C	C	C	E
	长女	娜仁	21	小学	A	C	C	C	F
	长子	式海	17	初中	A	B	C	C	F
145	户主	王赛西雅拉吐	76	小学	A	C	C	C	E
	妻子	正月	72	小学	A	C	C	C	E
	三子	王海龙	36	初中	A	B	B	C	F
	儿媳	富珍	33	初中	A	B	B	C	F
	孙子	志泉	11	小学	A	C	C	C	F
146	户主	陈宝音敖	66	小学	A	C	C	C	E
	妻子	格日乐	63	小学	A	C	C	C	E
	次子	陈勿力吉仓	38	初中	A	B	B	C	E
	儿媳	永梅	36	初中	A	B	B	C	E
	孙女	陈阿如娜	4						
147	户主	代文胜	58	初中	A	C	B	C	E
	妻子	领喜	57	初中	A	C	B	C	E
	长子	桂莲	32	初中	A	B	B	C	F
	次子	桂成	31	小学	A	C	B	C	E

（续表）

148	户主	赵海龙	56	初中	A	C	C	C	E
	妻子	白棠	55	小学	A	C	C	C	E
	长子	赵秀泉	28	初中	A	B	C	C	E
	次子	青格乐吐	27	初中	A	B	C	C	E
149	户主	陈锡连	29	大专	A	A	B	C	F
	妻子	王斯琴	31	初中	A	B	C	C	E
	长子	陈光玉	9	小学	A	C	C	C	E
150	户主	王查干巴拉	46	初中	A	C	B	C	E
	妻子	玉花	51	初中	A	C	C	C	E
	长子	王海明	25	大学	A	A	A	A	F
	长女	王海霞	17	初中	A	B	B	C	F
	次子	王海光	14	初中	A	B	C	C	F
151	户主	帮柱	47	初中	A	C	B	C	E
	妻子	林月	46	初中	A	C	B	C	E
	长女	木其尔	23	大专	A	A	A	B	F
	次女	那荷牙	21	初中	A	B	C	C	F
	三女	苏楞嘎	16	初中	A	B	B	C	F
152	户主	郜桂兰	62	高中	A	B	B	C	E
	长子	额日敦	20	初中	A	C	B	C	F
153	户主	哈斯巴根	41	高中	A	A	B	B	E
	妻子	丽娟	40	初中	A	C	B	C	E
	长女	沙仁图雅	15	初中	A	B	B	C	F
	次女	斯琴格日乐	6	小学	A	C	C	C	F
154	户主	白格日乐吐	29	小学	A	C	C	C	F
	妻子	潘满喜	32	初中	A	C	C	C	F
	长子	白新吉乐	6	小学	A	C	C	C	F
155	户主	高海龙	30	小学	A	C	C	C	F
	妻子	刘姑娘	30	小学	A	C	C	C	E
	长女	高乌日罕	9	小学	A	C	C	C	F
156	户主	白胡日查	43	初中	A	B	B	C	E
	妻子	秀英	46	初中	A	B	B	C	E
	长女	阿如娜	23	初中	A	B	B	C	F
	长子	阿拉木沙	21	小学	A	B	B	C	F
157	户主	吴百岁	57	小学	A	C	C	C	E
	妻子	色音其其格	55	小学	A	C	C	C	E
	长子	吴金虎	24	初中	A	B	B	C	F

（续表）

158	户主	华胡日查	35	初中	A	B	B	C	E
	妻子	吴木兰	35	初中	A	B	C	C	E
	长女	雪梅	21	初中	A	B	B	C	F
159	户主	包查干巴拉	59	小学	A	C	C	C	E
	妻子	金花	59	小学	A	C	C	C	E
	次子	包玉壮	33	小学	A	C	C	C	E
160	户主	乌日吉乐吐	43	初中	A	B	C	C	E
	妻子	正月	45	初中	A	B	C	C	E
	长女	陈荣	19	初中	A	B	C	C	F
	长子	陈立明	17	小学	A	C	C	C	F
161	户主	王根柱	51	初中	A	C	B	C	E
	妻子	九月	51	初中	A	C	B	C	E
	次子	王明	24	大学	A	A	A	A	F
	长女	敖日格乐	22	大学	A	A	A	A	F
	父亲	王哈拉斯	78	小学	A	C	C	C	E
162	户主	黄利民	45	初中	A	C	B	C	E
	妻子	斯琴	45	高中	A	C	B	C	E
	长子	黄连锁	20	初中	A	B	B	B	F
	次子	黄连成	15	初中	A	B	B	C	F
163	户主	佟七十三	44	小学	A	C	B	C	E
	妻子	格日乐	45	小学	A	C	B	C	E
	长子	佟德胜	24	初中	A	B	B	C	F
	次子	佟苏雅拉图	22	初中	A	B	B	C	F
	三子	佟额佈日乐吐	22	初中	A	B	B	C	F
164	户主	吴好斯白乙拉	53	初中	A	C	C	C	E
	长子	斯日古楞	27	大学	A	A	A	A	F
	次子	胡日查	19	高中	A	A	A	B	F
165	户主	金长海	61	初中	A	C	C	C	E
166	户主	何七林	37	初中	A	B	C	C	F
	妻子	代小	36	小学	A	C	C	C	F
	长子	何和平	15	初中	A	B	C	C	F
167	户主	韩六十八	53	小学	A	C	B	C	E
	妻子	秀芳	52	小学	A	C	B	C	E
	长子	宝良	27	小学	A	C	C	C	F
	长女	韩宝花	25	初中	A	B	B	C	F

（续表）

168	户主	胡伍斤	45	小学	A	C	C	C	E
	妻子	包桂花	43	小学	A	C	C	C	E
	长女	阿如娜	20	初中	A	B	B	B	F
	长子	青格乐	16	初中	A	B	B	B	F
169	户主	包七斤	49	高中	A	A	A	A	E
	妻子	金亮	48	小学	A	C	A	C	E
	长子	包巴特尔	25	初中	A	B	A	B	F
	长女	丽丽	24	小学	A	C	C	C	F
170	户主	张特木勒	35	小学	A	C	B	C	E
	妻子	包呼吉雅	35	小学	A	C	C	C	E
	长女	婷婷	12	小学	A	C	B	C	F
	父亲	张毛如	62	小学	A	C	C	C	E
	母亲	领小	56	小学	A	C	B	C	E
171	户主	陈毛义很	62	小学	A	C	C	C	E
	妻子	胡达古拉	57	小学	A	C	C	C	E
	三子	哈斯必力格	30	小学	A	C	B	C	E
	儿媳	佟海燕	26	初中	A	B	B	B	F
172	户主	陈吉日嘎拉	51	小学	A	C	B	C	E
	妻子	金珠	40	小学	A	C	C	C	E
	长女	陈乌日吉木苏	18	初中	A	B	B	C	F
	长子	陈斯琴必力格	13	小学	A	C	C	C	F
173	户主	包胡和巴拉	35	初中	A	B	A	B	E
	妻子	海花	35	小学	A	C	B	C	E
	长女	雪领	10	小学	A	C	C	C	F
	次女	包文婷	6	小学	A	C	C	D	F
174	户主	金套吐格	44	初中	A	B	B	B	E
	妻子	马来小	42	小学	A	C	B	C	E
	长女	金高娃	22	初中	A	B	B	B	F
	长子	金奎	11	小学	A	C	B	C	F
175	户主	钱宝山	43	小学	A	C	B	C	E
	妻子	海花	44	初中	A	B	B	B	E
	长女	塔娜	19	初中	A	B	B	B	F
	次女	婷婷	17	初中	A	B	B	B	F
	三女	乌日汗	13	初中	A	B	B	B	F
176	户主	王阿力嘎	68	初中	A	B	B	B	E
	妻子	八月	64	小学	A	C	B	C	E

（续表）

177	户主	李宝龙	41	小学	A	C	C	C	E
	妻子	秀兰	40	小学	A	C	B	C	E
	长子	顺利	18	小学	A	C	B	C	F
	次子	顺亮	15	小学	A	C	C	C	F
178	户主	包宝音代来	49	高中	A	A	A	A	E
	妻子	白根小	48	小学	A	C	B	C	E
	长子	包玉龙	24	初中	A	B	B	B	F
	次子	包双龙	21	初中	A	B	B	B	F
179	户主	赵阿力坦仓	52	小学	A	C	C	C	E
	妻子	五月	52	小学	A	C	B	C	E
	长子	斯日古楞	31	高中	A	A	A	A	F
	次子	白斯古楞	29	初中	A	B	B	C	F
180	户主	郜铁山	42	初中	A	B	B	B	E
	妻子	玉兰	39	初中	A	B	B	B	E
	长女	红云	18	小学	A	C	B	C	E
	次女	红艳	14	小学	A	C	C	C	F
	长子	达日汗	10	小学	A	C	C	C	F
181	户主	特木乐	41	小学	A	C	C	C	E
	妻子	金荣	41	小学	A	C	C	C	E
	长子	冬冬	21	小学	A	C	B	C	F
	长女	香春	18	小学	A	C	B	C	F
182	户主	阿拉敖其尔	75	小学	A	C	C	C	E
	妻子	双英	75	小学	A	C	C	C	E
	长子	吉日嘎拉	36	初中	A	B	B	B	E
183	户主	吉仁台	61	小学	A	C	C	C	E
	长子	哈斯额尔敦	28	初中	A	B	B	B	E
	四女	其木格	26	小学	A	C	C	C	F
184	户主	包长海	46	初中	A	B	B	B	E
	妻子	英格	44	初中	A	B	B	B	E
	长子	树林	22	初中	A	B	B	B	F
	次子	树光	18	小学	A	C	B	C	F
185	户主	色音那木拉	50	初中	A	B	B	C	E
	妻子	铁牛	48	初中	A	B	B	B	E
	长子	王富贵	26	初中	A	B	B	B	F
	长女	王淑霞	22	初中	A	B	B	B	F

（续表）

186	户主	哈日其嘎	43	初中	A	B	B	B	F
	妻子	阿力坦其其格	43	初中	A	B	B	B	E
	长女	娜仁图雅	20	大学	A	A	A	A	F
	长子	那仁满达	19	小学	A	C	A	C	F
187	户主	田八十七	68	小学	A	C	B	C	F
	妻子	王套高	68	小学	A	C	B	C	E
	长子	陈钢	33	初中	A	B	B	C	E
	孙子	民敖	5						
188	户主	色音白乙拉	41	初中	A	B	B	B	E
	妻子	梅兰	41	初中	A	B	B	B	E
	长子	嘎日布	18	小学	A	C	B	C	F
	次子	明亮	16	小学	A	C	B	C	F
189	户主	金胡吉娅（女）	59	初中	A	B	B	B	E
	长女	王哈申高娃	37	中专	A	A	B	B	F
	外孙女	包金鹏	12	小学	A	C	B	C	F
190	户主	金长山	54	初中	A	B	B	B	E
	妻子	根桃	50	初中	A	B	B	B	E
	长子	金玉柱	29	小学	A	C	B	C	F
	长女	咏兰	27	高中	A	A	A	B	F
	次子	玉宝	26	小学	A	C	C	C	F
	长媳	吴十月	27	小学	A	C	B	C	F
	孙子	金楠丁	6	小学	A	C	C	C	F
191	户主	玉龙	25	小学	A	C	B	C	F
	妻子	包淑梅	25	初中	A	B	B	C	F
	女儿	阿如那	3						
192	户主	高金山	54	小学	A	C	B	C	E
	妻子	富格	56	小学	A	C	B	C	E
	长女	玉兰	27	初中	A	B	B	C	F
	次女	玉光	25	初中	A	B	B	B	F
	三女	玉琴	22	小学	A	C	C	C	F
193	户主	何哈日胡	60	小学	A	C	C	C	E
	妻子	三月	59	小学	A	C	C	C	E
	次子	格日乐吐	35	初中	A	B	B	B	E
	儿媳	玛里花	30	小学	A	C	B	C	E
194	户主	张红伟	33	初中	A	B	B	B	E
	妻子	娜仁格日乐	29	初中	A	B	B	B	F
	长子	张振华	7	小学	A	C	C	C	F

（续表）

195	户主	额日敦代来	44	高中	A	A	A	A	E
	妻子	旭仁其木格	47	小学	A	C	B	C	E
	长子	包玉峰	16	初中	A	B	B	B	F
	长女	包玉萍	15	初中	A	B	B	B	F
196	户主	吴青龙	53	初中	A	B	B	B	E
	妻子	高娃	52	小学	A	C	B	C	E
	长女	图雅	26	初中	A	B	B	B	F
	长子	苏道	24	初中	A	B	B	B	F
	次女	斯琴	22	初中	A	B	B	B	F
197	户主	包忠乃	51	小学	A	C	C	C	E
	妻子	正月	49	小学	A	C	C	C	E
	长子	巴特尔	31	小学	A	C	B	C	F
	儿媳	春花	30	小学	A	C	B	C	F
	次子	包六十一	26	小学	A	C	B	C	F
	三子	包七十	25	小学	A	C	B	C	E
198	户主	陈海山	39	初中	A	B	B	B	E
	妻子	香春	41	初中	A	B	B	B	E
	长女	斯琴格日乐	16	初中	A	B	B	C	F
	次女	敖敦格日乐	13	小学	A	C	C	C	F
	长子	阿拉达日图	8	小学	A	C	B	C	E
	父亲	陈根胜	67	初中	A	B	B	C	E
199	户主	邢满都拉	43	初中	A	B	B	B	E
	妻子	胡达古拉	42	初中	A	B	B	B	E
	长子	图力古尔	16	初中	A	B	B	B	F
200	户主	包哈日巴拉	60	小学	A	C	C	C	E
	长子	宝泉	35	初中	A	B	A	B	F
201	户主	吴宝德	38	初中	A	B	C	C	E
	长女	乌日罕	14	小学	A	C	C	C	F
202	户主	包六斤	43	初中	A	B	C	C	E
	妻子	结所	43	初中	A	B	C	C	E
	长子	通拉嘎	19	初中	A	B	C	C	F
203	户主	吴海山	41	初中	A	B	B	C	E
	长女	斯琴高娃	30	小学	A	C	C	C	F
	孙女	吴那仁格日乐	5						

（续表）

204	户主	齐乌日图白乙拉	46	初中	A	B	C	C	F
	妻子	乌云	48	初中	A	B	B	C	E
	长子	金刚	21	小学	A	C	C	C	F
	长女	小梅	20	小学	A	C	C	C	F
205	户主	齐那申白乙拉	54	高中	A	A	B	C	E
	妻子	正月	55	小学	A	C	C	C	E
	长子	齐玉宝	30	大学	A	A	A	A	F
	次女	齐玉萍	27	大学	A	A	A	A	F
	次子	齐金宝	25	大学	A	A	A	A	F
206	户主	赵白乙拉	47	小学	A	C	C	C	E
	妻子	哈申其木格	45	小学	A	B	C	C	F
	长子	赵咏全	23	初中	A	B	C	C	F
	长女	赵咏鑫	19	初中	A	B	C	C	F
	母亲	富相	75	小学	A	C	C	C	E
207	户主	韩铁明	53	小学	A	C	C	C	E
	妻子	春灵	57	小学	A	C	C	C	E
	长子	吐力古尔	27	小学	A	C	C	C	F
	次子	韩海山	21	初中	A	B	C	C	F
208	户主	周连生	36	初中	A	B	C	C	E
	妻子	高娃	34	初中	A	B	C	C	E
	长女	周阿荣娜	17	初中	A	B	B	C	F
	母亲	八小	60	初中	A	B	C	C	E
209	户主	白斯琴必力格	23	高中	A	A	B	C	F
	母亲	彩云	50	高中	A	A	B	C	E
210	户主	白光	28	初中	A	B	C	C	E
	妻子	赵代兄	25	初中	A	B	C	C	F
	长女	秋红	3						
211	户主	詹根兄(女)	21	小学	A	C	C	C	F
	姐姐	詹代兄	22	小学	A	C	C	C	F
	妹妹	詹领兄	16	小学	A	C	C	C	F
212	户主	陈七十三	61	小学	A	C	C	C	E
	妻子	六月	55	小学	A	C	C	C	E
	长子	斯日古冷	32	初中	A	B	C	C	E
	次子	胡日查	30	初中	A	B	C	C	F
	三子	嘎日迪	27	初中	A	B	C	C	F

（续表）

213	户主	包长毛	50	初中	A	B	C	C	E
	妻子	桂兰	45	小学	A	C	C	C	F
	长女	春花	23	小学	A	C	C	C	F
	长子	晓军	22	小学	A	C	C	C	F
214	户主	王拉喜	62	小学	A	C	C	C	E
	妻子	色音其木格	60	小学	A	C	C	C	E
	次子	吉日嘎拉	33	初中	A	C	C	C	E
	儿媳	王塔娜	31	初中	A	B	C	C	F
	孙子	晨烂	15	小学	A	C	C	C	F
215	户主	八斤	53	高中	A	A	B	B	E
	妻子	乌仁塔娜	54	小学	A	C	C	C	E
	次子	光连	25	大学	A	A	A	B	F
216	户主	王巴特尔	39	小学	A	C	C	C	E
	妻子	那仁其木格	39	初中	A	B	C	C	E
	长女	王乌云嘎	14	小学	A	C	B	C	F
	次女	乌日罕	11	小学	A	C	C	C	F
217	户主	毛闹海	60	初中	A	B	C	C	E
	妻子	胡吉雅	55	小学	A	C	C	C	E
	长子	包长锁	35	初中	A	B	C	C	E
	次子	包长春	33	小学	A	C	C	C	E
	三子	包长海	29	小学	A	C	C	C	F
	长女	海霞	26	初中	A	B	C	C	E
218	户主	王玉柱	43	初中	A	B	B	C	E
	长子	国军	22	小学	A	C	C	C	F
219	户主	王双明	39	初中	A	B	B	C	E
	妻子	海梅	40	小学	A	C	B	C	F
	长子	王城	14	小学	A	C	C	C	F
	弟弟	王双德	29	小学	A	C	C	C	F
220	户主	宝吐来	45	高中	A	A	B	B	E
	妻子	风英	44	初中	A	B	C	C	E
	长子	李青格乐	18	初中	A	C	C	C	F
	次子	李特日格乐	16	初中	A	C	B	C	F
221	户主	那木拉	39	小学	A	C	C	C	E
	妻子	扎拉嘎胡	40	初中	A	B	C	C	E
	长女	阿如罕	14	小学	A	C	C	C	F
	次女	苏日古嘎	10	小学	A	C	C	C	F

（续表）

222	户主	包六十一	43	小学	A	C	C	C	E
	妻子	梅花	40	高中	A	A	B	C	E
	长女	丽君	17	高中	A	A	A	C	F
	长子	海英	14	初中	A	B	C	C	F
	哥哥	包十斤宝	36	小学	A	C	C	C	F
223	户主	包六十三	41	小学	A	C	C	C	F
	妻子	安姑娘	36	小学	A	C	C	C	F
	长子	包金胜	14	小学	A	C	C	C	F
224	户主	白格巴	63	初中	A	B	C	C	E
	妻子	月英	55	小学	A	C	C	C	E
	次子	其达拉吐	20	小学	A	C	C	C	F
225	户主	陈敖门代来	60	小学	A	C	B	C	E
	妻子	银小	60	小学	A	C	C	C	E
	次子	陈宝虎	36	小学	A	C	C	C	F
	儿媳	朱梅荣	39	初中	A	B	C	C	E
	孙女	明明	14	初中	A	B	C	C	F
	孙女	明慧	9	小学	A	C	C	C	E
226	户主	韩佈仁白乙拉	40	初中	A	B	B	C	E
	妻子	花拉	41	初中	A	B	B	C	F
	长女	阿日荣	16	初中	A	B	B	C	F
	次女	阿茹罕	15	初中	A	B	B	C	F
227	户主	陈佈和	50	高中	A	A	B	C	E
	妻子	赖扣格	47	小学	A	C	C	C	E
	长子	陈国荣	25	初中	A	B	C	C	F
	次子	陈国庆	21	初中	A	B	C	C	F
228	户主	王铁山	43	初中	A	B	B	C	E
	妻子	王梅兰	41	初中	A	B	B	C	E
	长女	桥云	23	高中	A	A	A	A	F
	长子	王玉龙	17	初中	A	B	B	C	F
	岳父	七十八	76	小学	A	C	C	C	E
229	户主	白山虎	41	初中	A	B	B	C	E
	妻子	海玉	41	初中	A	B	B	C	E
	长子	那仁满达	18	高中	A	A	A	A	F
	次子	那仁朝格吐	16	初中	A	B	B	B	F

（续表）

230	户主	吴双喜	43	初中	A	B	B	C	E
	妻子	满喜	45	初中	A	B	B	C	E
	长子	吉日木图	22	小学	A	C	C	C	F
	长女	月明珠	20	初中	A	B	B	B	F
231	户主	红秀	48	小学	A	C	C	C	E
	长子	阿日斯楞	25	小学	A	C	C	C	F
	长女	雪梅	18	小学	A	C	C	C	F
232	户主	包巴音宝力高	58	初中	A	B	B	C	E
	妻子	高力套	50	初中	A	B	B	C	E
	长子	满达	28	初中	A	B	B	C	F
	次子	双喜	25	初中	A	B	B	B	F
	大儿媳	苏布道	27	初中	A	B	B	C	E
	孙女	澈力木格	7	小学	A	C	C	D	E
233	户主	白栓柱	41	初中	A	B	B	B	E
	妻子	萨如拉	39	初中	A	B	B	B	E
	长女	文化	15	初中	A	B	B	B	F
	父亲	白六十八	70	初中	A	B	B	C	E
234	户主	胡宝龙	55	高中	A	A	A	B	F
	妻子	哈日义很	57	小学	A	C	C	C	E
	长女	淑圈	27	大学	A	A	A	A	F
	三女	淑花	24	初中	A	B	C	C	F
	五女	淑红	20	大学	A	A	A	B	F
235	户主	关和西格乌力吉	57	小学	A	C	C	C	E
	妻子	腊月	54	小学	A	C	C	C	E
	长子	图力古尔	26	初中	A	B	C	C	F
	长女	团亮	22	小学	A	C	C	C	F
236	户主	王少佈	41	初中	A	B	B	C	E
	妻子	淑花	42	小学	A	C	C	C	E
237	户主	王温都苏	47	高中	A	A	B	C	E
	妻子	马代小	49	高中	A	A	B	C	E
	长子	王高峰	25	初中	A	B	C	C	F
	次子	王五一	24	初中	A	B	C	C	F
238	户主	李小方	41	初中	A	B	C	C	E
	妻子	王喜	42	初中	A	B	C	C	E
	长子	李光	17	初中	A	B	C	C	F
	长女	萨日娜	14	初中	A	B	C	C	E
	父亲	扎木苏	82	小学	A	C	D	D	E

（续表）

239	户主	高斯日古楞	37	小学	A	C	B	C	E
	妻子	红梅	37	初中	A	B	B	C	E
	长子	高展晨	13	初中	A	B	C	C	F
240	户主	白七十八	60	小学	A	C	C	C	E
	妻子	胖小	60	小学	A	C	C	C	F
	长子	斯日古楞	22	小学	A	A	B	B	F
241	户主	白色音	50	高中	A	A	A	B	E
	妻子	八月	51	高中	A	A	A	B	E
	长子	巴力吉	27	大学	A	A	A	A	F
	次子	白期日古楞	23	大学	A	A	A	B	F
242	户主	代敖门达来	63	初中	A	B	C	C	E
	妻子	跟晓	58	初中	A	B	C	C	F
	长子	代斯日古楞	31	初中	A	B	C	C	F
243	户主	洪金鱼	52	初中	A	B	C	C	E
	妻子	腊月	52	小学	A	C	C	C	E
	长子	洪斯日古楞	18	初中	A	B	C	C	F
	长女	洪斯琴	17	初中	A	B	C	C	F
	次女	洪红梅	16	小学	A	C	C	C	F
244	户主	哈斯巴根	51	初中	A	B	C	C	F
	妻子	刘凤霞	51	高中	A	A	B	C	F
	长子	詹阿荣	25	大学	A	A	A	A	F
	长女	丽娜	23	初中	A	B	C	C	F
	次女	丽春	22	初中	A	C	C	C	F
245	户主	陈呼和巴拉	48	初中	A	B	C	C	E
	妻子	刘明珍	44	初中	B	C	B	B	F
	次女	哈申高娃	11	小学	A	C	C	C	F
246	户主	陈青海	44	初中	A	B	C	C	E
	妻子	明霞（汉族）	42	初中	A	B	C	C	F
	长女	陈结兄	19	高中	A	A	A	B	F
	次女	跟兄	17	高中	A	A	A	B	F
	长子	乌云必力格	14	初中	A	B	B	C	F
247	户主	谭图门乌力吉	60	初中	A	B	C	C	E
	妻子	玉青	55	初中	C	D	A	B	F
	长子	温都苏	29	初中	A	B	C	C	F
	次子	志强	28	初中	A	B	C	C	F
	长女	志花	26	初中	A	B	C	C	F

（续表）

248	户主	关那申乌力吉	37	初中	A	B	C	C	F
	妻子	领春	38	初中	A	B	C	C	F
	长女	阿如罕	12	小学	A	C	C	C	F
249	户主	吴青龙	70	小学	A	C	C	C	E
	妻子	桂荣	63	初中	A	B	C	C	E
	长子	吴银山	37	初中	A	B	C	C	F
	儿媳	乌英	35	初中	A	B	C	C	F
	孙女	迎春	12	小学	A	C	C	C	F
250	户主	韩特古斯	36	高中	A	A	B	B	F
	妻子	包红梅	35	高中	A	A	B	B	F
	长女	韩芳芳	10	小学	A	C	C	C	F
	次女	韩冰	6	小学	A	C	C	C	F
251	户主	关宝音勿力吉	46	小学	A	C	C	C	E
	妻子	布日其其格	35	高中	A	B	C	C	F
	长女	丹丹	13	小学	A	C	C	C	F
	哥哥	色音勿力吉	48	小学	A	C	C	C	E
252	户主	宋铁明	36	初中	A	B	C	C	F
	妻子	桂英	38	初中	A	B	C	C	F
	长子	宋清	16	初中	A	B	B	C	F
	次子	宋城	11	小学	A	C	C	C	F
253	户主	宋铁泉	32	初中	A	B	C	C	F
	母亲	牡丹	73	小学	A	C	C	D	E
	弟弟	宋白乙拉	28	小学	A	C	C	C	F
	弟媳	赵都吉雅	28	初中	A	B	C	C	F
	侄女	宋旸	4						
254	户主	梅其其格(女)	58	初中	A	B	B	C	E
	次子	包满都拉	35	初中	A	B	B	C	F
	儿媳	海花	37	初中	A	B	B	C	F
255	户主	赵金山	53	小学	A	C	C	C	E
	妻子	哈申格日乐	51	初中	A	B	C	C	E
	次子	赵平	28	初中	A	B	C	C	F
256	户主	宋金山	50	初中	A	B	C	C	E
	妻子	金良	51	小学	A	B	C	C	E
	长女	宋小红	24	初中	A	B	C	C	F
	次女	宋丽丽	23	初中	A	B	C	C	F
	长子	宋小平	20	初中	A	B	C	C	F

（续表）

257	户主	佟特木乐	52	小学	A	C	C	C	E
	妻子	金荣	46	小学	A	C	C	C	E
	长女	孟根其其格	20	初中	A	B	B	B	F
	长子	佟额尔敦仓	17	初中	A	B	B	B	F
258	户主	包宝山	56	初中	A	B	C	C	E
	妻子	田花	57	初中	A	B	C	C	E
	长子	包爱民	30	初中	A	B	B	C	E
	儿媳	陈乌云	29	初中	A	C	C	C	E
	孙子	包冬冬	6	小学	A	B	B	C	E
259	户主	王海山	33	初中	A	B	B	C	E
260	户主	何革命	31	初中	A	B	B	C	E
	妻子	陈银花	32	高中	A	A	B	C	E
	长女	何灵芝	7	小学	A	C	C	C	F
261	户主	包七斤	32	初中	A	B	B	C	E
	长女	包苏雅拉	6	小学	A	C	C	C	F
262	户主	沙哈如(女)	54	初中	A	C	B	C	F
	长子	晓林	27	初中	A	B	A	B	F
	次子	宋图力古尔	25	初中	A	B	B	B	F
	长女	宋乌云	21	小学	A	B	A	C	F
263	户主	金勿力吉仓	41	初中	A	B	B	C	E
	妻子	桂花	42	小学	A	C	C	C	E
	长女	金立春	17	高中	A	A	A	B	F
	长子	金钢	14	小学	A	B	B	C	F
264	户主	李白乙拉	43	初中	A	B	C	C	E
	妻子	其其格	42	小学	A	C	C	C	E
	长子	吉日木吐	20	小学	A	B	C	C	F
	长女	丽丽	18	大学	A	A	A	B	F
265	户主	那申乌力吉	43	初中	A	B	C	C	E
	妻子	刘金花	44	小学	A	C	C	C	E
	长女	吴梅	17	小学	A	B	B	C	F
	长子	青格乐	16	初中	A	B	B	C	F
266	户主	石西日莫	46	初中	A	C	B	C	E
	妻子	金梅	43	初中	A	C	C	C	E
	长子	宝泉	21	大学	A	A	A	A	F
	次子	石德泉	18	大学	A	A	A	A	F

（续表）

267	户主	张斯日古楞	33	小学	A	C	B	C	E
	妻子	玉芳	32	初中	A	B	B	C	E
	长子	张斌斌	10	小学	A	C	C	C	F
268	户主	金和	54	初中	A	C	C	C	E
	妻子	王结锁	54	小学	A	C	C	C	E
	长子	图力古尔	30	初中	A	B	B	C	F
	次子	满都拉	25	初中	A	B	B	C	F
269	户主	陈那申	41	初中	A	B	B	B	E
	妻子	高娃	42	初中	A	B	C	C	E
	长女	阿如娜	17	小学	A	B	B	C	F
	长子	阿拉木沙	11	小学	A	C	C	C	F
270	户主	张忠乃	37	初中	A	B	B	C	E
	妻子	小红	34	初中	A	B	B	C	E
	长女	天亮	16	小学	A	B	B	C	E
	长子	巴根那	12	小学	A	C	C	C	E
271	户主	桑杰希日佈	64	小学	A	C	C	C	E
	妻子	海棠	64	小学	A	C	C	C	E
272	户主	邢革命	39	初中	A	B	B	C	E
	妻子	包莲花	43	初中	A	C	B	C	E
	长子	冬冬	13	小学	A	B	C	C	F
273	户主	青山	38	初中	A	B	B	C	E
	妻子	玉荣	34	初中	A	B	B	C	E
	长女	玲玲	11	小学	A	C	C	C	F
274	户主	代富泉	53	高中	A	B	B	C	E
	妻子	乌仁萨娜	65	初中	A	C	B	C	E
	长子	前德门	25	初中	A	B	B	C	F
	长女	山丹	20	初中	A	B	B	C	F
275	户主	高海龙	29	初中	A	B	B	B	F
	妻子	刘姑娘	27	小学	A	C	C	C	F
	母亲	风英	55	小学	A	C	B	C	E
	妹妹	海丽	22	小学	A	C	B	B	F
276	户主	海长命	61	初中	A	C	B	C	E
	妻子	齐金花	63	小学	A	C	B	C	E
277	户主	黄海山	47	小学	A	C	B	C	E
	妻子	春花	49	小学	A	C	B	C	E
	长子	黄额日敦	26	高中	A	A	A	B	F
	次子	黄阿拉木斯	24	初中	A	B	B	C	F
	三子	格日乐图	22	初中	A	B	B	C	F
	母亲	白宝金	82	小学	A	C	D	D	E

（续表）

278	户主	吴金山	58	初中	A	C	B	C	E
	妻子	黄莲花	58	初中	A	C	B	C	E
	孙子	文彬	10	小学	A	C	C	C	F
279	户主	包宝山	54	初中	A	B	B	C	E
	妻子	银梅	57	小学	A	C	C	C	E
280	户主	王宝刚	51	高中	A	A	A	B	E
281	户主	包那申布和	45	高中	A	A	A	A	E
	妻子	六月	42	小学	A	C	C	C	E
	长子	春青	18	小学	A	B	C	C	F
	长女	春红	16	小学	A	B	B	C	F
282	户主	郃双喜	58	初中	A	C	B	C	E
	妻子	正月	57	小学	A	C	C	C	E
	长子	布和	32	初中	A	C	B	C	F
	次子	郃胡日查	29	初中	A	C	B	C	F
283	户主	包宝泉	40	初中	A	C	B	B	E
	妻子	唐宝鲁尔	39	初中	A	C	C	B	E
	长女	包蒙蒙	14	小学	A	B	C	C	F
	长子	包世刚	8	小学	A	C	C	C	F
284	户主	胡嘎达	38	小学	A	C	C	C	E
	妻子	红梅	38	小学	A	C	C	C	E
	长子	额尔德木吐	15	小学	A	C	C	C	E
	长女	苏日娜	11	小学	A	C	C	C	E
	父亲	胡桑杰	87	小学	A	C	C	C	F
	母亲	格日乐	76	小学	A	C	D	D	F
285	户主	钱少山	34	初中	A	B	B	C	F
	妻子	海荣	34	初中	A	B	B	C	F
	长子	钱胜	10	小学	A	C	B	C	F
286	户主	巴力吉	51	高中	A	A	A	A	F
	妻子	洪玉荣	51	初中	A	B	B	B	E
	长女	王丽丽	27	初中	A	B	B	B	F
	长子	温都舍	26	小学	A	C	C	C	F
287	户主	赵勿日白乙拉	57	小学	A	C	C	C	E
	妻子	双月	53	小学	A	C	C	C	E
	长女	玉格	30	初中	A	B	B	C	F
	次女	玉霞	29	初中	A	B	B	C	F
	三女	代兄	28	小学	A	C	C	C	F
	长子	前德门	26	初中	A	B	B	B	E

（续表）

288	户主	德力格尔玛	56	高中	A	A	A	B	E
289	户主	佟双喜	60	小学	A	C	C	C	E
	妻子	吴乌日其格	62	小学	A	C	C	C	E
	长子	旺顺	29	初中	A	B	B	C	F
290	户主	陈哈斯敖其尔	33	初中	A	B	B	C	E
	妻子	张花	27	小学	A	C	C	C	F
291	户主	陈虎	55	高中	A	A	A	A	E
	妻子	诺娜	53	小学	A	C	C	C	E
	长女	美丽	22	初中	A	B	B	C	F
292	户主	高中乃	41	小学	A	C	C	C	E
	妻子	闰丽霞	37	初中	A	B	B	C	E
	长子	高青格乐	9	小学	A	C	C	C	F
293	户主	松林	51	初中	A	B	B	C	E
294	户主	包宝山	44	初中	A	B	B	C	E
	妻子	金玉	42	初中	A	B	B	B	E
	长女	车乐木格	17	高中	A	A	A	A	F
	次女	那拉	15	初中	A	B	B	B	F
	长子	阿拉木沙	9	小学	A	C	C	C	F
295	户主	包宝龙	40	初中	A	B	B	B	E
	妻子	李梅兰	38	小学	A	C	C	C	F
	长子	金星	14	初中	A	C	B	B	F
	次子	包金峰	9	小学	A	C	C	C	E
	父亲	包布仁吉日嘎拉	75	小学	A	C	C	C	E
	母亲	白乌日胡	76	小学	A	C	C	C	E
296	户主	苏力德木	52	小学	A	C	C	C	E
	妻子	八月	55	小学	A	C	C	C	E
	长子	海军	37	初中	A	B	B	C	F
	次子	吴成	33	初中	A	B	B	B	F
	三子	文泉	27	初中	A	B	B	C	F
297	户主	赵阿仓	48	初中	A	C	B	C	E
	妻子	春玲	48	小学	A	C	C	C	E
298	户主	七十三	42	初中	A	C	B	C	E
	妻子	陈丫头	37	小学	A	C	C	C	F
	长子	王壮萨	14	初中	A	C	B	B	F
	父亲	王巴代	84	小学	A	D	C	C	E

（续表）

299	户主	吴嘎达	55	小学	A	C	C	C	E
	妻子	佈日其其格	55	小学	A	C	C	C	E
	长女	车力木格	29	初中	A	B	B	C	F
	长子	哈斯额尔敦	27	初中	A	B	B	B	F
	次子	图力古尔	25	初中	A	B	B	B	F
300	户主	吴壮沙	35	初中	A	B	B	B	F
	妻子	包金花	39	初中	A	B	B	C	E
	长子	达日罕	13	初中	A	C	B	B	F
301	户主	张玉山	53	小学	A	C	C	C	E
	妻子	冬月	49	小学	A	C	C	C	E
	长女	高娃	24	小学	A	C	C	C	F
	次女	张梅	23	小学	A	C	C	B	F
	三女	张达古拉	20	小学	A	C	C	B	F
	长子	张那木拉	19	小学	A	C	C	C	F
302	户主	白玉柱	43	初中	A	B	B	C	E
	妻子	包姑娘	43	初中	A	B	B	C	E
	长子	白文成	18	高中	A	A	A	B	F
	长女	叶日贵	17	初中	A	B	B	B	F
303	户主	张金山	58	小学	A	C	C	C	E
	妻子	老丫头	58	小学	A	C	C	C	E
	长子	张宝	27	小学	A	C	B	C	F
304	户主	何金山	50	初中	A	B	B	C	E
	妻子	包图雅	46	初中	A	B	B	C	E
	长女	何凤英	23	初中	A	B	B	C	F
	长子	何胡日查	22	小学	A	C	C	C	F
305	户主	代巴根那	34	小学	A	C	C	C	E
	妻子	包银花	35	初中	A	B	B	C	E
	长子	呼格吉乐吐	14	初中	A	B	B	C	F
	次子	红光	9	小学	A	C	C	C	F
306	户主	黄银壮	41	初中	A	B	B	C	E
	妻子	包桂英	43	小学	A	C	C	C	E
	长女	山丹	14	小学	A	C	C	C	F
	次女	黄回归	10	小学	A	C	C	C	F
307	户主	佟双宝	55	小学	A	C	C	C	E
	妻子	菊花	50	小学	A	C	C	C	E
	长子	佟木仁	25	初中	A	B	B	C	F
	孙子	特日格乐	3						

（八）旗直属机关语言使用情况

1. 旗直属机关概况

旗直属机关驻地是保康镇，东和东北与吉林省长岭县接壤，北与代力吉镇相接，南与巴彦塔拉镇相邻，西与架玛吐镇相接。

保康镇内驻有旗党、政直属机关28个。我们调查了旗直属机关中的蒙古族干部职工（其中也有一些改为蒙古族的其他民族干部职工）623人的语言使用情况。

2. 语言使用的基本特点

在科左中旗直属机关工作的上述蒙古族干部职工，在机关开会、办公和集会中都使用汉语；会说蒙古语的一些干部在家里或见到蒙古人时用蒙古语交谈；许多蒙古族干部的蒙古语言能力已减退。这说明，汉语已经成为科左中旗直属机关蒙古族干部的主要交际工具。

表1-15 旗直属机关干部、职工的蒙古语能力统计表

总人数	A				B				C				D			
	语		文		语		文		语		文		语		文	
	人数	百分比	人数	百分比	人数	百分比	人数	百分比	人数	百分比	人数	百分比	人数	百分比	人数	百分比
623	305	48.96	206	33.07	24	3.85	30	4.82	61	9.79	18	2.9	233	37.4	369	59.2

从表中可以看出，科左中旗直属机关近半数蒙古族干部职工的蒙古语言水平较低，其中37.4%人已不会说蒙古语；熟练使用蒙古语的人占总调查人数的48.96%。

表1-16 科左中旗直属机关蒙古语文使用情况一览表①

部门	序号	姓名	年龄	文化程度		蒙古语水平		汉语水平		混合话情况
				蒙	汉	语	文	语	文	
旗委办公室	1	包步仁	51		大学	A	C	A	A	F
	2	邰宝喜	60	大学		A	A	A	A	F
	3	孙福全	44		大学	A	A	A	A	F
	4	安双喜	28		大专	D	D	A	A	
	5	朱耀军	52		大学	C	D	A	A	F
	6	刘俊杰	50		大专	D	D	A	A	
	7	曹庆龙	46		大专	B	D	A	A	F
	8	侯庆伟	38		大学	D	D	A	A	
	9	孙建国	45		大专	D	D	A	A	
	10	苏向阳	44		大专	B	C	A	A	F
	11	孙雅辉	33		大学	D	D	A	A	

① 因调查时间仓促，本表中存在一些不够准确之处，为反映调查原貌，仍列于此。

（续表）

	12	孙文富	34		大学	D	D	A	A	
	13	韩志强	29		大学	D	D	A	A	
	14	杨忠海	35		中专	D	D	A	A	
	15	李文忠	47		大学	D	D	A	A	
	16	包青山	39		大学	A	B	A	A	F
	17	包巴特	33		大专	A	A	A	A	F
	18	张振	48		高中	A	B	A	A	F
	19	张文喜	47		高中	A	B	A	A	F
	20	崔占文	41		高中	A	B	A	A	F
	21	贺鹏	47		中专	A	D	A	A	F
人民法院	1	赵根兄	28	高中	大学	A	A	A	A	F
	2	沈红星	29	初中	中专	A	A	A	A	F
	3	张文波	43		中专	D	D	A	A	
	4	黄福林	43		高中	D	D	A	A	
	5	石秀梅	32	大专		A	A	A	A	F
	6	白世昌	36	大专		C	C	A	A	F
	7	刘璐	30	大专		C	C	A	A	F
	8	王丽萍	30	大专		A	A	A	A	F
	9	张娟	32		中专	D	D	A	A	
	10	孙家刚	29		中专	D	D	A	A	
	11	张晓东	30		大专	D	D	A	A	
	12	关春龙	37	中专		A	A	A	A	F
	13	吴淑敏	30	大专		A	A	A	A	F
	14	高灵芝	44	大学		A	A	A	A	F
	15	张世明	46	大学		A	A	A	A	F
	16	杨乌日图	34	大专		A	A	A	A	F
	17	张晓春	43	大学		A	A	A	A	F
	18	周根柱	47	大专		A	A	A	A	F
	19	于长君	45	大专		A	A	A	A	F
	20	孙国才	52		大专	D	D	A	A	
	21	吴文学	51		大专	D	D	A	A	
	22	包斯琴	50	大专		A	A	A	A	F
	23	程少艳	47		大学	D	D	A	A	
	24	杨金莲	46	大学		A	A	A	A	F
	25	付玉春	49	大学		A	A	A	B	E
	26	陈峰斌	40	大学		A	A	A	A	F

（续表）

	27	霍艳明	37	中专		C	C	A	A	F
	28	张凤伟	41		大学	D	D	A	A	
	29	白邦柱	36	大学		A	A	A	A	F
	30	安明山	42	大学		A	A	A	A	F
	31	杨春娟	28		大学	D	D	A	A	
	32	高晓亮	38	大学		A	A	A	A	F
	33	杨春晖	27	大学		A	A	A	A	F
	34	魏青春	42	大学		A	A	A	A	F
	35	韩晓燕	38		大学	D	D	A	A	
	36	何春荣	34		大专	D	D	A	A	
	37	张暑明	23	大专		C	C	A	A	F
	38	张聪	28		大学	D	D	A	A	
	39	何宏霞	52	大专		A	A	A	A	F
	40	董发	30		大学	D	D	A	A	
	41	张桂花	55	大专		C	C	A	A	F
	42	包海宝	55	大专		A	A	A	A	F
	43	陈那木拉	26	大学		A	A	A	A	F
	44	杨志远	35	大学		A	A	A	A	F
	45	吴晓鸿	28	大学		A	A	A	A	F
	46	白玉成	50	大专		A	A	A	A	F
	47	王云	47	大专		A	A	A	A	F
	48	吴青山	46	大专		A	A	A	A	F
	49	巴达拉呼	44	大学		A	A	A	A	F
	50	李进宇	30		大学	D	D	A	A	
	51	陈春昱	26		大学	D	D	A	A	
	52	王佳	38		研究生	D	D	A	A	
	53	杨艳华	29	大学		A	A	A	A	F
	54	吴忠明	50		大专	D	D	A	A	
	55	包胜利	47	大专		A	A	A	A	F
	56	陶权	54	大专		A	A	A	A	F
	57	陈永梅	42	大学		A	A	A	A	F
	58	孙宏丽	38		大专	D	D	A	A	
	59	张德军	30	大学		A	A	A	A	F
	60	王华	35		大学	D	D	A	A	
	61	王占武	45	大专		A	A	A	A	F
	62	徐满达	42		大学	D	D	A	A	

（续表）

	63	李辉	32	大学		D	D	A	A	
	64	包建军	42	大专		A	A	A	A	F
	65	任庆杰	37		大专	D	D	A	A	
	66	刘永丽	29		大专	D	D	A	A	
	67	张长命	55		大专	A	A	A	A	F
检察院	1	洪彦	49		大学	C	D	A	A	F
	2	张文军	41			D	D	A	A	
	3	王旭英	37		大学	D	D	A	A	
	4	张玉明	43		大学	D	D	A	A	
	5	褚丽萍	29		大学	D	D	A	A	
	6	王呼和	49	大专		A	A	A	A	F
	7	李周军	50	大专		A	A	A	A	F
	8	金春光	28		大学	D	D	A	A	
	9	贾宝林	39		大学	D	D	A	A	
	10	李秀武	29		大学	D	D	A	A	
	11	田笑雨	29		大学	D	D	A	A	
	12	尹永胜	39	大学		A	A	A	A	F
	13	吴哈申	47	大专		A	A	A	A	F
	14	白玉龙	46		大学	D	D	A	A	
	15	白杨	44		大学	D	D	A	A	
	16	白玉模	27	大学		A	A	A	A	F
	17	刘波	31		大学	D	D	A	A	
	18	奚永娇	28		大学	D	D	A	A	
	19	关春梅	39	大学		A	A	A	A	F
	20	刘玉华	31		大学	D	D	A	A	
	21	康文婷	27		大学	D	D	A	A	
	22	谢盈盈	27		大学	D	D	A	A	
	23	潘那仁满达	40	大学		A	A	B	D	F
	24	包查干	46	大学		A	A	B	D	F
	25	叶宝音	28	大专		A	A	B	D	F
	26	王海燕	29		大学	D	D	A	A	
	27	申景学	50		大专	D	D	A	A	
	28	王敖套	46	大学		A	A	A	A	F
	29	张胜利	54		大专	D	D	A	A	
	30	肖宇东	30		大专	D	D	A	A	
	31	何泉	42	大专		A	A	A	A	F

（续表）

	32	米忠雷	33		大专	D	D	A	A	
	33	王图门	38	大专		A	A	A	A	F
	34	陶萌英	29		大学	D	D	A	A	
	35	王亚军	43		大学	D	D	A	A	
公安局	1	秦海鹰	42		大学	A	A	A	A	F
	2	张俊	46	大学		A	A	A	A	F
	3	刘君杰	47	大学		A	A	A	A	E
	4	郑有昌	46	大专		A	A	A	A	F
	5	吴兴杰	47		大专	D	D	A	A	
	6	贾广才	43		大学	D	D	A	A	
	7	李富	35		大学	D	D	A	A	
	8	包福山	56	大专		A	A	A	A	F
	9	刘玉宝	38	大专		A	A	A	A	F
	10	崔国君	35		大学	D	D	A	A	
	11	孙雪梅	27		大学	D	D	A	A	
	12	唐凤丽	28		大专	D	D	A	A	
	13	任立范	48		大专	D	D	A	A	
	14	王军福	51		大学	D	D	A	A	
	15	洪学鹏	48	大专		A	A	A	A	F
	16	张格根图雅	29	大学		A	A	A	A	F
	17	张殿兴	29		大专	D	D	A	A	
	18	杨文	46		大专	D	D	A	A	
	19	白云飞	51	大专		A	A	A	A	F
	20	董奇卓	29		中专	D	D	A	A	
	21	洪丽	43		大专	D	D	A	A	
	22	齐红喜	28	大学		A	A	A	A	F
	23	王占文	31		大学	D	D	A	A	
	24	邵迎辉	26		大学	D	D	A	A	
	25	王春林	48	大专		A	A	A	A	F
	26	金卫国	52		大专	D	D	A	A	
	27	程少华	44		大专	D	D	A	A	
	28	包呼日查	43		大专	D	D	A	A	
	29	韩邦柱	37		大学	D	D	A	A	
	30	尹彦国	35		大学	D	D	A	A	
	31	高德群	28		大专	D	D	A	A	

（续表）

民委	1	吴青山	50		大学	A	A	A	A	F
	2	那木斯来	53		大学	A	A	A	A	F
	3	刘子孝	52		大专	A	A	A	A	F
	4	孟长青	48		大专	A	A	A	A	F
	5	赵金山	43		大专	A	A	A	A	F
	6	罗九月	47		大专	A	A	A	A	F
	7	包扎拉嘎呼	41		大学	A	A	A	A	F
	8	包巴图	41		中专	A	A	A	A	F
	9	王阿荣	29		大学	A	A	A	A	F
	10	陈强	26		中专	A	C	A	A	F
商务局	1	董季华	51	中专	高中	B	D	A	A	F
	2	陈占柱	49		大专	A	A	A	A	F
	3	关通拉嘎	40		本科	B	D	A	A	F
	4	白玉林	43		大专	B	C	A	A	F
	5	孟福林	53		大专	A	C	A	A	F
	6	孟庆龙	50	中专		A	A	A	B	E
	7	冷绍文	44		本科	C	D	A	A	F
交通局	1	金腰斯吐	36	本科		A	A	A	A	F
	2	吴德喜	49		中专	C	D	A	A	F
	3	翟宝来	46		本科	D	D	A	A	
	4	孟昭江	51		本科	D	D	A	A	
	5	刘兴昌	49		本科	D	D	A	A	
	6	贾全胜	42		本科	D	D	A	A	
	7	高德华	44		本科	D	D	A	A	
	8	冯晓明	42		本科	D	D	A	A	
	9	刘剑青	51		专科	D	D	A	A	
	10	孙福生	40		专科	D	D	A	A	
	11	齐明哲	37		专科	D	D	A	A	
	12	张菱	27		本科	D	D	A	A	
统计局	1	韩那斯塔	53	高中		A	A	A	A	E
	2	孟额尔敦	47	高中		A	A	A	A	F
	3	刘双印	46		专科	C	C	A	A	F
	4	王丹丹	26	专科		A	A	A	A	F
	5	韩山丹	27	大专		A	A	A	A	F
	6	韩冬玉	34		大专	A	A	A	A	F
	7	哈斯宝力道	30	大专		A	A	A	A	F

（续表）

人事局	1	赵银海	45		本科	A	A	A	A	F
	2	孙艳华	45		本科	C	D	A	A	F
	3	李春生	48		本科	C	D	A	A	F
	4	华宝成	49		本科	A	D	A	A	F
	5	戴福全	45		本科	A	A	A	A	F
	6	刘俊山	53		专科	C	D	A	A	F
	7	杨满达	52	专科		A	A	A	A	F
	8	王铁刚	46		本科	A	A	A	A	F
	9	白都来玛	36	本科		A	A	A	A	F
	10	张华	43		本科	A	A	A	A	F
	11	白通力嘎	29		本科	A	A	A	A	F
	12	李慧琴	43		本科	C	D	A	A	F
	13	包武德乐夫	36	本科		A	A	A	A	F
	14	白晓萍	44		本科	C	D	A	A	F
广电局	1	金巴拉	47	大学		A	A	A	A	F
	2	韩晓春	34		本科	B	D	A	A	F
	3	孙全成	42	大专		A	A	A	A	F
	4	赵海君	47		本科	C	D	A	A	F
	5	蔡云龙	28		本科	D	D	A	A	
	6	陶宝力高	31		专科	D	D	A	A	
	7	李莉红	30		专科	A	A	A	A	F
	8	戴迎春	29		本科	A	A	A	A	F
	9	特木尔巴根	37	专科		A	A	A	A	F
	10	王平	47	专科		A	A	A	A	F
	11	王育民	43		专科	D	D	A	A	
	12	吴晓清	33	专科		A	A	A	A	F
	13	徐兰霞	50		专科	D	D	A	A	
	14	于玉荣	34	本科		A	A	A	A	E
	15	张文彦	48		专科	D	D	A	A	
	16	白巴特尔	28	专科		A	A	A	A	F
	17	白高娃	48	高中		A	A	A	A	F
	18	包不平	46	高中		A	A	A	A	F
	19	崔静	26		专科	D	D	A	A	
	20	周芹	42	专科		A	A	A	A	F
	21	吴志兴	28	专科		A	A	A	A	F
	22	张艳哲	40		专科	D	D	A	A	

（续表）

	23	范巴特尔	46	专科		A	A	A	A	F
	24	刘玉萍	34	专科		A	A	A	A	F
	25	辛双山	38	专科		A	A	A	A	F
	26	何斯琴	37	专科		A	A	A	A	F
	27	李华	48		专科	A	A	A	A	F
	28	史哈斯	45	专科		A	A	A	A	F
	29	李德志	44	专科		A	A	A	A	F
	30	孟庆宝	48		专科	D	D	A	A	
	31	年德贵	54		专科	D	D	A	A	
	32	司凤翔	40		专科	D	D	A	A	
	33	吴团花	35	本科		A	A	A	A	F
	34	岳桑杰	47		专科	D	D	A	A	
	35	张巴特尔	48	专科		A	A	A	A	F
	36	张满都拉	48	专科		A	A	A	A	F
	37	赵博福	51	专科		A	A	A	A	F
	38	赵宏宇	42		专科	D	D	A	A	
	39	韩山丹	38	本科		A	A	A	A	F
	40	曹晓林	34	专科		A	A	A	A	F
	41	华云明	33		专科	D	D	A	A	
	42	吴海清	32	专科		A	A	A	A	F
	43	齐荷秀	35		本科	D	D	A	A	
	44	王丹丹	26		本科	D	D	A	A	
	45	吴根兄	35	本科		A	A	A	A	F
	46	于永刚	28		本科	D	D	A	A	
	47	冯宝海	49		高中	D	D	A	A	
	48	白茹	34		专科	D	D	A	A	
	49	包苇棠	40	专科		A	A	A	A	F
	50	包孝明	29	专科		A	A	A	A	F
	51	邸伟	46		专科	D	D	A	A	
	52	金翠英	51	专科		A	A	A	A	F
	53	李靖原	35		专科	D	D	A	A	
	54	青格乐吐	30	专科		A	A	A	A	F
	55	汤成杰	47		专科	D	D	A	A	
	56	陶红梅	45		专科	D	D	A	A	

（续表）

国税局	1	刘有	48		本科	C	D	A	A	F
	2	金雪梅	46		大专	D	D	A	A	
	3	王铁兵	41		本科	D	D	A	A	
	4	张永红	32		本科	D	D	A	A	
	5	于晶	27		本科	D	D	A	A	
	6	陈祈铭	29		本科	D	D	A	A	
	7	赵馥爽	38		本科	D	D	A	A	
	8	韩志华	50		本科	C	D	A	A	F
	9	曹玉平	34		本科	D	D	A	A	
	10	张红敏	40		专科	D	D	A	A	
	11	卢亚琦	29		专科	D	D	A	A	
	12	白秀荣	40		专科	B	D	A	A	E
	13	金双柱	39		本科	A	D	A	A	E
	14	谢宝成	49		本科	A	A	A	A	E
	15	孙艳红	35		专科	D	D	A	A	
	16	周玉龙	54		高中	D	D	A	A	
	17	祁辅正	36		专科	D	D	A	A	
	18	高利群	33		专科	D	D	A	A	
	19	武成东	42		专科	C	D	A	A	F
	20	李凤兰	45		专科	C	D	A	A	F
	21	张淑梅	47		专科	A	D	A	A	E
	22	白淑琴	39		专科	A	D	A	A	E
	23	王莉莉	31		专科	D	D	A	A	
	24	姜苏布道	42		本科	A	A	A	A	E
	25	苏洋	29		专科	D	D	A	A	
	26	吴玉芝	36		专科	D	D	A	A	
教体局	1	吴铁柱	48	高中	大学	A	A	A	A	F
	2	白景峰	38		大学	C	D	A	A	E
	3	包照日格吐	44	本科		A	A	A	A	F
	4	王海山	43	本科		A	A	A	A	F
	5	田维	44		本科	D	D	A	A	
	6	葛金良	43		大专	A	A	A	A	F
	7	佟敖日布桑	47	大专		A	A	A	A	F
	8	李巴日	54	专科		A	A	A	A	F
	9	杨月明	43		本科	B	D	A	A	F
	10	敖铁明	44	本科		A	A	A	A	F

（续表）

	11	包启文	43	本科		A	A	A	A	F
	12	王佩文	53		大专	D	D	A	A	
	13	贾风林	42		本科	D	D	A	A	
	14	张金胖	45	本科		A	A	A	A	F
	15	包布鲁	51		大专	A	A	A	A	F
	16	包宝龙	42	本科		A	A	A	A	F
	17	佟相林	31	本科		A	A	A	A	F
	18	韩巴根那	42	大专		A	A	A	A	F
	19	包丽华	30	中专		A	A	A	A	F
	20	郜小明	34		本科	D	D	A	A	
司法局	1	白乙拉	47	大学		A	A	A	A	F
	2	唐耀贵	45	大学		A	A	A	A	F
	3	白额布力吐	50	大专		A	A	A	A	F
	4	白其木格	43		大学	A	D	A	A	F
	5	海晓玲	39		大学	A	D	A	A	F
	6	刘郡	31		大学	D	D	A	A	
	7	佟晓兰	27	大学		A	A	A	A	F
	8	温禄伟	32		大专	D	D	A	A	
	9	曹志荣	30		大学	A	D	A	A	F
	10	张春玲	36		大专	A	A	A	A	F
	11	胡双喜	29	大学		A	A	A	A	F
邮政局	1	金长江	44		大专	C	D	A	A	F
	2	刘天龙	46		大专	B	D	A	A	F
	3	杨宝权	50		高中	A	D	A	A	F
	4	赵东	37		高中	C	D	A	A	F
	5	王志刚	34		大专	B	D	A	A	F
	6	王晓彬	36		大专	B	D	A	A	F
	7	刘庆玖	40		高中	C	D	A	A	F
	8	韩立新	39		高中	C	D	A	A	F
	9	于玉林	50		高中	C	D	A	A	F
	10	于东秀	47		高中	D	D	A	A	
	11	白玉花	41		高中	D	D	A	A	
	12	郑真	44		高中	D	D	A	A	
	13	贾文宝	51		高中	D	D	A	A	
	14	包哈申	40		高中	B	B	A	A	F
	15	金永亮	34		高中	C	D	A	A	F

（续表）

	16	刘银德	55		高中	C	D	A	A	F
	17	包利明	39		高中	D	D	A	A	
	18	敖铁山	32		高中	C	D	A	A	F
	19	于长春	38		大专	A	A	A	A	F
	20	姚洪武	39		高中	C	D	A	A	
	21	韩志刚	32		高中	D	D	A	A	
	22	刘兰春	30		大专	D	D	A	A	
	23	包文华	38		高中	B	D	A	A	F
	24	崔岩松	32		高中	D	D	A	A	
	25	吴玉瑞	38		高中	D	D	A	A	
	26	白贺喜	45		高中	C	D	A	A	F
	27	刘丽清	43		高中	D	D	A	A	
	28	刘天英	38		高中	D	D	A	A	
	29	包金晓	37	高中		A	A	A	A	E
	30	金福连	36		高中	D	D	A	A	
	31	刘艳华	43		高中	C	D	A	A	F
	32	王丽华	46		高中	D	D	A	A	
	33	石磊	21		高中	D	D	A	A	
	34	黄珠日河	32		高中	D	D	A	A	
	35	刘奇	28		高中	D	D	A	A	
	36	林园园	27		高中	D	D	A	A	
	37	崔婷婷	28		高中	D	D	A	A	
	38	王冬梅	38		高中	D	D	A	A	
	39	刘刚	34		高中	D	D	A	A	
	40	贾媛媛	28		大专	D	D	A	A	
	41	刘庆福	38		高中	D	D	A	A	
	42	李凤英	40		高中	D	D	A	A	
	43	李才红	33		高中	D	D	A	A	
	44	陈凯	22		高中	D	D	A	A	
	45	胡春荣	37		高中	B	D	A	A	F
	46	关庆云	35		大专	A	A	A	A	F
	47	高晓丹	35		大专	D	D	A	A	
	48	于宏	25		大专	D	D	A	A	
	49	金阿里木苏	51		高中	B	D	A	A	F
	50	孙参玲	36		中专	D	D	A	A	

（续表）

地税局	1	王秀华	38		高中	B	D	A	A	F
	2	金玉柱	38	中专		A	A	A	A	F
	3	张永清	23		高中	D	D	A	A	
	4	韩东	40		大专	D	D	A	A	
	5	董孟根敖其尔	35	本班		A	A	A	A	E
	6	杨雪梅	39		大专	A	D	A	A	F
	7	李广样	34		大专	D	D	A	A	
	8	包乌恩	28	中专		A	A	A	A	F
	9	李红梅	39		高中	A	D	A	A	F
	10	吴斯芹	27		高中	A	D	A	A	F
	11	白建军	44		高中	A	D	A	A	F
	12	韩应伟	48		中专	D	D	A	A	
	13	关乌云	44		高中	A	D	A	A	F
	14	陈木其日	39	大专		A	A	A	A	F
	15	高雅梅	39		中专	D	D	A	A	
	16	白桂兰	41	中专		A	A	A	A	F
	17	武文春	35		中专	D	D	A	A	
	18	李洪学	47		中专	D	D	A	A	
	19	周金环	43		研究生	D	D	A	A	
	20	李春和	52		中专	D	D	A	A	
	21	李葵花	49	中专		A	A	A	A	F
	22	包树立	48		中专	D	D	A	A	
	23	金正月	40	中专		A	A	A	A	F
工商局	1	华宝玉	45		专科	A	D	A	A	F
	2	吴常明	55		专科	A	D	A	A	F
	3	佟哈斯巴根	52		专科	A	D	A	A	F
	4	毛满达胡	38		专科	A	D	A	A	F
	5	龙娟	37		专科	D	D	A	A	
	6	白布和	41		高中	A	D	A	A	F
	7	陆之泉	39		本科	D	D	A	A	
	8	付斯琴	32		专科	A	B	A	A	F
	9	包银梅	40		专科	A	A	A	A	F
	10	王德山	39		本科	A	B	A	A	F
	11	戴莉莉	31		专科	A	B	A	A	F
	12	孙翠平	48		专科	A	B	A	A	F
	13	石中华	43		专科	D	D	A	A	

（续表）

	14	马君	46		专科	D	D	A	A	
	15	范红光	30		专科	A	D	A	A	F
	16	包晓乐	33		专科	A	A	A	A	F
	17	王勿日塔	50	专科		A	A	A	A	F
	18	佟德	42		本科	D	D	A	A	
	19	夏树忠	37		本科	D	D	A	A	E
	20	郑秀丽	36		专科	D	D	A	A	E
	21	侯庆贺	40		专科	D	D			
	22	包清华	46		专科	A	D	A	A	F
	23	肖艳梅	44		专科	D	D	A	A	
	24	张德生	39		本科	A	D	A	A	E
	25	李宝力高	50		专科	A	A	A	A	F
	26	郭秋敏	45		专科	D	D	A	A	
	27	韩国军	46		专科	D	D	A	A	
	28	郑美丽	43		专科	D	D	A	A	
	29	栾晓峰	49		中专	D	D	A	A	
	30	李辉	47		专科	A	D	A	A	F
	31	佟黎明	44		专科	A	D	A	A	F
国土资源局	1	王德柱	48		大专	C	D	A	A	F
	2	唐巴木拉	46		中专	A	B	A	A	E
	3	马阿古达木	43		大专	A	B	A	A	E
	4	于太平	44		大专	A	B	A	A	E
	5	韩宝玉	45		中专	A	B	A	A	F
	6	马伟印	42		大专	D	D	A	A	
	7	王玉柱	50		大专	C	D	A	A	F
	8	包宝柱	53		中专	A	B	A	A	F
	9	王永泉	54		大专	D	D	A	A	
	10	陈银柱	34		大专	B	D	A	A	F
	11	刘义忠	34		大专	D	D	A	A	
	12	王文	40		高中	D	D	A	A	
	13	门志成	37		大专	D	D	A	A	
财政局	1	包金财	49	大专		A	A	A	A	F
	2	吴文超	46		大专	D	D	A	A	
	3	吴哈申	44	中专		A	A	B	B	F
	4	侯庆荣	42		大专	D	D	A	A	
	5	李洪	46	大专		A	A	A	A	E

（续表）

	6	陈德生	49		大专	D	D	A	A	
	7	李德俊	45		大学	D	D	A	A	
	8	王武	48		大专	C	D	A	A	F
	9	王淑琴	43		大专	D	D	A	A	
	10	李国军	45		大专	D	D	A	A	
	11	杨云	38		大专	D	D	A	A	
	12	刘德泉	41		大学	B	D	A	A	E
	13	李红梅	49		大专	D	D	A	A	
	14	张铁军	37		大专	D	D	A	A	
	15	张巴根	42	大专		B	B	B	B	E
	16	张贵	47		大专	D	D	A	A	
	17	张贵福	51		大专	D	D	A	A	
	18	王哲	30		大专	D	D	A	A	
	19	包海山	43		大专	A	A	A	A	E
	20	李七十三	44	大专		A	A	A	A	E
	21	任宝娴	41		大专	D	D	A	A	
	22	吴双福	29	大专		A	A	A	A	E
	23	刘忠林	43		大专	C	D	A	A	F
	24	周桂英	49		大专	D	D	A	A	
	25	孟银梅	44	大专		A	A	A	A	F
	26	赵明哲	33	大专		A	A	A	A	F
	27	白季平	34	大学		A	A	A	A	F
	28	徐季春	49		大专	A	D	A	A	F
	29	宋图雅	50		大专	A	B	A	A	F
	30	闫发	58		中专	A	B	A	A	F
	31	额尔敦	56		中专	A	B	A	A	F
	32	张福良	41		大专	D	D	A	A	
	33	李少华	44		大学	D	D	A	A	
	34	李纯萍	32		大学	D	D	A	A	
	35	孙季玲	37		大学	A	D	A	A	F
	36	闫守波	34		大专	D	D	A	A	
	37	刘俊杰	33		大专	D	D	A	A	
	38	孙海峰	34		大学	D	D	A	A	
	39	郑芸	34		大学	D	D	A	A	
	40	张秀兰	44		中专	A	D	A	A	F
	41	程雅琴	49		中专	A	D	A	A	F

（续表）

	42	唐田玉	47		中专	D	D	A	A	
	43	包金虎	53	高中		A	A	A	B	E
	44	包丽霞	44		大学	D	D	A	A	
	45	于占春	59		初中	D	D	A	A	
	46	刘德洲	48		大专	D	D	A	A	
	47	姜小兵	31		初中	D	D	A	A	
	48	李长军	42		大专	D	D			
民政局	1	刘子信	46		大专	A	D	A	A	F
	2	何特格喜	41	大专		A	A	A	A	F
	3	吴宝莲	42	大专		A	A	A	A	F
	4	吴长彬	45		大专	C	D	A	A	F
	5	阿拉坦仓	48		大专	B	D	A	A	F
	6	金伊玲	45	大专		A	D	A	A	F
旗政协办	1	娜仁高娃	44	大学		A	A	A	A	F
	2	包斯晶晶日古冷	60	大专		A	A	A	A	F
	3	戴五月	58		大专	A	A	A	A	F
	4	李青顺	54		大专	A	A	A	A	F
	5	包金锁	57	大专		A	A	A	A	F
	6	刘扎那	51		大专	A	A	A	A	F
	7	赵那木拉	53	大专		A	A	A	A	F
	8	潘君	39		大学	C	D	A	A	F
	9	张金梅	51		大专	A	B	A	A	F
	10	哈斯巴根	51		大专	A	A	A	A	F
	11	吴文华	41		大专	A	A	A	A	F
	12	焦格日乐吐	36	大学		A	A	A	A	F
	13	武金才	54		大学	A	D	A	A	F
	14	白巴根那	37		大学	A	A	A	A	F
	15	白凤娟	44		大学	C	D	A	A	F
	16	包宝柱	49		大学	A	A	A	A	F
	17	佟长明	54		高中	B	D	A	A	F
旗人大常委会	1	白宝格	51		大专	A	C	A	A	F
	2	白满都拉	54		大专	A	A	A	A	F
	3	贾沙仁	52		大专	A	D	A	A	F
	4	吴色那	53		大专	A	D	A	A	F
	5	王福林	53		中专	A	A	A	A	F
	6	于海	47		大专	D	D	A	A	

（续表）

	7	张志华	47		大专	A	C	A	A	F
	8	金丽华	46		大学	B	D	A	A	F
	9	付黑虎	56		大专	A	A	A	A	F
	10	白金柱	57		大学	A	B	A	A	F
	11	佟海龙	45		大专	A	A	A	A	F
	12	付小留	40	大学		A	A	A	A	F
	13	李银尔	42		大专	A	A	A	A	F
	14	冯凤兰	40	大学		A	A	A	A	F
	15	陈金勇	29		大专	A	A	A	A	F
	16	徐文学	47		大专	D	D	A	A	
	17	王海雷	58		大专	D	D	A	A	
	18	杜伟	43		大学	C	D	A	A	F
旗政府办公室	1	杨福兴	47		本科	C	D	A	A	F
	2	包金	55		本科	A	A	A	A	F
	3	邓核心	41		本科	A	B	A	A	F
	4	王好特老	36	大学		A	A	A	A	F
	5	包乌云	49	专科		A	A	A	A	F
	6	秦琼	42		专科	D	D	A	A	
	7	吴长胜	47		专科	C	D	A	A	F
	8	徐双福	44		本科	B	B	A	A	F
	9	田山	44	中专		A	A	A	A	F
	10	赵孟根	42	中专		A	A	A	A	F
	11	佟金亮	43	专科		A	A	A	A	F
	12	齐乌兰	32		本科	A	A	A	A	F
	13	张海瑞	26		本科	C	D	A	A	F
	14	陈赫男	27		研究生	D	D	A	A	
	15	杭天龙	31	大学		A	A	B	B	F
	16	苗巍	33		大学	D	D	A	A	
	17	阿拉木斯	45	大学		A	A	A	A	F
	18	宝风山	48	大学		A	A	A	A	F
	19	李寿江	51	大学		A	A	A	A	F
	20	宋敬民	49		大学	C	D	A	A	F
	21	吴吉力特	49	本科		A	A	A	A	F
	22	色音乌力吉	57		大学	A	A	A	A	F
	23	吴春华	54		专科	D	D	A	A	
	24	陶布和	56		专科	A	A	A	A	F

（续表）

	25	阿木沙那	52			A	B			
	26	包格日乐吐	44			A	B			
	27	李树海	45			D	D			
	28	韩巴图	39			A	B			
	29	徐水源	44			D	D			
	30	包玉桩	40			A	B			
	31	张哲洪	42			D	D			
	32	吴凤林	30			A	B			
	33	包银山	31			A	B			
	34	毕大勇	40			D	D			
	35	李布仁	47			A	B			
	36	王嘎达	30			A	B			
	37	朝建华	42			A	A			
旗纪委办公室	1	阿拉木斯	44	大学		A	A	A	A	E
	2	韩宝玉	44		大学	A	D	A	A	F
	3	包翠莲	52		大专	A	A	A	A	F
	4	关福祥	46		大学	D	D	A	A	
	5	白金贵	36		大学	D	D	A	A	
	6	戴铁良	39		大学	D	D	A	A	
	7	张常柱	40		大专	D	D	A	A	
	8	付哲群	33		大专	D	D	A	A	
	9	白淑兰	47		大专	A	A	A	A	F
	10	孙丽艳	35		大专	D	D	A	A	
	11	李雪峰	34		大专	D	D	A	A	
	12	陈瑜	32		大专	D	D	A	A	
	13	吴哈达	35		大学	A	A	A	A	F
	14	张建军	33		大专	A	A	A	A	F
	15	吴红梅	31		大学	A	A	A	A	F
	16	赵文祥	48		大专	C	D	A	A	F
	17	包哈达	33	大学		A	A	A	A	E
	18	王那仁	53	高中		A	A	A	B	E
	19	王宝英	46	高中		A	A	A	B	E
	20	马迎光	35		高中	C	D	A	A	F
	21	肖志宏	38		大学	C	D	A	A	F

（续表）

政法委	1	王诚	48		大专	C	D	A	A	F
	2	黄七十三	52		大专	A	A	A	A	F
	3	张永和	46		本科	C	C	A	A	F
	4	张金鸽	64		大学	A	A	A	A	F
	5	佟宝富	40		本科	A	A	A	A	F
	6	包清风	37		专科	A	D	A	A	F
	7	袁功成	40		大专	C	D	A	A	F
	8	刘凤丽	42		大专	D	D			
	9	王长福	30	高中		A	A	A	B	E
	10	王莹洁	26		大专	D	D	A	A	
统战部	1	张玉玺	38		本科	C	D	A	A	F
	2	刘巴达玛	47		中专	A	A	A	A	F
	3	韩清泉	34	本科		A	A	A	A	F
	4	包可欣	29		大专	B	C	A	A	F
	5	任廷煦	48		大专	C	D	A	A	E
宣传部	1	徐长春	45	本科		A	A	A	A	F
组织部	1	吴铁明	42		本科	A	A	A	A	F
	2	张满仓	37		本科	A	A	A	A	F
	3	马沧海	42	专科		A	A	A	A	F
	4	包额尼日乐吐	40	专科		A	A	A	A	F
	5	白七十三	31		专科	A	A	A	A	F
	6	刘满拉	32		专科	A	A	B	B	F
	7	韩有恒	45		专科	C	D	A	A	F
	8	高明	36	本科		C	D	A	A	F
	9	董向彤	33		本科	C	D	A	A	F
	10	张春泽	29		专科	C	D	A	A	F
	11	孙蒙	26		专科	C	D	A	A	F
	12	李洪业	38		专科	C	D	A	A	F
	13	王雪光	32		专科	C	D	A	A	F
	14	齐爱文	31		本科	C	D	A	A	F
卫生局	1	包阿民	47	本科		A	A	A	A	F
	2	阿其拉吐	45	本科		A	A	A	A	F
	3	海宝柱	47	本科		A	A	A	A	F
	4	王海山	43	本科		C	D	A	A	F
	5	乌六十九	41	本科		A	A	A	A	F
	6	何铁钢	31	专科	本科	A	A	A	A	F

（续表）

	7	范德喜	54	中专	专科	A	A	A	A	F
	8	包乌云	35	本科		A	A	A	A	F
	9	乌文杰	46		专科	A	C	A	A	F
	10	王春兰	44		专科	A	D	A	A	F
	11	陈旦巴桑	52		专科	A	C	A	A	F
	12	刘永泉	46		专科	A	C	A	A	F

二　访谈录

（一）科左中旗副旗长李寿江访谈录

访谈对象：李寿江，男，51岁，蒙古族。大学文化程度，科左中旗副旗长。

访谈时间：2008年5月20日

问：请您简单介绍一下全旗的基本情况和近年来的发展情况。

答：我们全旗的总面积9811平方公里，东西长191公里，南北长116公里。全旗有15个苏木、镇。全旗总人口有54万人，其中蒙古族有39万人，占总人口的70%。我旗是内蒙古自治区旗、县中蒙古族最集中、人口最多的一个旗。最近几年来经济发展比较快，2001年财政收入只有7582万元，2007年财政收入已达到1亿4千300万元，城镇人口的年均收入为8500元，农村的农牧民年均收入为3720元，七年之内年增长率为14%。

问：请您介绍一下全旗蒙古语言使用情况。

答：我旗是蒙古族集中居住的一个旗。纯蒙古语授课的高年级中学有1所。这个学校的升学率近5年来居全盟市的首位。民族职业高级中学有1所，纯蒙古语授课的初级中学有16所，纯蒙古语授课的小学有50所。这些学校都用蒙古语授课，学生老师都用蒙古语交谈。我旗集中居住在一起的蒙古人一般都使用蒙古语，汉族杂居的嘎查村中使用蒙、汉两种语言。基层干部在会议中使用汉语或"混合话"，还有一些在城市中长大的孩子已忘掉蒙古语。虽然存在上述现象，但旗政府重视蒙古语文的学习和使用，每三年进行一次奖励学习和使用蒙古语言文字的活动。这项活动，已带来很大的效果，激励了他们学习本民族语言文字的积极性。

问：您的蒙古语水平怎么样？你们家里人都会说蒙古语吗？

答：我在小学学的是蒙古语文，而且都是纯蒙古语授课。家里人都是蒙古族，在家中都用蒙古语交谈，现在我用蒙古语能够表达我想说的事。

问：您的汉语水平怎么样？怎样学会汉语的？

答：我的汉语水平也可以，从小学三年级开始学习汉语文，后来我们全家搬到汉族人居住的地方，在汉语授课学校又学了几年汉语文，因此，汉语水平提高了不少，但是还是说蒙古语更顺畅。

问：开会和公共场所使用什么语言？

答:在会议和公共场所如果有汉族人,就使用汉语。

问:您怎样看待蒙古族接受汉语问题?

答:从目前中国社会的现实看,汉语是主流语言,汉语起着重要作用,找工作和外出时需要汉语。

问:你们现在说的蒙古语是什么样的蒙古语?可以叫做"混合话"吗?产生的原因是什么?

答:我认为,这主要是由现在的语言环境所致。现在大部分人用的语言是汉语,人们外出时在很多情况下需要使用汉语,还有,经常看的是汉语电视节目,现在开会一般都使用汉语,开完会回去的苏木、镇领导传达会议精神时一些名词术语翻译起来很困难,于是直接就使用汉语。因此,环境因素是产生"混合话"的主要原因。

问:请您估计一下今后蒙古语的发展趋势。

答:如果国家采取正确的政策,特别是在就业方面采取正确的政策的话,蒙古语今后会得到发展。如果蒙古语授课毕业的学生找不到工作的话,蒙古语授课的学校今后可能录取不到学生。还有,好的一点是国家对蒙古族学生采取了优惠政策,但现在出现了这样一种现象:很多家长把孩子送到汉语授课学校。由于受语言环境的影响,今后蒙古语言的使用范围将会有越来越小的趋势。这是我个人的观点。

问:采取哪些措施发展、保留蒙古语?

答:主要是提高蒙古语授课毕业生的就业率。我认为,最主要的是现在要给纯蒙古语授课的毕业生找到合适的工作岗位。这个工作在 1982 年做得很好。那时候连城市的孩子都上蒙古语授课的学校。现在蒙古语授课的学生很难找到工作,而汉语授课的学生则容易找到工作。解决了这个问题,蒙古语的发展前景会好一些的。

(二)花胡硕苏木达张勤访谈录

访谈对象:张勤,男,41 岁,蒙古族。大学本科,花胡硕苏木达。

访谈时间:2008 年 7 月 23 日

问:请您简单介绍一下全苏木的基本情况。

答:我们苏木是达尔罕旗(即科左中旗)蒙古族人口最多、最集中的一个苏木,人口有 17000 余人,其中 99%以上的蒙古族都使用蒙古语,很多人说蒙、汉掺杂的混合话。苏木内有 1 所小学、1 所中学,共有学生 800 余名,主要用蒙古语授课,对蒙古语言文字的发展起着重要作用。本苏木的蒙古语较纯洁、丰富,也是保持蒙古族风俗习惯和文化传统较多、较好的一个地方。

问:采取哪些措施可以减缓蒙古语的衰退速度?

答:我认为最主要的措施是确实贯彻落实发展民族教育的政策,加快民族地区经济发展。

提高民族的文化素质,除了学好母语外,还要学好汉语和英语。

问:请您估计一下今后蒙古语的发展趋势。

答:我认为,今后蒙古语的发展趋势,随着社会和经济的发展不很乐观,我本人预测,在农村100年没有问题,大部分人还能使用蒙古语,而在城镇蒙古语的使用范围正在逐渐缩小,说蒙古语的人越来越少,三、五十年内更要减少,蒙古语被融合的可能性是存在的。语言是随着社会的发展而发展,哪个民族经济越发展,哪个民族的语言就会越发展。我们蒙古族地区的经济落后,因此,我们蒙古族的语言、文化也欠发达。蒙古语授课的大学生毕业后找工作较困难,就业以后也得不到重视。应该正确贯彻落实发展民族教育的政策,更加重视社会经济的发展。如果我们民族的经济能够得到发展的话,我们蒙古语也会得到发展,并能长期保持下去。

(三)巴彦塔拉镇副镇长包海英访谈录

访谈对象:包海英,男,35岁,蒙古族。大学本科,巴彦塔拉镇副镇长。

访谈时间:2008年7月19日

问:请您介绍一下全镇基本情况和近年来的发展情况。

答:巴彦塔拉的历史很悠久,1882年清朝温都尔(意为"高")王在这里建府,后来人们称为"温都尔王府",伪满时改称巴彦塔拉,并在这里设了科左中旗。这里的西拉木伦河流域水草丰美,因此被称为巴彦塔拉(意为"富饶的草原")。1948—1956年旗政府就设在这里。2006年进行苏木、镇合并时由原巴彦塔拉镇、额伦索克苏木、玛拉沁苏木、乌斯吐苏木合并成为巴彦塔拉镇,是科左中旗第五大镇。我们镇的经济以农业为主,农牧结合。全镇有45个嘎查,8145户,32417人,其中蒙古族24297人。总面积80万亩,其中耕地30.4万亩,林地32.6万亩,草原面积5.4万亩。主要种植玉米、水稻、豆类、葵花、水稻(面积2万亩),年总产量达2亿斤。2008年牲畜达到15万头(只)。年财政收入97万元,农牧民年人均收入3750元。工业发展也很迅速。

问:请您介绍一下全镇教育情况和蒙古语使用情况。

答:全镇有3所中学、9所小学,其中蒙古族学校有4所,学生有200余名。乌斯吐学校是小学、初中合校,有80余名学生,都用蒙古语授课。巴彦塔拉中心小学中有4个蒙生班,学生共有42名。使用蒙古语的人主要居住在原乌斯吐苏木和原巴彦塔拉镇的浩特、蒙古艾勒、原额伦索克的布日顺、查干胡硕以及原玛拉沁苏木的东西玛拉沁等嘎查、村中。他们之间都用蒙古语交谈。

问:您的蒙古语水平怎么样?你们家里人都会说蒙古语吗?

答:我大学毕业。我的母亲是蒙古族人,蒙古语水平不高,小学(蒙古文)文化程度,会说蒙古话。我爱人虽然是蒙古族人，但因为其父亲是汉族人，生长在汉族地区，略懂蒙古语，同她用蒙古语交谈。我的女儿出生在汉族地区，在汉族学校学习，不会说蒙古语，略懂蒙古语。

问：你的汉语水平怎么样？怎样学会汉语的？

答：我的汉语水平还可以，从小学三年级开始学汉语，进大学后三年都用汉语授课，大部分课都是汉语文课本。

问：开会和公共场所使用什么语言？

答：公共场所都使用汉语，因为大多数人是汉族人，上级发来的文件都是汉文。下乡时看情况而定，如果没有汉族人就使用蒙古语，如有汉族人就用汉语。

问：你们镇外来人口多不多？他们使用什么语言？

答：我们镇外来人口不太多，但是，当地巴彦塔拉镇的干部较少。汉族人使用汉语，蒙古人使用蒙古语和汉语。很早来的汉族人的许多孩子们受蒙古族人的影响会说蒙古语。

问：青少年蒙古语使用情况怎么样？

答：青少年的蒙古语使用情况不如过去，蒙古语使用范围正在缩小，这是大环境影响所致。蒙古语授课班逐渐减少，学习蒙古语的机会越来越少。

问：为什么一些蒙古族学生不愿意入蒙古族学校？这样的人有多少？

答：我认为，现在汉语文书籍多，汉族学校多，升学容易，升学机会多，蒙古语授课班少，学了蒙古语文后出路少，不好找工作。不愿意学蒙古语文的学生也不少，但是没有统计确切人数。

问：你怎么看待蒙古族学习汉语问题？

答：我认为蒙古族受汉语文化影响是正常现象。汉族人口多，国内共同语是汉语，日常生活中离不开汉语，文化的发展有了国际化的趋势，不应该排斥其他语言的影响，使用自己语言的同时还应该学习其他民族语言，无论汉语，还是少数民族语言都是在相互影响中发展。

问：蒙古语言和蒙古族文化的发展趋势怎样？

答：蒙古族文化的衰退现象现在不明显。现在许多大学生还能找到工作。如果真的出现蒙古族文化衰退现象的话，那是蒙古族人特别痛心的事情，实在难以接受。只要国家、自治区蒙古族干部和蒙古族人们，齐心协力、共同努力奋斗，蒙古族文化一定会发展。

问：你们现在说的蒙古语是什么样的蒙古语？可以叫作“混合话”吗？您怎么样看待“混合话”？产生的原因是什么？

答：我认为，真正的蒙古族文化不是混合文化，说混合话是特定地区的局部现象。汉语中也有许多外来词，如“粉丝”、“模特”、“英特尔”等。不只是在蒙古语中才有这种现象。新词术语用汉语直接说起来容易，有时蒙古语中找不到合适的名词术语。

问：采取哪些措施发展、保留蒙古语？

答：发展少数民族文化是一项系统工程。可以采取以下措施和办法：1. 希望国家、自治区加大对蒙古族教育的资金投入，多支持蒙古族的科研工作。2. 应提高从事少数民族教育工作者的社会地位和待遇，从而激励他们的工作积极性。3. 各级政府和领导，应更加重视少数民族教育工作。4. 自治区应更加完善发展蒙古族文化教育的有关政策、法律。5. 蒙古族自己也应重视蒙古族文化，特别是蒙古族干部不能忘记发展蒙古族文化教育的历史任务。

（四）蒙古族老人李·舍乐访谈录

访谈对象：李·舍乐，男，61岁，蒙古族。小学文化程度，花胡硕苏木大伙房嘎查人，农民。

访谈时间：2008年7月18日

问：你们在家里使用什么语言？

答：我们在家里都使用蒙古语。

问："混合话"是怎样产生的？

答：我们嘎查有十几户汉族人，他们之间都用汉语交谈，他们虽然能听懂蒙古语，但是与蒙古人交谈时都用汉语，他们的孩子们都会说蒙古语了。"混合话"就是在这种情况下产生的。

问：请您估计一下蒙古语今后的发展趋势。

答：我认为，蒙古语不会消失，会得到发展。

问：请您谈一下你们嘎查的情况。

答：我们这个村有200年的历史了，我来时只有10来户人家。那时候我们旗的王叫"温都尔"（意为"高"）王。过去我们村里有三口井，人们都喝这三口井的水，现在家家都有"洋井"（即自己打出来的井）。现在人们的生活发生了天翻地覆的变化。现在不仅减免了农业税，还发粮食补贴，对蒙古族学生上学给了很多优惠政策。这些都是胡锦涛主席领导得好，大家从心里钦佩他。现在的生活确实好。

问：您看蒙古文书报吗？您知道蒙古族的历史吗？

答：我经常看蒙古文报刊、电视，也经常听蒙古语广播。我们蒙古族有悠久的历史，是个了不起的民族，我们的祖先成吉思汗曾经征服过很多地方，当然这不对，但是这是历史事实。现在在胡锦涛主席的正确领导下各民族正在平等发展。

（五）民间说唱艺人班巴尔访谈录

访谈对象：班巴尔，男，46岁，蒙古族。中专，科左中旗海力锦嘎查人，通辽市广播电台编辑，民歌说唱艺人。

访谈时间：2008年7月27日

问:您的祖籍在哪里？出生地在哪里？现在在哪个单位工作？什么职业？

答:我的祖籍是蒙古贞(即辽宁省阜新蒙古族自治县)格根庙(大佛寺乡),现在在通辽市广播电台工作,任文艺编辑。

问:您是著名民间艺人,为蒙古族的文化艺术的发展做了很多工作。请谈一谈您在文化艺术方面所做的工作。

答:至今说唱了36部胡仁乌力格尔(说唱演义),演唱了100余首民歌,录制了18个民歌光盘,演唱的大型诗篇和演义有《成吉思汗》、《科尔沁颂》、《母亲的恩情》、《党的恩情》和《隋唐演义》、《兴唐五传》等。正准备创作和演唱《嘎达梅林》、《满都拉少爷》,还计划创作和演唱新的《好力宝》和胡仁乌力格尔。

问:您是怎样走上这条民间艺人道路的？

答:从16岁开始走上了民间艺人的道路,刚开始学唱的一首民歌叫《猪年的杏》。1980年来到当时的哲里木盟广播电台(今通辽市广播电台)工作。

问:关于蒙古族传统文化方面,现在大家知道的有多少？

答:我们科尔沁地区的蒙古人对民歌、说唱艺术的欣赏、理解能力很高。在这里诞生了琶杰、毛依汗、吴金宝、吴锁柱、长毛、吴·道尔吉、古尼嘎等许多著名说唱艺人,他们都是科尔沁人。科尔沁地区的人们从心底里愿意欣赏乌力格尔。在科尔沁地区民歌、胡仁乌力格尔生长、发展已有了很长的历史。

问:这里蒙古族人们的语言使用情况怎么样？请您估计一下今后蒙古语的发展趋势。

答:在嫩十个旗(即原嫩江流域十个旗)中达尔罕旗(即科左中旗)是最大的一个旗,也是较好地保持民族风俗习惯的一个旗,语言也较纯洁的一个地区,但是现在说混合话的现象很普遍,特别是在青少年的语言中这种现象很普遍。花胡硕苏木蒙古人的蒙古语水平较高,而玛拉沁、团结等地的蒙古人的蒙古语中"混合话"很多。下乡时用纯蒙古语说唱民歌、胡仁乌力格尔的话,许多年轻人听不明白,用"混合话"说唱才能听懂。在我们旗说"混合话"现象也越来越严重,对此我很伤心。我认为,今后的发展趋势是说汉语的人会越来越多,但是现在还没有失去说蒙古语的基础。如果我们从小学抓起,更加重视蒙古语的话,我们的蒙古族文化会得到发展。我作为广播电台的工作人员,至少在唱民歌,说胡仁乌力格尔中注意语言的纯洁性,以身作则,继续保持和发扬蒙古语文化的优良传统。

问:产生"混合话"的原因是什么？

答:我认为,环境的影响是产生"混合话"的原因。过去达尔罕王把土地卖给沈阳军阀、官僚,很多汉人进来我旗定居,蒙、汉族人们之间的交往日益增多,因而逐渐产生了"混合话"。现在很多家长把孩子送到汉语授课学校上学。我小时候村村都有小学,而现在绝大多数村里没有学校。今年通辽市的蒙古语授课生考大学的人数比过去减少很多,看来他们可能去了汉语授课学校。蒙古族领导干部和蒙古语文工作者,如果今后不重视这种现象,不努力工作的话,再过几十年不知出现什么情况,真使人担心。

问：这里的蒙古族人的生活情况怎么样？

答：达尔罕旗是奶乳满缸、牲畜满圈、牧草肥壮、五畜兴旺、飞禽争鸣的好地方。现在我们旗的经济、文化、教育有了很大的变化，人民的生活水平有了显著的改善。

（六）乌斯吐中学教师贾树元访谈录

访谈对象：贾树元，男，29 岁，蒙古族。大专文化程度，巴彦塔拉镇敖日其格嘎查人。

访谈时间：2008 年 7 月 19 日

问：请您简单介绍一下你们学校的情况。

答：我们学校的名称叫乌斯吐学校。共有 32 名教师。中学和小学共有 9 个班，其中小学 5 个班，学生 88 名。原先（1998 年）中学有 256 名学生，小学有 100 多名学生，前年两个学校合并成为一个学校。学生都是蒙古族。合并的原因主要有：一是由于人们的生活水平得到提高，家长们选择条件好的学校，送孩子到苏木、镇的学校学习，不愿意送到条件不好的嘎查学校学习；另一个是由于实行计划生育政策而孩子的数量减少了。

问：你们在家里用什么语言？

答：在家里都用蒙古语。

问：在学校里用什么语言？

答：在学校都用蒙古语。

问：在公共场所、会议中用什么语言？

答：学生们的蒙古语水平很高，在公共场所、会议中都使用蒙古语。在学校里有两名汉族老师，他们长期工作在蒙古族地区，已能听懂蒙古语，因此有汉族老师的会议中也用蒙古语。

问：家长们愿意送孩子到蒙古族学校学习吗？

答：大多数家长愿意送孩子到蒙古族学校学习；也有少数家长愿意送孩子到汉族学校学习，因为学习汉语文后即使升不了学校，在社会上交际更方便（因为在我们国家汉族人多）。

问：蒙古族学生愿意学习汉语吗？

答：学生们愿意学习汉语文，从小学三年级开始学习汉语文。

问：您怎样看待蒙古族语言文字的发展趋势？

答：我认为每个民族的语言文字的发展中都存在波浪式的现象。我们民族的语言文字的发展趋势的现状不太理想。如果大家更加重视蒙古语文工作，更多地开展有利于蒙古语文工作的活动，特别是在学校里更加强调使用蒙古语文的话，我们的蒙古语文会得到发展。

（七）花胡硕苏木中心小学教师包丽萍访谈录

访谈对象：包丽萍，女，33岁，蒙古族。本科，花胡硕苏木人。

访谈时间：2008年7月22日

问：请您简要介绍一下你们学校的情况。

答：我们学校是花胡硕苏木的中心小学，有15个班、400余名学生、48名教师。都用蒙古语授课，在公共场所、会议中都使用蒙古语。要求老师们在课堂上使用蒙古语标准音。我们学校学生的蒙古语水平较高。

问：您们在家里用什么语言？

答：我们在家里都使用蒙古语方言（即科尔沁土语），我还会蒙古文。

问：你们学校学生的汉语水平怎么样？

答：我们学校的学生从二年级开始学习汉语文，都愿意学习汉语文，但是汉语文水平不太高。

问：请您估计一下今后蒙古语的发展趋势。

答：我认为，我们蒙古族的语言文字绝不会消亡，而且随着蒙古族的发展，还会得到进一步发展，因为我们蒙古族是举世闻名的、很有影响的民族，同时还有党和国家的民族政策做保障。

（八）退休老人贾・布和访谈录

访谈对象：贾・布和，男，61岁，蒙古族。中专，巴彦塔拉镇敖日其格嘎查人。

访谈时间：2008年7月17日

问：您退休前做什么工作？

答：我退休前是教师，当了36年老师，教的是蒙古语文。

问：您的蒙古语水平怎么样？

答：我的蒙古语水平不错。

问：您的汉语水平怎么样？

答：会说点汉语，但是不太好，尤其是在语音、声调方面更差。

问：你们在家里用什么语言？

答：在家里主要使用蒙古语，儿媳是汉族人，会说蒙古语和汉语，孙子在汉族学校学习，他与母亲用汉语交谈，与我们用蒙古语交谈。儿媳用蒙古语表达不了的话用汉语。

问:采取哪些措施能发展和保护蒙古语?

答:从当教师起我就重视蒙古语,在社会上尽量多使用蒙古语,向青少年宣传使用民族语言的重要性。大家一定要发展和保护民族语言,因为,我们蒙古民族是有悠久历史和举世闻名的民族。

(九)族际婚姻家庭成员吴·宝玉访谈录

访谈对象:吴·宝玉,男,47岁,蒙古族。高中,农民,巴彦塔拉镇乌斯吐嘎查人。妻子王淑坤,汉族,农民。

访谈时间:2008年7月19日

问:你们在家中用什么语言?

答:在家中用汉语和蒙古语,一般多用汉语,同孩子们用汉语和蒙古语交谈。

问:在村里用什么语言?

答:在村里用蒙古语。

问:同妻子交谈用什么语言?

答:用汉语。

问:做买卖时用什么语言?

答:与汉族人做买卖时用汉语。

(十)中学生萨初拉访谈录

访谈对象:萨初拉,女,15岁,蒙古族。蒙古文初中一年级,花胡硕苏木大伙房嘎查人。

访谈时间:2008年7月19日

问:在家里你们说什么语言?

答:在家里用蒙古语。

问:你会说汉语吗?从什么时候开始学汉语文的?

答:会说一点汉语。从小学一年级开始学习汉语文。

问:在学校里用什么语言?

答:与老师交谈时用蒙古语,教汉语的老师是蒙古族人,上汉语课时老师用汉语,在其他时间都用蒙古语。

问:在家里你们说什么语言?

答:在家里都说蒙古语。

问:你的父母亲做什么工作?

答:我的父母亲都是农民。

问:你的父母亲用什么语言?

答:我的父母亲都用蒙古语。

问:学习汉语文有什么困难?

答:学习汉语文时学习词汇困难较大。

问:今后想继续学习吗?

答:今后想好好学习,上大学。

问:喜欢自己的民族吗?

答:我喜欢自己的蒙古族。

问:你们班里有多少学生? 都有哪些民族?

答:我们班里共有 56 名学生,都是蒙古族,没有其他民族。

问:会唱蒙古歌吗?

答:能听懂蒙古歌《白发母亲》,但不会唱。

(十一)蒙古语班蒙古族小学生苏民访谈录

访谈对象:苏民,女,12 岁,小学五年级,花胡硕苏木大伙房嘎查人。

访谈时间:2008 年 7 月 22 日

问:你的蒙古语、汉语说的怎么样?

答:我会说蒙古语,汉语也还可以。

问:在家里你们说什么语言?

答:在家里我们都说蒙古语。

问:你的父母亲做什么工作? 会说蒙古语吗?

答:我的母亲是理发员,父亲是电工,他们都会说蒙古语。

问:你们班里有多少同学? 有哪些民族的学生?

答:我们班共有 35 名学生,其中男生 19 名,女生 16 名,都是蒙古族人,都会说蒙古语。

问:你的父母亲有没有要求你一定要学会蒙古语?

答:我的父母亲都愿意让我上蒙古族学校学习。

问:你们什么时候开始学习汉语文?

答:我们从小学二年级开始学习汉语文。

问:学习汉语文有什么困难?

答:学习汉语文困难不大,能学好。

问:你愿意学习蒙古语吗?

答:我愿意学习蒙古语,学会蒙古语的话与蒙古族人之间交谈方便。

问:你有没有想过好好学习,今后到大城市上学?

答:我想好好学习,进大城市,考入清华大学。

问:你将来想做什么工作?

答:大学毕业后想当医生。

问:喜欢自己的民族吗?蒙古族是个什么样的民族?

答:我是蒙古人,我喜欢自己的蒙古族。蒙古族是有光荣文化传统和有道德的民族。

(十二)汉语班蒙古族小学生赵·呼吉乐访谈录

访谈对象:赵·呼吉乐,男,13岁,小学三年级,在通辽市逸夫小学学习,花胡硕苏木大伙房嘎查人。

访谈时间:2008年7月22日

问:你的蒙古语说的怎么样?

答:我的蒙古语水平不太好,有些话会说,有些话不会说。

问:在家里你们说什么语言?

答:在家里我们主要说汉语,与奶奶说话时使用蒙古语。

问:在学校里你们说什么语言?

答:在学校里我们都说汉语。

问:你的父母亲做什么工作?

答:我的父母亲是摩托车修理工。

问:你的父母亲会说蒙古语吗?

答:我的父母亲都会说蒙古语。

问:不会说蒙古语好不好?

答:不会说蒙古语不好,与蒙古族人交谈不方便。

问:你想学蒙古语吗?

答:我不想学蒙古语文。

问:你将来想做什么工作?

答:我想考大学,毕业后想当厨师。

问:你喜欢蒙古族吗?

答:我喜欢自己的蒙古族。

三　蒙古语五百词测试表

（一）编写说明

1. 测试的目的：为了更有效、更准确地掌握科左中旗蒙古族的蒙古语词汇量和发音情况，我们特制定了这个《蒙古语五百词测试表》。

2. 所选词汇大多是蒙古语中的基本词汇，包括各种名称和词类。

3. 根据不同对象，我们用 500 个词测试了 8 个人，用 200 个词测试了 4 个人。

（二）词汇量测试情况

1. 500 个词测试情况

表 3－1　被测试人基本情况表

序号	姓名	性别	年龄	文化程度	住址	职业
1	吴振玉	男	12	初中	前查干吉嘎查	学生
2	王丽英	女	14	初中	前查干花嘎查	学生
3	特布新	男	20	高中	前查干吉嘎查	学生
4	张玉山	男	37	初中	前查干花嘎查	农民
5	关巴图	男	38	高中	前查干吉嘎查	农民
6	朝鲁门	男	15	初中	前查干吉嘎查	农民
7	迎春	女	35	小学	前查干吉嘎查	农民
8	长岁	男	33	本科	花胡硕中学	教师

表 3－2　500 个词测试结果表①

序号	蒙古文	汉义	国际音标	被测试人序号和等级							
				1	2	3	4	5	6	7	8
1	ᠲᠣᠯᠣᠭᠠᠢ	头	tɔlɤg	A	A	A	A	A	A	A	A
2	ᠨᠢᠳᠦ	眼睛	nʉd	A	A	A	A	A	A	A	A

① 对一些词，一些被测试人的读音稍有差别。

（续表）

3		眉毛	xʉmsɤg	A	A	A	A	A	A	A	A
4		睫毛	sɔrɤmɤs	A	A	A	D	A	A	A	A
5		舌	xəl	A	A	A	A	A	A	A	A
6		口	ɑm	A	A	A	A	A	A	A	A
7		鼻子	xɑmɤr	A	A	A	A	A	A	A	A
8		嘴	ɷrʉːl	A	A	A	A	A	A	A	A
9		腭	tɑŋlɛː	A	A	A	A	A	A	A	A
10		额头	mɛŋlɛː	A	A	A	A	A	A	A	A
11		眼睑		A	C	D	D	D	D	D	A
12		眼珠		D	D	D	D	D	D	D	A
13		牙龈	biːl	A	C	A	A	A	A	A	A
14		牙齿	ʃid	A	A	A	A	A	A	A	A
15		耳朵	ʃix	A	A	A	A	A	A	A	A
16		辫子	giʤɤg	B	B	A	A	B	B	B	A
17		毛	ʉs	A	A	A	A	A	A	A	A
18		手	gɑr	A	A	A	A	A	A	A	A
19		脚	xʉl	A	A	A	A	A	A	A	A
20		胃	xɔdɔːd	C	B	A	A	A	A	A	A
21		肚子	gədɤs	A	B	A	A	A	A	A	A
22		肚脐	xiːs	A	B	A	A	A	A	A	A
23		心脏	ʤurɤx	A	A	A	A	A	A	A	A
24		肾	bʉɔːr	A	A	A	A	A	A	A	A
25		汗	xʉlɤs	A	A	A	A	A	A	A	A
26		鼻涕	nɷs	A	A	A	A	A	A	A	A
27		眼泪	nœlmɤs	A	A	A	A	A	A	A	A
28		尸体		D	B	A	A	A	D	D	A
29		指头	xɔrʉː	A	A	A	A	A	A	A	A
30		指甲	xɔms	A	A	A	A	A	A	A	A
31		拳头	ʧyɛntʉː（nɷdrɤg）	汉	A	D	A	汉	汉	汉	汉
32		肌肉	bɔlʧiŋ	A	D	A	A	A	A	A	A
33		筋	ʃirbɤs	A	C	A	A	A	A	A	A
34		皮	ɑrɤs	A	C	A	A	A	A	A	A
35		肉	mɑx	A	C	A	A	A	A	A	A
36		血	ʧɷs	A	A	A	A	A	A	A	A
37		掌	ɷl	A	A	A	A	A	A	A	A
38		踵	bœrɤb	A	A	A	A	A	A	A	A

（续表）

39	[illegible]	膝盖	əbdɤg	A	A	A	A	A	A	A	A
40	[illegible]	大腿	gɵj	A	A	D	A	A	A	A	A
41	[illegible]	腿根内侧	（xɑs）	D	A	D	A	D	A	D	A
42	[illegible]	胆	sʉs	A	D	A	D	A	A	A	A
43	[illegible]	骨	jɛs	A	A	A	A	A	A	A	A
44	[illegible]	粪	bɑːs	A	B	A	A	A	A	A	A
45	[illegible]	尿	ʃəːs	A	A	A	A	A	A	A	A
46	[illegible]	被子	xʉnʤʉl	A	A	A	A	A	A	A	A
47	[illegible]	褥子	dəbsgɤr	A	A	A	A	A	A	A	A
48	[illegible]	枕头	ʤəntʉː（dər）	汉	A	D	A	B	汉	汉	A
49	[illegible]	裤子	əmɤd	A	D	A	汉	A	A	A	A
50	[illegible]	上衣	dəːl	B	A	A	A	B	B	C	A
51	[illegible]	鞋	ʃɑːxɑː	A	A	A	D	A	A	A	A
52	[illegible]	靴子	gɵtɤl	B	A	A	A	A	汉	汉	A
53	[illegible]	袜子	œːmɤs	A	B	A	A	A	A	A	A
54	[illegible]	门	ʉːd	A	A	A	A	A	A	A	A
55	[illegible]	窗户	ʃɔŋ	A	A	A	A	A	A	A	A
56	[illegible]	桌子	ʃirəː	A	A	A	A	A	A	A	A
57	[illegible]	椅子	bɑndɤŋ(sɑndɤl)	D	A	A	A	A	汉	D	A
58	[illegible]	碗	ɑjɤg	A	A	A	A	A	A	A	A
59	[illegible]	筷	sɑbɤx	A	A	A	A	A	A	A	A
60	[illegible]	勺子	ʃɛnɤg	A	A	A	A	A	A	A	A
61	[illegible]	碟子	diəːs	汉	A	B	A	汉	汉	汉	汉
62	[illegible]	盆子	pəŋs	A	A	A	A	A	A	A	A
63	[illegible]	杯子	ʃɔmɔː	A	A	A	A	A	A	A	A
64	[illegible]	缸	gɑŋ	A	A	A	A	A	A	A	A
65	[illegible]	器皿	sɑb	C	B	D	A	A	A	C	A
66	[illegible]	箱子	ɛbdɤr	B	B	A	D	A	A	B	A
67	[illegible]	橱柜	xɔrɤg	C	A	D	A	A	A	B	A
68	[illegible]	电视	densʅ	汉	C	A	汉	汉	汉	汉	汉
69	[illegible]	斧头	sʉx	A	汉	A	D	A	A	A	A
70	[illegible]	锯子	xərəː	A	A	D	A	A	A	A	A
71	[illegible]	镰刀	xɑdʉːr	A	B	A	A	A	A	A	A
72	[illegible]	钩	gɔx	A	A	A	A	A	A	A	A
73	[illegible]	钩子	dəgəː	D	A	A	A	A	A	A	A
74	[illegible]	刀	xɵtɤg	A	D	A	C	A	A	A	A

（续表）

75	[illegible]	锥子	ʃibɤg	A	A	A	A	A	A	A	A
76	[illegible]	针	ʤʉː	A	B	A	A	A	A	A	A
77	[illegible]	线	ɷtɤs	A	A	A	A	A	A	A	A
78	[illegible]	锄头	jaŋsɷːr	D	A	D	A	D	A	D	A
79	[illegible]	拖拉机	tʉəlaːʤiː	汉	D	A	D	汉	汉	汉	汉
80	[illegible]	摩托车	məːtəː	汉	B	A	D	汉	汉	汉	汉
81	[illegible]	井	xɷdɤg	A	汉	A	A	A	A	A	A
82	[illegible]	狗	nɔxɔː	A	A	A	A	A	A	A	A
83	[illegible]	猪	gaxaː	A	A	A	A	A	A	A	A
84	[illegible]	羊	xɔj	A	A	A	A	A	A	A	A
85	[illegible]	山羊	jamaː	A	A	A	D	A	A	A	A
86	[illegible]	山羊羔	（xɷrɤg）	B	A	A	A	C	D	C	A
87	[illegible]	猪崽	tœrœː	D	A	D	D	C	D	C	A
88	[illegible]	狗崽	gʉlɤg	A	A	D	D	A	A	A	A
89	[illegible]	牲畜	mal	C	A	A	A	A	A	A	A
90	[illegible]	奶牛	ʉjəː	B	A	A	A	A	A	A	A
91	[illegible]	公牛	bɔx	B	A	A	A	A	A	A	A
92	[illegible]	牛犊	tɷgɤl	A	C	A	A	A	A	A	A
93	[illegible]	马	mœr	A	A	A	A	A	A	A	A
94	[illegible]	马驹	ɷnɤg	A	A	A	A	A	A	A	A
95	[illegible]	（二岁的）马	daːg	D	A	A	A	C	A	C	A
96	[illegible]	驴	əlʤɤg	A	D	A	A	A	A	A	A
97	[illegible]	骡子	lɷːs	A	A	D	A	A	A	A	A
98	[illegible]	鸡	tɛxaː	A	A	A	A	A	A	A	A
99	[illegible]	鸡雏	ʃɔrɤb	B	A	D	A	A	A	A	A
100	[illegible]	鹅	galʉː	A	A	A	A	A	A	A	A
101	[illegible]	鱼	ʤagɤs	A	A	A	A	A	A	A	A
102	[illegible]	鱼花，鱼苗		A	A	D	A	B	B	B	A
103	[illegible]	青蛙	gɷardaː	汉	A	A	D	A	B	汉	A
104	[illegible]	鸭	jaːs	汉	A	A	A	B	汉	汉	A
105	[illegible]	蛋	ʉndɤg	A	A	A	A	A	A	A	A
106	[illegible]	崽，仔	ʤɔlʤɤg	A	A	A	A	A	A	A	A
107	[illegible]	睡	ɷntɤx	A	A	A	A	A	A	A	A
108	[illegible]	躺	xəbtɤx	A	A	A	A	A	A	A	A
109	[illegible]	吃	idɤx	A	A	A	A	A	A	A	A
110	[illegible]	喝	ɷːx	A	A	A	A	A	A	A	A

（续表）

111	[illegible]	笑	ijəːx	A	A	A	A	A	A	A	A
112	[illegible]	哭	ɷɛːlɤx	A	B	A	A	A	A	A	A
113	[illegible]	愁	ʤəbɤx	A	B	A	A	A	A	A	A
114	[illegible]	高兴	bajlɤx	A	B	A	A	A	A	A	A
115	[illegible]	站	ʤɔgsɤx	A	B	A	A	A	A	A	A
116	[illegible]	跑	gyːx	A	B	A	A	A	A	A	A
117	[illegible]	饿	ʉlsɤx	A	B	A	A	A	A	A	A
118	[illegible]	冷	daːrɤx	A	B	A	A	A	A	A	A
119	[illegible]	累	jɛdɤx	A	A	A	A	A	A	A	A
120	[illegible]	怕	ɛːx	A	A	A	A	A	A	A	A
121	[illegible]	惊	ʧœʧɤx	A	A	C	A	A	A	A	A
122	[illegible]	畏惧，恐慌		D	A	C	A	D	D	B	A
123	[illegible]	胆怯		D	D	D	D	D	D	D	A
124	[illegible]	疼	əbdɤx	A	A	A	A	A	A	A	A
125	[illegible]	生，分娩	tʉrɤx	A	A	A	A	A	A	A	A
126	[illegible]	死	ʉxɤx	A	A	A	A	A	A	A	A
127	[illegible]	盖	xɷʃɤx	A	A	A	A	A	A	A	A
128	[illegible]	写	biʧix～bisix	A	A	A	A	A	A	A	A
129	[illegible]	听	sɔŋsɤx	A	A	A	A	A	A	A	A
130	[illegible]	聊		D	D	D	D	B	B	D	A
131	[illegible]	做梦，梦见	ʤʉːdlɤx	A	A	A	A	A	A	A	A
132	[illegible]	说	xəlɤx	A	A	A	A	A	A	A	A
133	[illegible]	讲	jɛrɤx	A	A	A	A	A	A	A	A
134	[illegible]	唱	dɷːlɤx	A	A	A	A	A	A	A	A
135	[illegible]	跳舞		汉	汉	汉	A	B	B	汉	A
136	[illegible]	跳	ʉsrɤx	A	A	A	A	A	A	A	A
137	[illegible]	跳，跳跃	xɛrɛːx	B	B	A	A	A	B	B	A
138	[illegible]	倒，颠倒	tɔŋɤrʃɔːx	B	A	A	A	B	B	A	A
139	[illegible]	编	gʉrɤx	A	B	A	A	A	A	A	A
140	[illegible]	穿	əmsɤx	A	A	A	A	A	A	A	A
141	[illegible]	戴	ʤʉəːx	B	汉	A	A	A	A	A	A
142	[illegible]	脱	tɛːlɤx	A	A	A	A	A	A	A	A
143	[illegible]	呼吸	ɛmsgɤx	A	A	A	A	A	A	A	A
144	[illegible]	骂	xaraːx	A	A	A	A	A	A	A	A
145	[illegible]	揍		B	C	D	A	B	B	B	A
146	[illegible]	打	ʃɔxɤx	A	A	A	A	A	A	A	A

（续表）

147	[illegible]	弄碎，破碎	nɛʧɤlɤx	B	C	B	D	C	C	D	A
148	[illegible]	打，捶，擂	bɑlmɤlɤx	A	A	A	A	A	A	A	A
149	[illegible]	损坏，破坏	əbdɤx	B	B	B	A	B	B	A	A
150	[illegible]	背	ʉːrɤx	A	A	A	A	A	A	A	A
151	[illegible]	断	xɷglɤx	A	A	A	A	A	A	A	A
152	[illegible]	弄断，切断	tɑslɤx	A	A	A	A	A	A	A	A
153	[illegible]	钩	gɔxtɤx	A	A	A	A	A	A	A	A
154	[illegible]	扔		D	D	B	D	C	C	D	A
155	[illegible]	抛弃	xɑjɤx	A	C	A	B	A	B	B	A
156	[illegible]	漏	gɔːʤɤx	A	A	A	A	A	A	A	A
157	[illegible]	等	xʉləːx	A	A	A	A	A	A	A	A
158	[illegible]	给	ʉgɤx	A	A	A	A	A	A	A	A
159	[illegible]	取，拿	ɑbɤx	A	A	A	A	A	A	A	A
160	[illegible]	缝	ɔjɤx	A	A	A	A	A	A	A	A
161	[illegible]	补	nʉxɤx	A	A	A	A	A	A	A	A
162	[illegible]	打开	nəːx	A	A	A	A	A	A	A	A
163	[illegible]	关	xɑːx	A	A	A	A	A	A	A	A
164	[illegible]	切，割	ɔgtɤlɤx	A	B	A	B	A	A	A	A
165	[illegible]	飞	nɛsɤx	A	A	A	A	A	A	A	A
166	[illegible]	害羞	iʃix	A	A	A	A	A	A	A	A
167	[illegible]	害臊，难为情	ʃirbəːtɤx	D	D	D	D	C	B	D	A
168	[illegible]	转	ərgɤx	A	B	A	B	A	A	A	A
169	[illegible]	教	ʤɑːx	A	A	A	A	A	A	A	A
170	[illegible]	借	ʤəːlɤx	A	A	A	A	A	A	A	A
171	[illegible]	还	bɔʧɔːx	D	A	C	D	C	B	C	A
172	[illegible]	看	ʉʤɤx	A	A	A	A	A	A	A	A
173	[illegible]	欣赏		B	D	B	A	A	B	D	A
174	[illegible]	夹	xɛbʃɤx	A	A	A	D	A	A	A	A
175	[illegible]	卖	xɷldɤx	A	A	A	A	A	A	A	A
176	[illegible]	摸	təmtɤrɤx	A	A	A	A	A	A	A	A
177	[illegible]	杀	ɑlɤx	A	A	A	A	A	A	A	A
178	[illegible]	烧	xɛtɤx	A	B	A	D	A	A	A	A
179	[illegible]	晒	əːx	D	汉	B	A	B	B	D	A
180	[illegible]	舔	dəlɔːx	A	A	A	A	A	A	A	A
181	[illegible]	推	tʉlxɤx	A	A	A	A	A	A	A	A

（续表）

182	[illegible]	拉	tatɤx	A	D	A	D	A	A	A	A
183	[illegible]	问	ɑsɷːx	A	A	A	A	A	A	A	A
184	[illegible]	洗	ɷgɑːx	A	A	A	A	A	A	A	A
185	[illegible]	挖	ɷxɤx	A	A	A	A	A	A	A	A
186	[illegible]	抛，挖	mɑltɤx	A	A	A	A	A	A	A	A
187	[illegible]	嗅，闻	ʉjɤrtɤx	A	A	A	D	A	A	A	A
188	[illegible]	咬，叮	xɑʤix	B	D	B	A	A	A	A	A
189	[illegible]	咬	ʤɷːx	A	A	A	A	A	A	A	A
190	[illegible]	煮	ʧɛnɤx	A	D	A	A	A	A	A	A
191	[illegible]	知道	mɤdɤx	A	A	A	A	A	A	A	A
192	[illegible]	迈，迈步	ɑlxɤx	A	A	A	A	A	A	A	A
193	[illegible]	踏，踩	giʃgɤx	A	A	A	A	A	A	A	A
194	[illegible]	拳打	nɵdrɤgdɤx	汉	D	D	A	汉	汉	汉	汉
195	[illegible]	炒	xɷːrɤx	A	A	A	A	A	A	A	A
196	[illegible]	煎	xɛːrɤx	A	A	A	A	A	A	A	A
197	[illegible]	沸，开	bɔʃɤlɤx	A	A	A	A	A	A	A	A
198	[illegible]	扎，插，刺	xɑtgɤx	A	A	A	A	A	A	A	A
199	[illegible]	做	xiːx	A	A	A	A	A	A	A	A
200	[illegible]	筑巢，造窝	ʉːrgɤlɤx	A	A	A	A	A	A	A	A
201	[illegible]	一	nəg	A	A	A	A	A	A	A	A
202	[illegible]	二	xɔjɤr	A	A	A	A	A	A	A	A
203	[illegible]	三	gɷrɤb	A	A	A	A	A	A	A	A
204	[illegible]	四	dʉrɤb	A	A	A	A	A	A	A	A
205	[illegible]	五	tɑb	A	A	A	A	A	A	A	A
206	[illegible]	六	ʤɛrgɑː	A	A	A	A	A	A	A	A
207	[illegible]	七	dɔlɔː	A	A	A	A	A	A	A	A
208	[illegible]	八	nɛːm	A	A	A	A	A	A	A	A
209	[illegible]	九	is	A	A	A	A	A	A	A	A
210	[illegible]	十	ɑrɤb	A	A	A	A	A	A	A	A
211	[illegible]	百	ʤɷː	A	A	A	A	A	A	A	A
212	[illegible]	千	mɛŋ	A	A	A	A	A	A	A	A
213	[illegible]	万	tʉm	D	A	A	A	A	A	A	A
214	[illegible]	百万		D	D	A	D	B	B	D	A
215	[illegible]	千万		D	B	D	D	A	A	B	A
216	[illegible]	亿		D	A	D	A	A	A	A	A
217	[illegible]	天	təŋɤr	A	A	A	A	A	A	A	A

（续表）

218	[illegible]	地	gɑʤir	A	A	A	A	A	A	A	A
219	[illegible]	太阳	nɑr	A	A	A	A	A	A	A	A
220	[illegible]	月亮	sɑr	A	A	A	A	A	A	A	A
221	[illegible]	星	ɔd	A	A	A	A	A	A	A	A
222	[illegible]	云	ʉːl	A	A	A	D	A	A	A	A
223	[illegible]	云雾	bɔdɤŋ	A	D	A	A	A	A	B	A
224	[illegible]	雾气	manɤŋ	A	A	A	A	A	A	A	A
225	[illegible]	雷		D	D	B	A	B	B	D	A
226	[illegible]	电	dɛn	汉	A	A	D	B	B	汉	A
227	[illegible]	风	sɛlxɤn	B	D	A	A	A	A	A	A
228	[illegible]	甘露	xɷr	D	A	D	A	A	A	D	A
229	[illegible]	雨	bɔrɔːn	A	A	A	A	A	A	A	A
230	[illegible]	冰雹	məndɤr	A	A	A	A	A	A	A	A
231	[illegible]	彩虹	sɔlɤŋ	A	C	A	A	A	A	A	A
232	[illegible]	露	sʉgdɤr	A	D	A	A	A	A	A	A
233	[illegible]	霜	xɛrʉː	汉	A	A	A	A	A	汉	A
234	[illegible]	雪	ʧɑs～ʃɑs	A	A	A	A	A	A	A	A
235	[illegible]	暴风雪	ʃɷːrɤg	B	A	A	A	A	A	A	A
236	[illegible]	空气	ɑgɑːr	B	A	A	A	A	C	B	A
237	[illegible]	火	gɑl	A	A	A	A	A	A	A	A
238	[illegible]	水	ɷs	A	A	A	A	A	A	A	A
239	[illegible]	冰	məs	A	A	A	A	A	A	A	A
240	[illegible]	土	ʃɔrɔː	A	A	A	A	A	A	A	A
241	[illegible]	灰尘	tɔːs	A	A	A	A	A	A	A	A
242	[illegible]	灰，灰烬	ʉnɤs	A	A	A	A	A	A	A	A
243	[illegible]	树，树木	mɔd	A	A	A	A	A	A	A	A
244	[illegible]	石头	ʧɷlʉː～ʃɷlɷː	A	A	A	A	A	A	A	A
245	[illegible]	金	ɑlt	A	A	A	A	A	A	A	A
246	[illegible]	银	məŋ	A	A	A	A	A	A	A	A
247	[illegible]	铁	tʉmɤr	A	D	A	A	A	A	A	A
248	[illegible]	盐	dabɤs	A	D	A	A	A	A	A	A
249	[illegible]	村子		D	D	D	D	C	C	D	A
250	[illegible]	村庄	ɛːl	A	A	A	A	A	A	A	A
251	[illegible]	家	gər	A	A	A	A	A	A	A	A
252	[illegible]	房子		D	D	C	D	B	C	C	A
253	[illegible]	年	ɔn	A	A	A	A	A	A	A	A

（续表）

254	[illegible]	年，年份	ʤil	A	A	A	A	A	A	A	A
255	[illegible]	前年	ɑrʤin	A	A	A	A	A	A	A	A
256	[illegible]	去年	nɛdnɤn	A	B	A	A	A	A	A	A
257	[illegible]	后年	xœːd ʤil	A	A	A	A	A	A	A	A
258	[illegible]	春	xabɤr	A	A	A	A	A	A	A	A
259	[illegible]	秋	namɤr	A	A	A	A	A	A	A	A
260	[illegible]	夏	ʤɑn	A	A	A	A	A	A	A	A
261	[illegible]	冬	əbɤl	A	A	A	A	A	A	A	A
262	[illegible]	月	sar	A	A	A	A	A	A	A	A
263	[illegible]	正月	ʧagaːn sar	B	B	A	A	A	A	B	A
264	[illegible]	腊月	laː sar	D	A	A	A	A	A	D	A
265	[illegible]	月初		B	A	B	A	A	A	B	A
266	[illegible]	天，日	ʉdɤr	A	A	A	A	A	A	A	A
267	[illegible]	今天	ən ʉdɤr	A	A	A	A	A	A	A	A
268	[illegible]	昨天	ʉʧəːdɤr	A	A	A	A	A	A	A	A
269	[illegible]	前天	ɑrʤin ʉdɤr	A	D	A	A	A	A	A	A
270	[illegible]	明天	magaːtɤr	A	A	A	A	A	A	A	A
271	[illegible]	后天	nʉgəːdɤr	A	A	A	A	A	A	A	A
272	[illegible]	初一		A	D	A	D	A	A	A	A
273	[illegible]	初十		B	D	A	D	A	A	A	A
274	[illegible]	正月十五	arbɤn tabɤn	A	A	A	A	A	A	A	A
275	[illegible]	除夕	(gɑʧin)	A	A	B	D	A	C	D	A
276	[illegible]	早晨	ərtəːgʉr	B	A	A	A	B	B	C	A
277	[illegible]	早晨	ərt	A	A	A	A	A	A	A	A
278	[illegible]	晚间，晚上	ʉdɤʃ	C	D	B	D	B	C	C	A
279	[illegible]	晚上	œrœː	A	汉	A	A	A	A	A	A
280	[illegible]	夜，夜间	sʉn	A	C	A	D	A	A	A	A
281	[illegible]	午夜，半夜	sʉndʉl	D	D	C	D	B	C	C	A
282	[illegible]	时间，时刻	ʧag～ʃag	A	汉	A	D	A	A	A	A
283	[illegible]	刻		D	D	D	D	B	A	D	A
284	[illegible]	五行	tabɤn maxməd	D	A	D	D	A	B	D	A
285	[illegible]	阳		D	D	D	A	A	B	D	A
286	[illegible]	阴		D	A	D	A	A	B	D	A
287	[illegible]	季节		A	A	A	A	A	A	B	A
288	[illegible]	荒地	atɤr gaʤir	B	A	A	A	A	A	B	A
289	[illegible]	田，庄稼	tɛrɛː	A	D	A	B	A	A	A	A

（续表）

290	ᠬᠡᠭᠡᠷᠡ	原野	xəːr	A	B	A	A	A	A	A	A
291	ᠲᠠᠯ᠎ᠠ	平原，平川	tal	A	D	A	D	A	A	A	A
292	ᠬᠠᠳᠠᠯᠠᠩ	草场	xadlɤŋ	D	D	A	D	A	B	C	A
293	ᠪᠡᠯᠴᠢᠭᠡᠷ	牧场，草场	bəlʧəːr	A	A	A	A	A	A	A	A
294	ᠭᠣᠪᠢ	戈壁		D	D	A	A	A	B	D	A
295	ᠡᠯᠡᠰᠦ	沙，砂	əlɤs	D	D	A	A	A	A	B	A
296	ᠮᠠᠩᠬ᠎ᠠ	沙岗，沙丘	maŋ	A	B	A	A	A	A	A	A
297	ᠡᠷᠭᠢ	岸，坎，崖	ərɤg	D	A	A	A	A	C	B	A
298	ᠴᠠᠬᠢᠭᠤᠷ	火石，硅		D	汉	D	A	C	C	D	A
299	ᠬᠠᠳᠠ	岩	xad	B	汉	A	D	A	A	A	A
300	ᠪᠦᠳᠦᠬᠦᠨ	粗	bʉdʉːn	A	D	A	D	A	A	A	A
301	ᠨᠠᠷᠢᠬᠤᠨ	细	nɛriːn	B	D	A	A	A	B	C	A
302	ᠰᠤᠪᠠᠭ	隧道	sɔbɤg	汉	A	C	A	A	A	D	A
303	ᠨᠦᠬᠡ	洞		D	A	D	A	A	B	D	A
304	ᠨᠡᠭᠦᠷᠡᠰᠦ	煤炭	miː	汉	A	A	D	汉	汉	汉	A
305	ᠲᠦᠯᠢᠶ᠎ᠡ	柴火	tʉlɛː	A	C	A	A	A	A	A	A
306	ᠤᠰᠤ	水	ɷs	A	B	A	A	A	A	A	A
307	ᠳᠠᠯᠠᠢ	海	dɛlɛː	A	A	A	A	A	A	A	A
308	ᠲᠡᠩᠭᠢᠰ	大湖	tɛŋxɤs	C	C	B	A	A	A	C	A
309	ᠨᠠᠭᠤᠷ	湖	nɑːr	A	A	A	A	A	A	B	A
310	ᠪᠤᠯᠠᠭ	泉	bɔlɤg	A	A	A	A	A	A	A	A
311	ᠬᠤᠳᠳᠤᠭ	井	xɷdɤg	A	汉	A	A	A	A	A	A
312	ᠮᠥᠷᠡᠨ	江	mərɤn	B	D	D	A	A	A	B	A
313	ᠭᠣᠣᠯ	河	gɔl	A	A	A	A	A	A	A	A
314	ᠬᠦᠭᠦᠷᠭᠡ	桥	xʉərɤg	A	汉	A	A	A	A	A	A
315	ᠨᠠᠷᠠᠰᠤ	松，松树	narɤs	A	B	A	A	A	A	A	A
316	ᠮᠡᠶᠢᠯᠡᠰᠦ	柏	mɛːlɤs	D	D	C	A	A	A	C	A
317	ᠬᠤᠯᠤᠰᠤ	竹，竹子	xɷls	D	A	A	A	A	A	C	A
318	ᠬᠠᠢᠯᠠᠰᠤ	榆	xɛːlɤs	D	A	B	A	A	A	B	A
319	ᠪᠤᠷᠭᠠᠰᠤ	柳，柳条	bargas	A	A	A	A	A	A	A	A
320	ᠣᠢ	林，森林	œi	A	A	A	A	B	A	A	A
321	ᠰᠢᠭᠤᠢ	林，树林		C	D	A	A	A	A	C	A
322	ᠨᠠᠪᠴᠢ	叶子	lɛbɤʃ	A	A	A	A	A	A	A	A
323	ᠤᠭ	根	ɷg	A	A	A	A	A	A	A	A
324	ᠢᠰ	茎	iʃ	A	D	A	A	A	A	A	A
325	ᠰᠠᠯᠠᠭ᠎ᠠ	枝	Salaː	A	A	A	A	A	A	A	A

（续表）

326	[illegible]	榆树皮	dɵrɤs	D	D	D	A	A	A	C	A
327	[illegible]	草	əbɤs	A	A	A	A	A	A	A	A
328	[illegible]	葵花	mɔːskɔː	汉	A	A	A	汉	汉	汉	A
329	[illegible]	谷子，小米	nɛrɤm	A	A	A	A	A	A	A	A
330	[illegible]	高粱	ʃiʃi badaː	A	A	A	D	A	A	A	A
331	[illegible]	荞麦	sagɤd	A	D	A	D	A	A	A	A
332	[illegible]	小麦	mɛːs	C	A	A	D	B	A	C	A
333	[illegible]	水稻	dɵtɤrɤg～dɔːs	汉	D	A	D	汉	C	汉	A
334	[illegible]	蒙古米	mɔŋɤl am	B	A	A	A	A	A	B	A
335	[illegible]	花	xɵaːr	A	D	A	D	B	B	B	A
336	[illegible]	兰花	mɛːlaŋ	D	D	D	A	D	D	D	A
337	[illegible]	包米	bɔːmiː	汉	A	A	A	汉	汉	汉	A
338	[illegible]	蜂蜜	bal	A	D	A	A	A	A	A	A
339	[illegible]	柳树	ɵd	汉	D	A	D	A	A	汉	A
340	[illegible]	杨树	xɵntɤr mɔd	汉	D	汉	D	A	A	汉	A
341	[illegible]	豆，豆子	bɔrʧɤg	A	D	A	D	A	A	A	A
342	[illegible]	绿豆	liːdʉː	汉	A	汉	A	汉	汉	汉	A
343	[illegible]	黄豆	xɵaŋdʉː	汉	A	汉	A	汉	汉	汉	A
344	[illegible]	土豆	diːdʉl	汉	D	汉	D	D	汉	汉	A
345	[illegible]	茄子	xaʃ	A	D	A	A	A	A	A	A
346	[illegible]	白菜	ʃagaːn nɔgɔː	A	A	A	A	A	A	A	A
347	[illegible]	核桃	xɔʃɤg	D	B	A	A	A	D	D	A
348	[illegible]	芝麻	balɤŋ	A	A	A	A	A	A	A	A
349	[illegible]	萝卜	lɔːbɤŋ	A	A	A	A	A	A	A	A
350	[illegible]	芥菜	mɛnʤiŋ	A	A	A	A	A	A	A	A
351	[illegible]	狮子	arslɤŋ	A	A	A	A	A	A	A	A
352	[illegible]	虎	bar	A	A	A	A	A	A	A	A
353	[illegible]	狼	ʧɔn	A	A	A	A	A	A	A	A
354	[illegible]	鹿	bɔg	A	D	A	C	A	A	A	A
355	[illegible]	猴子	samʤ	A	D	A	D	A	A	A	A
356	[illegible]	狐狸	ʉnɤg	A	B	B	D	A	A	A	A
357	[illegible]	獭		D	A	D	A	B	D	D	A
358	[illegible]	貂		D	A	A	D	C	D	D	A
359	[illegible]	松树		D	C	A	D	A	A	B	A
360	[illegible]	老鼠	xɔlgɤn	A	A	A	A	A	A	A	A
361	[illegible]	蝗虫	paːrʃag	D	D	C	D	D	D	D	A

（续表）

362	[illegible]	蟋蟀，蛐蛐	gɑːgɑː	汉	B	B	A	汉	汉	汉	A
363	[illegible]	人	xʉn	A	A	A	A	A	A	A	A
364	[illegible]	蒙古族	mɔŋɤl	A	A	A	A	A	A	A	A
365	[illegible]	满族	manʤ	D	A	A	A	A	A	A	A
366	[illegible]	汉族	xɛtɤd～jirgɤn	A	C	A	A	A	A	A	A
367	[illegible]	回族	xɑis	D	C	A	A	A	A	D	A
368	[illegible]	藏族	tʉbɤd	D	A	A	A	A	A	B	A
369	[illegible]	老百姓	jirgɤn	A	D	A	A	A	A	A	A
370	[illegible]	喇嘛	lɑm	A	D	A	D	A	A	A	A
371	[illegible]	尼姑	ʃabgɤnʧ	A	B	A	A	A	A	A	A
372	[illegible]	道人		D	B	D	A	C	D	D	A
373	[illegible]	摔跤手	bʉx	B	D	A	A	A	A	B	A
374	[illegible]	和尚	xəːʃɤŋ	A	A	A	A	A	A	A	A
375	[illegible]	民间艺人		C	D	A	A	B	A	C	A
376	[illegible]	歌唱家	dɑːʃ	A	D	A	B	A	A	A	A
377	[illegible]	巫，巫师	bəː	B	A	A	A	A	A	B	A
378	[illegible]	丫鬟		D	A	D	A	B	C	D	A
379	[illegible]	老师	bagʃ	A	A	A	A	A	A	A	A
380	[illegible]	徒弟	ʃɛb	B	A	A	A	A	A	A	A
381	[illegible]	男人，男子	ər	A	汉	A	D	A	A	A	A
382	[illegible]	女人，女子	əm	A	A	A	A	A	A	A	A
383	[illegible]	寡妇	gɑɑːxʉː	汉	汉	汉	D	汉	汉	汉	A
384	[illegible]	孤儿	ʉnʧin	A	D	A	D	A	A	A	A
385	[illegible]	祖父	jəːjəː	汉	C	D	A	汉	汉	汉	A
386	[illegible]	祖母	nɛːnɛː	汉	A	A	A	汉	汉	汉	A
387	[illegible]	父亲	ɑːb	D	C	D	D	D	D	D	A
388	[illegible]	母亲	əməː	D	C	D	D	D	D	D	A
389	[illegible]	婶子	ʃinsə	汉	D	D	D	汉	汉	汉	A
390	[illegible]	朋友		B	D	A	A	B	C	B	A
391	[illegible]	妻子	gərgiː	D	D	D	D	B	A	C	A
392	[illegible]	原配夫人		D	D	B	D	B	C	D	A
393	[illegible]	妾		D	D	D	A	C	D	D	A
394	[illegible]	哥哥	ɑʤɑː	B	D	A	A	C	B	B	A
395	[illegible]	嫂子	bərgiː	A	C	A	A	A	A	A	A
396	[illegible]	弟弟	dʉː	A	A	A	A	A	A	A	A
397	[illegible]	儿子	xʉː	A	A	A	A	A	A	A	A

（续表）

398	[illegible]	儿媳	bir	A	A	A	A	A	A	A	A
399	[illegible]	侄子	ɛʃ	A	A	A	A	A	A	A	A
400	[illegible]	孙子		D	D	D	D	D	D	D	A
401	[illegible]	亲戚	tʉrɤl	B	D	A	D	A	A	A	A
402	[illegible]	血统，血族	ɑdɤm	A	D	A	A	A	A	A	A
403	[illegible]	姓	ɔmɤg	A	A	A	D	A	A	A	A
404	[illegible]	辈	ʉj	A	A	A	A	A	A	A	A
405	[illegible]	亲戚	sɑtɤn	A	B	A	A	A	A	A	A
406	[illegible]	舅	nɑgʧ	A	B	A	D	A	A	A	A
407	[illegible]	舅舅	ʤʉːʤʉː	汉	D	D	D	汉	汉	汉	A
408	[illegible]	舅妈	ʤʉːmʉː	汉	D	D	A	汉	汉	汉	A
409	[illegible]	岳父	xɑdɤm ɑːb	A	A	A	A	A	A	A	A
410	[illegible]	岳母	xɑdɤm əːj	A	A	A	A	A	A	A	A
411	[illegible]	我	biː	A	A	A	A	A	A	A	A
412	[illegible]	你	ʃiː～ʧiː	A	A	A	A	A	A	A	A
413	[illegible]	他	tɑː	B	A	A	A	A	A	A	A
414	[illegible]	我们	bidɤn	A	A	A	A	A	A	A	A
415	[illegible]	这些人	ədɤn	A	A	A	D	A	A	A	A
416	[illegible]	他们	tədɤn	A	A	A	A	A	A	A	A
417	[illegible]	谁	xən	A	A	A	A	A	A	A	A
418	[illegible]	什么	jʉː	A	A	A	A	A	A	A	A
419	[illegible]	什么样的	jamɤr	A	A	A	A	A	A	A	A
420	[illegible]	鸡蛋	tɛxɑn ʉndɤg	A	A	A	A	A	A	A	A
421	[illegible]	酒	ɛrɤx	A	A	A	A	A	A	A	A
422	[illegible]	茶	ʧɛː	A	A	A	A	A	A	A	A
423	[illegible]	啤酒	piʤiʉ	汉	D	汉	汉	汉	A	汉	A
424	[illegible]	耳环	əːmɤg	A	A	A	A	A	A	A	A
425	[illegible]	手镯	bɔgʉː	A	B	A	A	A	A	A	A
426	[illegible]	戒指	bilʤɤŋ	A	A	A	A	A	A	A	A
427	[illegible]	后面	xœːtɛː	A	A	A	A	A	A	A	A
428	[illegible]	前面	ɑrtɛː	A	A	A	A	A	A	A	A
429	[illegible]	前	əmən	A	D	A	D	A	A	A	A
430	[illegible]	后	xœːn	A	D	A	D	A	A	A	A
431	[illegible]	东	ʤʉːntɛː	A	A	A	A	A	A	A	A
432	[illegible]	西	bɑrʉːntɛː	A	A	A	A	A	A	A	A
433	[illegible]	东边	ʤʉntɛː	A	A	A	A	A	A	A	A

（续表）

434	[illegible]	西边	baruːnteː	A	A	A	A	A	A	A	A
435	ᠶᠡᠬᠡ	大	jix	B	A	A	A	A	A	C	A
436	ᠪᠠᠭ᠎ᠠ	小	bag	汉	A	A	A	A	B	汉	A
437	ᠥᠨᠳᠥᠷ	高	ʉndɤr	A	A	A	A	A	A	A	A
438	ᠪᠣᠭᠣᠨᠢ	低	bœgɤn	A	A	A	A	A	A	A	A
439	ᠨᠢᠮᠭᠡᠨ	薄	niŋɤn	A	A	A	A	A	A	A	A
440	ᠵᠤᠵᠠᠭᠠᠨ	厚	ʤɷʤaːn	A	A	A	A	A	A	A	A
441	ᠲᠠᠷᠭᠤᠨ	肥	targɤn	B	A	B	A	A	B	B	A
442	[illegible]	瘦	ganbaː	汉	A	C	A	D	B	汉	A
443	ᠤᠷᠲᠤ	长	ɷrtaː	A	A	A	A	A	A	A	A
444	ᠣᠬᠣᠷ	短	ɔgtɤr	B	汉	C	D	B	B	B	A
445	ᠳᠦᠭᠦᠷᠭᠡᠩ	满	dʉːrɤŋ	A	B	A	A	A	A	A	A
446	[illegible]	多	ɛrbɤn	A	A	A	D	A	A	A	A
447	ᠴᠥᠬᠡᠨ	少	ʧʉəxɤn	B	A	A	A	A	A	B	A
448	[illegible]	直	asgɤːn	A	A	A	A	A	A	A	A
449	[illegible]	歪	mœʃgœː	B	A	A	A	B	A	B	A
450	ᠬᠠᠷ᠎ᠠ	黑	xar	A	A	A	A	A	A	A	A
451	ᠴᠠᠭᠠᠨ	白	ʃagaːn	A	D	A	D	A	A	A	A
452	ᠤᠯᠠᠭᠠᠨ	红	ɷlaːn	A	A	A	A	A	A	A	A
453	ᠨᠣᠭᠣᠭᠠᠨ	绿	nɔgɔːn	A	A	A	A	A	A	A	A
454	ᠬᠦᠨᠳᠦ	重	xʉndəː	A	A	A	A	A	A	A	A
455	ᠬᠥᠩᠭᠡᠨ	轻	xʉŋɤn	A	A	A	A	A	A	A	A
456	ᠬᠠᠲᠠᠭᠤ	硬	xatʉː	A	A	A	A	A	A	A	A
457	ᠵᠥᠭᠡᠯᠡᠨ	软	ʤʉəlɤn	A	A	A	A	A	A	A	A
458	ᠰᠢᠨ᠎ᠡ	新	ʃin	A	A	A	A	A	A	A	A
459	ᠬᠠᠭᠤᠴᠢᠨ	旧	xɷːʧin	A	A	A	A	A	A	A	A
460	ᠭᠠᠰᠢᠭᠤᠨ	苦	gaʃʉːn	A	A	A	A	A	A	A	A
461	[illegible]	咸	ʃɛndiː	汉	A	汉	A	汉	汉	汉	A
462	[illegible]	酸	sɷandiː	汉	A	D	A	汉	汉	汉	A
463	[illegible]	辣	laːdiː	汉	汉	D	D	汉	汉	汉	A
464	[illegible]	甜	tɛndiː	汉	D	D	D	汉	汉	汉	A
465	ᠬᠠᠯᠠᠭᠤᠨ	热	xalʉːn	A	D	A	D	A	A	A	A
466	ᠬᠦᠢᠲᠡᠨ	冷	xyːtʉn	A	D	A	D	A	A	A	A
467	ᠳᠦᠯᠢ	聋	dʉliː	A	D	A	D	A	A	A	A
468	[illegible]	哑	jaːbaː	A	A	A	D	A	A	A	A
469	[illegible] （ ᠪᠦᠦ ）	别（不）	bʉː	A	D	A	A	A	A	A	A

（续表）

470	[illegible]	鬼	ʤyːtgɤr	A	A	A	A	A	A	A	A
471	[illegible]	永远	xəʤəːdəːn	D	A	A	A	B	B	B	A
472	[illegible]	时刻		D	A	A	A	B	B	C	A
473	[illegible]	永远		B	B	A	A	C	B	C	A
474	[illegible]	永久，长久		D	A	C	A	C	C	D	A
475	[illegible]	突然	gənt	B	D	A	C	A	B	B	A
476	[illegible]	草率地		B	D	A	D	A	B	汉	A
477	[illegible]	一闪一闪地		B	D	A	A	A	B	B	A
478	[illegible]	瑟瑟，习习	sər sər	C	A	A	A	A	A	B	A
479	[illegible]	叽叽咕咕	ʃibɤr ʃibɤr	D	B	A	A	A	B	B	A
480	[illegible]	很，非常		D	B	B	A	C	B	C	A
481	[illegible]	极，很，颇	(lɔː)	C	A	A	A	B	B	C	A
482	[illegible]	绝对		D	B	B	D	C	C	C	A
483	[illegible]	一样	ɛdɤl	A	D	A	A	A	A	A	A
484	[illegible]	犹如，宛如		D	D	B	D	C	C	C	A
485	[illegible]	由于		D	D	B	D	D	D	D	A
486	[illegible]	为了	tʉlɛː	B	汉	A	D	A	A	B	A
487	[illegible]	多，余	gɑriː	D	A	A	D	A	A	B	A
488	[illegible]	每，各	bəriː	B	B	A	A	A	A	B	A
489	[illegible]	吗		B	A	B	A	C	C	B	A
490	[illegible]	是	mʉːn	A	A	A	A	A	B	B	A
491	[illegible]	不是	biʃɛː	A	B	A	A	A	A	A	A
492	[illegible]	仅，只		C	A	B	A	B	C	C	A
493	[illegible]	是，好	ʤaː	C	A	B	A	A	A	B	A
494	[illegible] ([illegible])	和	bɔlɔːd	D	A	D	A	D	D	D	A
495	[illegible]	但是，可是		D	D		D	D	D	D	A
496	[illegible]	如果，假如		D	D	A	A	D	D	D	A
497	[illegible]	啊唷，哎哟	jɔː jɔː	A	A	A	B	A	A	A	A
498	[illegible]	哈哈	xɑː xɑː	B	A	A	A	A	A	B	A
499	[illegible]	咪咪	miː miː	A	A	A	A	A	A	A	A
500	[illegible]	咕来咕来		D	A	D	A	D	B	D	A

2. 200 个词测试情况

表 3-3　被测试人基本情况表

序号	姓名	性别	年龄	文化程度	住址	职业
1	徐宁	男	10	小学	保康镇	学生
2	李杰	男	14	初中	架玛吐镇	学生
3	吴文宾	男	10	小学	后查干花嘎查	学生
4	敖日格勒	男	9	小学	后查干花嘎查	学生

表 3-4　200 个词测试结果表

序号	蒙古文	汉义	被测试人序号和等级			
			1	2	3	4
1	ᠲᠣᠯᠣᠭᠠᠢ	头	A	A	A	A
2	ᠨᠢᠳᠦ	眼睛	A	A	A	A
3	ᠬᠥᠮᠥᠰᠭᠡ	眉毛	A	A	A	A
4	ᠰᠣᠷᠮᠣᠰᠤ	睫毛	B	A	D	D
5	ᠬᠡᠯᠡ	舌	A	A	A	A
6	ᠠᠮᠠ	口	A	A	C	A
7	ᠬᠠᠮᠠᠷ	鼻子	A	A	A	A
8	ᠬᠣᠰᠢᠭᠤ	嘴	A	A	D	D
9	ᠬᠠᠴᠠᠷ	腮	D	D	D	D
10	ᠮᠠᠩᠨᠠᠢ	额头	A	A	A	A
11	ᠵᠠᠪᠢᠭᠢᠷ	眼睑	D	A	D	D
12	ᠬᠠᠷᠠᠴᠠᠭ	眼珠	D	D	D	D
13	ᠪᠤᠯᠠ	牙龈	D	D	D	D
14	ᠰᠢᠳᠦ	牙齿	A	A	A	A
15	ᠴᠢᠬᠢ	耳朵	A	A	A	A
16	ᠭᠡᠵᠢᠭᠡ	辫子，头发	A	A	D	D
17	ᠦᠰᠦ	毛	A	A	A	A
18	ᠭᠠᠷ	手	A	A	A	A
19	ᠬᠥᠯ	脚	A	A	A	A
20	ᠬᠣᠳᠣᠭᠣᠳᠣ	胃	A	B	D	D
21	ᠭᠡᠳᠡᠰᠦ	肚子	A	A	A	A
22	ᠬᠦᠢᠰᠦ	肚脐	C	B	D	D
23	ᠵᠢᠷᠦᠬᠡ	心脏	B	B	D	D
24	ᠪᠥᠭᠡᠷᠡ	肾	D	C	D	D

（续表）

25	[illegible]	汗	A	A	D	A
26	[illegible]	鼻涕	A	A	A	A
27	[illegible]	眼泪	A	B	D	A
28	[illegible]	尸体	D	D	D	D
29	[illegible]	指头	A	A	A	A
30	[illegible]	指甲	A	A	A	A
31	[illegible]	拳头	汉	汉	汉	汉
32	[illegible]	肌肉	C	D	D	D
33	[illegible]	筋	D	D	D	D
34	[illegible]	皮	A	A	C	C
35	[illegible]	肉	A	A	A	A
36	[illegible]	血	A	A	C	C
37	[illegible]	掌	C	A	D	D
38	[illegible]	踵	A	D	D	D
39	[illegible]	膝盖	A	A	A	A
40	[illegible]	大腿	A	A	D	D
41	[illegible]	腿根内侧	D	D	D	D
42	[illegible]	胆	D	A	D	D
43	[illegible]	骨	A	A	A	A
44	[illegible]	粪	A	A	A	A
45	[illegible]	尿	A	A	C	A
46	[illegible]	被子	A	A	A	D
47	[illegible]	褥子	A	A	A	A
48	[illegible]	枕头	C	C	汉	汉
49	[illegible]	裤子	A	A	A	A
50	[illegible]	上衣	A	A	D	D
51	[illegible]	鞋	A	A	A	A
52	[illegible]	靴子	A	D	D	D
53	[illegible]	袜子	A	A	A	A
54	[illegible]	门	A	A	C	A
55	[illegible]	窗户	A	A	D	A
56	[illegible]	桌子	A	A	A	A
57	[illegible]	椅子	A	汉	D	汉
58	[illegible]	碗	A	A	A	A
59	[illegible]	筷	B	A	A	A
60	[illegible]	勺子	B	A	D	D

（续表）

61	[illegible]	碟子	C	B	汉	汉
62	[illegible]	盆子	D	A	汉	汉
63	[illegible]	杯子	A	A	D	D
64	[illegible]	缸	A	A	A	A
65	[illegible]	器皿	D	D	D	D
66	[illegible]	箱子	D	D	D	D
67	[illegible]	橱柜	D	D	D	D
68	[illegible]	电视	汉	汉	汉	汉
69	[illegible]	斧头	A	A	D	D
70	[illegible]	锯子	B	B	D	D
71	[illegible]	镰刀	A	B	D	D
72	[illegible]	钩	A	C	D	D
73	[illegible]	钩子	A	D	D	D
74	[illegible]	刀	A	A	D	D
75	[illegible]	锥子	B	D	B	D
76	[illegible]	针	A	A	A	A
77	[illegible]	线	D	A	A	A
78	[illegible]	锄头	D	D	D	D
79	[illegible]	拖拉机	汉	汉	汉	汉
80	[illegible]	摩托车	汉	汉	汉	汉
81	[illegible]	井	A	A	D	D
82	[illegible]	狗	A	A	A	A
83	[illegible]	猪	A	A	A	A
84	[illegible]	羊	B	A	B	C
85	[illegible]	山羊	B	B	D	C
86	[illegible]	山羊羔	D	D	D	D
87	[illegible]	猪崽	D	D	D	D
88	[illegible]	狗崽	D	D	D	D
89	[illegible]	牲畜	C	D	B	A
90	[illegible]	奶牛	C	D	D	B
91	[illegible]	公牛	D	D	D	D
92	[illegible]	牛犊	C	B	A	A
93	[illegible]	马	A	A	D	C
94	[illegible]	马驹	D	D	D	D
95	[illegible]	（二岁的）马	D	D	D	D
96	[illegible]	驴	A	A	A	A

（续表）

97	[illegible]	骡子	A	A	D	D
98	[illegible]	鸡	A	A	A	A
99	[illegible]	鸡雏	D	C	D	D
100	[illegible]	鹅	B	A	D	D
101	[illegible]	鱼	A	A	B	B
102	[illegible]	鱼花，鱼苗	D	D	D	C
103	[illegible]	青蛙	D	C	D	D
104	[illegible]	鸭	汉	汉	汉	汉
105	[illegible]	蛋	B	A	A	A
106	[illegible]	崽，仔	A	A	D	D
107	[illegible]	睡	A	A	A	A
108	[illegible]	躺	A	A	A	A
109	[illegible]	吃	A	A	A	A
110	[illegible]	喝	A	A	A	A
111	[illegible]	笑	A	A	A	A
112	[illegible]	哭	A	A	A	C
113	[illegible]	愁	D	B	D	D
114	[illegible]	高兴	A	A	D	D
115	[illegible]	站	A	A	A	A
116	[illegible]	跑	A	A	A	A
117	[illegible]	饿	A	A	A	A
118	[illegible]	冷	A	A	A	A
119	[illegible]	累	A	A	A	A
120	[illegible]	怕	B	A	A	A
121	[illegible]	惊	D	A	D	D
122	[illegible]	畏惧，恐惧	B	D	D	D
123	[illegible]	胆怯	B	D	D	D
124	[illegible]	疼	A	A	B	C
125	[illegible]	生，分娩	A	A	B	C
126	[illegible]	死	A	A	A	A
127	[illegible]	盖	A	A	A	A
128	[illegible]	写	A	A	A	A
129	[illegible]	听	A	A	B	A
130	[illegible]	聊	B	D	D	D
131	[illegible]	做梦，梦见	A	A	D	A
132	[illegible]	说	A	A	C	A

（续表）

133	ᠶᠠᠷᠢᠬᠤ	讲	A	A	D	D
134	ᠳᠠᠭᠤᠯᠠᠬᠤ	唱	A	A	D	D
135	ᠪᠦᠵᠢᠭᠯᠡᠬᠦ	跳舞	A	B	D	D
136	ᠦᠰᠦᠷᠬᠦ	跳	A	B	D	A
137	ᠬᠠᠷᠠᠢᠬᠤ	跳，跳跃	A	C	D	D
138	[illegible]	倒，颠倒	B	A	D	D
139	[illegible]	编	B	B	D	D
140	ᠡᠮᠦᠰᠬᠦ	穿	A	A	A	A
141	ᠵᠡᠭᠦᠬᠦ	戴	A	A	D	D
142	ᠲᠠᠶᠢᠯᠬᠤ	脱	A	A	D	A
143	ᠠᠮᠢᠰᠬᠤᠯᠬᠤ	呼吸	A	A	D	D
144	ᠬᠠᠷᠢᠶᠠᠬᠤ	骂	A	A	D	D
145	ᠵᠣᠳᠣᠬᠤ	揍	B	D	D	D
146	ᠴᠣᠬᠢᠬᠤ	打	A	A	A	C
147	[illegible]	弄碎，破碎	D	D	D	D
148	[illegible]	打，捶，擂	C	C	D	D
149	[illegible]	损坏，破坏	B	A	D	D
150	ᠡᠭᠦᠷᠬᠦ	背	A	A	D	D
151	ᠲᠠᠰᠤᠷᠬᠤ	断	A	A	D	D
152	ᠲᠠᠰᠤᠯᠬᠤ	弄断，切断	A	B	D	D
153	ᠭᠣᠬᠠᠳᠠᠬᠤ	钩	A	A	D	D
154	ᠰᠢᠳᠡᠬᠦ	扔	D	B	D	D
155	ᠬᠠᠶᠠᠬᠤ	抛弃	A	A	D	D
156	[illegible]	漏	B	A	D	D
157	[illegible]	等	A	A	D	D
158	ᠥᠭᠭᠦᠬᠦ	给	A	A	C	C
159	ᠠᠪᠬᠤ	取，拿	A	A	C	C
160	ᠣᠶᠤᠬᠤ	缝	A	B	B	D
161	ᠨᠥᠬᠥᠬᠦ	补	B	A	D	D
162	ᠨᠡᠭᠡᠭᠡᠬᠦ	打开	A	A	D	D
163	ᠬᠠᠭᠠᠬᠤ	关	A	A	D	D
164	ᠣᠭᠲᠠᠯᠬᠤ	切，割	B	C	D	D
165	ᠨᠢᠰᠬᠦ	飞	B	B	A	A
166	ᠢᠴᠡᠬᠦ	害羞	A	A	D	D
167	[illegible]	害臊，难为情	D	D	D	D
168	ᠡᠷᠭᠢᠬᠦ	转	A	A	A	B

（续表）

169	[illegible]	教	A	A	D	C
170	[illegible]	借	A	A	A	D
171	[illegible]	还	B	A	D	D
172	[illegible]	看	A	A	A	A
173	[illegible]	欣赏	C	D	D	D
174	[illegible]	夹	C	C	D	D
175	[illegible]	卖	A	B	C	D
176	[illegible]	摸	A	A	D	D
177	[illegible]	杀	A	A	A	A
178	[illegible]	烧	A	A	D	D
179	[illegible]	晒	B	D	D	D
180	[illegible]	舔	A	A	A	D
181	[illegible]	推	A	A	A	D
182	[illegible]	拉	A	A	C	D
183	[illegible]	问	A	A	C	C
184	[illegible]	洗	A	A	A	A
185	[illegible]	挖	A	A	D	D
186	[illegible]	抛，挖	C	D	D	D
187	[illegible]	嗅，闻	D	A	D	D
188	[illegible]	咬，叮	A	A	A	A
189	[illegible]	咬	A	A	D	D
190	[illegible]	煮	B	A	D	D
191	[illegible]	知道	A	A	A	A
192	[illegible]	迈，迈步	B	A	D	D
193	[illegible]	踏，踩	B	A	C	D
194	[illegible]	拳打	汉	B	汉	汉
195	[illegible]	炒	B	A	A	D
196	[illegible]	煎	A	A	D	D
197	[illegible]	沸，开	A	A	D	A
198	[illegible]	扎，插，刺	B	A	D	D
199	[illegible]	做	B	A	A	A
200	[illegible]	筑巢，造窝	D	D	D	D

（三）发音测试情况

为了了解科左中旗蒙古族发音情况，我们用 500 个词测试了 2 位老人。

表 3－5　发音合作人情况表

序号	姓名	性别	年龄	文化程度	住址	职业
1	何春祥	男	82	文盲	宝龙山镇后查干花嘎查	农民
2	白双喜	男	67	小学	宝龙山镇前查干吉嘎查	农民

表 3－6　500 个词发音情况表

序号	蒙古文	汉文	1	2
1	ᠲᠣᠯᠣᠭᠠᠢ	头	tɔlɤg	〃①
2	ᠨᠢᠳᠦ	眼睛	nʉd	〃
3	ᠬᠥᠮᠦᠰᠬᠡ	眉毛	xʉmsɤg	xəmsɤg
4	ᠰᠣᠷᠮᠣᠰᠤ	睫毛	sɔrɤmɤs	〃
5	ᠬᠡᠯᠡ	舌	xil	xɤl
6	ᠠᠮ	口	ɑm	〃
7	ᠬᠠᠮᠠᠷ	鼻子	xɑmɤr	〃
8	ᠤᠷᠤᠯ	嘴	ɒrʉːl	〃
9	ᠲᠠᠩᠯᠠᠢ	腭	tɑŋlɛː	〃
10	ᠮᠡᠩᠯᠡᠢ	额头	mɛŋlɛː	〃
11	ᠡᠩᠰᠡᠭᠡ	眼睑	ɛnsɤg	〃
12	ᠨᠢᠳᠦᠨ ᠠᠩᠭ᠎ᠠ	眼珠	nʉdɤn ɑŋɑː	〃
13	ᠪᠡᠢᠯᠡ	牙龈	biːl	〃
14	ᠰᠢᠳᠦ	牙齿	ʃid	〃
15	ᠴᠢᠬᠢ	耳朵	ʃix	ʧix
16	ᠭᠡᠵᠢᠭᠡ	辫子	gəʤɤg	giʤɤg
17	ᠦᠰᠦ	毛	ʉs	〃
18	ᠭᠠᠷ	手	gɑr	〃
19	ᠬᠦᠯ	脚	xʉl	〃
20	ᠬᠣᠳᠣᠭᠣᠳ	胃	xɔdɔːd	〃
21	ᠭᠡᠳᠡᠰᠦ	肚子	gədɤs	〃
22	ᠬᠡᠢᠰᠦ	肚脐	xiːs	〃
23	ᠵᠢᠷᠦᠬᠡ	心脏	ʤʉrɤx	〃
24	ᠪᠦᠭᠡᠷ	肾	bʉəːr	bəːr
25	ᠬᠦᠯᠦᠰᠦ	汗	xʉlɤs	〃
26	ᠨᠣᠰᠣ	鼻涕	nɒs	〃
27	ᠨᠣᠯᠮᠣᠰᠤ	眼泪	nœlmɤs	〃

① 发音相同的用“〃”符号替代。

（续表）

28	ᠬᠦᠭᠦᠷ	尸体	xʉxɤr	〃
29	ᠬᠤᠷᠤᠭᠤ	指头	xorʉː	〃
30	ᠬᠤᠮᠤᠰᠤ	指甲	xɔms	xɔmɤs
31	ᠨᠤᠳᠤᠷᠭ᠎ᠠ	拳头	nɒdɤrɤg	ʧyɛntʉː（汉）
32	ᠪᠤᠯᠴᠢᠩ	肌肉	bɔlʧiŋ	〃
33	ᠰᠢᠷᠪᠡᠰᠦ	筋	ʃirbɤs	〃
34	ᠠᠷᠠᠰᠤ	皮	ars	arɤs
35	ᠮᠢᠬ᠎ᠠ	肉	max	〃
36	ᠴᠢᠰᠤ	血	ʧɷs	〃
37	ᠤᠯ᠎ᠠ	掌	ɷl	〃
38	ᠪᠡᠷᠡᠪ	踵	bœrɤb	〃
39	ᠥᠪᠳᠥᠭ	膝盖	ʉbdɤg	əbdɤg
40	ᠭᠤᠶ᠎ᠠ	大腿	gɒj	〃
41	ᠰᠡᠪ	腿根内侧	（ʃɛb）	〃
42	ᠰᠥᠰᠦ	胆	sʉs	〃
43	ᠶᠠᠰᠤ	骨	jɛs	〃
44	ᠪᠠᠭᠠᠰᠤ	粪	baːs	〃
45	ᠰᠢᠭᠡᠰᠦ	尿	ʃiəːs	ʃəːs
46	ᠬᠥᠨᠵᠢᠯ	被子	xʉnʤil	xʉʤʉːl
47	ᠳᠡᠪᠢᠰᠬᠡᠷ	褥子	dəbsɤr	dəbsʉːr
48	ᠳᠡᠷ᠎ᠡ	枕头	dər	ʤəntʉː（汉）
49	ᠥᠮᠥᠳᠦ	裤子	əmɤd	〃
50	ᠳᠡᠪᠡᠯ	上衣	dəːl	〃
51	ᠰᠢᠬᠠᠢ	鞋	ʃaxaː	〃
52	ᠭᠤᠲᠤᠯ	靴子	gɒtɤl	〃
53	ᠣᠶᠢᠮᠤᠰᠤ	袜子	œːmɤs	〃
54	ᠡᠭᠦᠳᠡ	门	ʉːd	〃
55	ᠴᠤᠩᠬᠤ	窗户	ʃɔŋ	ʧɔŋ
56	ᠰᠢᠷᠡᠭᠡ	桌子	ʃirəː	〃
57	ᠪᠠᠩᠳᠠᠩ	椅子	bandɤŋ（汉）	〃
58	ᠠᠶᠠᠭ᠎ᠠ	碗	ajɤg	〃
59	ᠰᠠᠪᠬ᠎ᠠ	筷	sabɤx	〃
60	ᠰᠢᠨᠠᠭ᠎ᠠ	勺子	ʃɛnɤg	〃
61	ᠫᠠᠨᠠ	碟子	panaː	diəːs（汉）
62	ᠫᠦᠩᠰᠦ	盆子	pəŋs	〃
63	ᠴᠣᠮᠣ	杯子	ʃɔmɔː	ʧɔmɔː

（续表）

64	[illegible]	缸	gaŋ	″
65	[illegible]	器皿	sab	″
66	[illegible]	箱子	ɛbdɤr	″
67	[illegible]	橱柜	xɔrɤg	″
68	[illegible]	电视	dɛnʃʅ（汉）	″
69	[illegible]	斧头	sʉx	″
70	[illegible]	锯子	xərəː	″
71	[illegible]	镰刀	xadʉːr	″
72	[illegible]	钩	gɔx	″
73	[illegible]	钩子	dəgəː	″
74	[illegible]	刀	xɷtɤg	″
75	[illegible]	锥子	ʃibɤg	ʃəbɤg
76	[illegible]	针	ʤʉː	″
77	[illegible]	线	ɷtɤs	″
78	[illegible]	锄头	jaŋsɷːr	″
79	[illegible]	拖拉机	tʉəlaːʤiː（汉）	″
80	[illegible]	摩托车	məːtəː（汉）	″
81	[illegible]	井	xɷdɤg	″
82	[illegible]	狗	nɔxɔː	″
83	[illegible]	猪	gaxaː	″
84	[illegible]	羊	xɔj	″
85	[illegible]	山羊	jamaː	jɛmaː
86	[illegible]	山羊羔	（xɷrɤg）	ʉnɤg
87	[illegible]	猪崽	tœrœː	″
88	[illegible]	狗崽	gʉlɤg	″
89	[illegible]	牲畜	mal	″
90	[illegible]	奶牛	ʉjəː	″
91	[illegible]	公牛	bɔx	″
92	[illegible]	牛犊	tɷgɤl	″
93	[illegible]	马	mœr	″
94	[illegible]	马驹	ɷnɤg	″
95	[illegible]	（二岁的）马	daːg	″
96	[illegible]	驴	əlʤɤg	ilʤɤg
97	[illegible]	骡子	lɷːs	lʉəːs
98	[illegible]	鸡	tɛxaː	″
99	[illegible]	鸡雏	ʃɔrɤb	″

（续表）

100	[illegible]	鹅	galʉ:	galɷ:
101	[illegible]	鱼	ʤagɤs	〃
102	[illegible]	鱼花，鱼苗		
103	[illegible]	青蛙	gɷarda: məlxi:	məlxi:
104	[illegible]	鸭	ja:s（汉）	〃
105	[illegible]	蛋	ʉndɤg	〃
106	[illegible]	崽，仔	ʤɷlʤɤg	〃
107	[illegible]	睡	ɷntɤx	〃
108	[illegible]	躺	xəbtɤx	〃
109	[illegible]	吃	idɤx	〃
110	[illegible]	喝	ɷ:x	〃
111	[illegible]	笑	ijə:x	〃
112	[illegible]	哭	ɷɛ:lɤx	〃
113	[illegible]	愁	ʤəbɤx	〃
114	[illegible]	高兴	bailɤx	〃
115	[illegible]	站	ʤɔgsɤx	〃
116	[illegible]	跑	gy:x	〃
117	[illegible]	饿	ʉlsɤx	〃
118	[illegible]	冷	da:rɤx	〃
119	[illegible]	累	jɛdɤx	〃
120	[illegible]	怕	ɛ:x	〃
121	[illegible]	惊	ʃœʃix	ʧœʧɤx
122	[illegible]	畏惧，恐惧		
123	[illegible]	胆怯	ʤyrɤgʃə:x	
124	[illegible]	疼	ʉbdɤx	əɤbdɤx
125	[illegible]	生，分娩	tʉrɤx	〃
126	[illegible]	死	ʉxɤx	〃
127	[illegible]	盖	xɷʃix	xɷʃəx
128	[illegible]	写	biʃix	biʧɤx
129	[illegible]	听	sɔŋsɤx	〃
130	[illegible]	聊	ʤɷ:gdɤx	ʤɔ:gdɤx
131	[illegible]	做梦，梦见	ʤʉ:dlɤx	〃
132	[illegible]	说	xəlɤx	〃
133	[illegible]	讲	jɛrɤx	〃
134	[illegible]	唱	dɷ:lɤx	〃
135	[illegible]	跳舞	tiɔ:ʉ: tiɔ:x（汉）	

（续表）

136	[illegible]	跳	ʉsrɤx	〃
137	[illegible]	跳，跳跃	xɛrɛːx	〃
138	[illegible]	倒，颠倒	tɔŋɤrʃɔːx	〃
139	[illegible]	编	gʉrɤx	〃
140	[illegible]	穿	əmsɤx	〃
141	[illegible]	戴		ʤʉəːx
142	[illegible]	脱	tɛːlɤx	〃
143	[illegible]	呼吸	ɛmsgɑːx	ɛmsɤgɑːx
144	[illegible]	骂	xɑrɑːx	〃
145	[illegible]	揍		ʤɔdɤx
146	[illegible]	打	ʃɔxɤx	〃
147	[illegible]	弄碎，破碎	nɛʧɤlɤx	nɛʃɤlɤx
148	[illegible]	打，捶，擂	bɑlbɤlɤx	bɑlmɤləx
149	[illegible]	损坏，破坏	əbdɤx	〃
150	[illegible]	背	ʉːrɤx	〃
151	[illegible]	断	xɒglɤx	〃
152	[illegible]	弄断，切断	tɑslɤx	〃
153	[illegible]	钩	gɔxtɤx	〃
154	[illegible]	扔		(bɔlɔːdɤx)
155	[illegible]	抛弃	xɑjɤx	(gəːx)
156	[illegible]	漏	gɔːʤɤx	gɔːʤix
157	[illegible]	等	xʉləːx	xʉlɛːx
158	[illegible]	给	ʉgɤx	〃
159	[illegible]	取，拿	ɑbɤx	〃
160	[illegible]	缝	ɔjɤx	ɔjix
161	[illegible]	补	nʉxɤx	〃
162	[illegible]	打开	nəːx	〃
163	[illegible]	关	xɑːx	〃
164	[illegible]	切，割	ɔgtɤlɤx	〃
165	[illegible]	飞	nɛsɤx	〃
166	[illegible]	害羞	iʃix	〃
167	[illegible]	害臊，难为情	ʃirbəːtɤx	〃
168	[illegible]	转	ərgɤx	〃
169	[illegible]	教	ʤɑːx	〃
170	[illegible]	借	ʤəːlɤx	ʤiəːlɤx
171	[illegible]	还	bɔʧɔːx	(ərgʉːlʤ ʉgɤx)

（续表）

172	[illegible]	看	ʉʤɤx	〃
173	[illegible]	欣赏	sœnɤrɤx	（gɛːxɤx）
174	[illegible]	夹	xɛbʃɤx	〃
175	[illegible]	卖	xɷrɤldɤx	〃
176	[illegible]	摸	təmtɤrɤx	〃
177	[illegible]	杀	alɤx	〃
178	[illegible]	烧	xɛtaːx	〃
179	[illegible]	晒	əːx	（xataːx）
180	[illegible]	舔	dələːx	〃
181	[illegible]	推	tʉlxɤx	〃
182	[illegible]	拉	tatɤx	〃
183	[illegible]	问	asɷːx	〃
184	[illegible]	洗	ɷgaːx	〃
185	[illegible]	挖	ɷxɤx	〃
186	[illegible]	抛，挖	maltɤx	〃
187	[illegible]	嗅，闻	ʉjɤrtəːx	〃
188	[illegible]	咬，叮	xaʤix	〃
189	[illegible]	咬	ʤɷːx	〃
190	[illegible]	煮	ʧɛnɤx	ʃɛnɤx
191	[illegible]	知道	mədɤx	〃
192	[illegible]	迈，迈步	alxɤx	〃
193	[illegible]	踏，踩	giʃgix	gəʃgɤx
194	[illegible]	拳打	ʧyɛntʉːdɤx（汉）	〃
195	[illegible]	炒	xɷːrɤx	〃
196	[illegible]	煎	xɛːrɤx	〃
197	[illegible]	沸，开	bɔʃilɤx	bɔʃlɤx
198	[illegible]	扎，插、刺	xatgɤx	〃
199	[illegible]	做	xiːx	〃
200	[illegible]	筑巢，造窝	ʉːrgɤlɤx	〃
201	[illegible]	一	nəg	〃
202	[illegible]	二	xɔjir	〃
203	[illegible]	三	gɷrɤb	〃
204	[illegible]	四	dʉrɤb	〃
205	[illegible]	五	tab	〃
206	[illegible]	六	ʤɷrgaː	ʤɛrgaː
207	[illegible]	七	dələː	〃

（续表）

208	[illegible]	八	nɛːm	〃
209	[illegible]	九	jis	〃
210	[illegible]	十	arɤb	〃
211	[illegible]	百	ʤɷː	〃
212	[illegible]	千	mɛŋ	〃
213	[illegible]	万	tʉm	〃
214	[illegible]	百万		
215	[illegible]	千万	bɔm	
216	[illegible]	亿	dɔŋʃʉːr	
217	[illegible]	天	tiŋɤr	təŋɤr
218	[illegible]	地	gaʤir	〃
219	[illegible]	太阳	nar	〃
220	[illegible]	月亮	sar	〃
221	[illegible]	星	ɔd	〃
222	[illegible]	云	ʉːl	〃
223	[illegible]	云雾	xʉdɤŋ	
224	[illegible]	雾气	manɤŋ	〃
225	[illegible]	雷	ajɤŋ	
226	[illegible]	电	ʃɛxɤlgan	
227	[illegible]	风	(ʤabɤr)	sɛlxɤn
228	[illegible]	甘露	xɷr	〃
229	[illegible]	雨	bɔrɔːn	bɔrɔn
230	[illegible]	冰雹	məndɤr	〃
231	[illegible]	彩虹	sɔlɤŋ	〃
232	[illegible]	露	ʃʉːdɤr	sʉgdɤr
233	[illegible]	霜	xɛrʉː	〃
234	[illegible]	雪	ʃas	ʧas
235	[illegible]	暴风雪	ʃɷːrɤg	〃
236	[illegible]	空气	agar	(ɷːr)
237	[illegible]	火	gal	〃
238	[illegible]	水	ɷs	〃
239	[illegible]	冰	məs	〃
240	[illegible]	土	ʃɔrɔː	〃
241	[illegible]	灰尘	tɔːs	〃
242	[illegible]	灰，灰烬	ʉnɤs	〃
243	[illegible]	树，树木	mɔd	〃

（续表）

244	[illegible]	石头	ʧɵlʉː	ʃɵːlɵː
245	[illegible]	金	ɑlt	〃
246	[illegible]	银	məŋ	〃
247	[illegible]	铁	təmɤr	tʉmɤr
248	[illegible]	盐	dɑbɤs	dɑbs
249	[illegible]	村子	tɔsxʉn	
250	[illegible]	村庄	ɛːl	〃
251	[illegible]	家	gər	〃
252	[illegible]	房子		
253	[illegible]	年	ɔn	〃
254	[illegible]	年，年份	ʤil	〃
255	[illegible]	前年	ɵrʤin	ɵrʤinn
256	[illegible]	去年	nɛdnn	nɛdnɤn
257	[illegible]	后年	xœːd ʤil	〃
258	[illegible]	春	xɑbɤr	〃
259	[illegible]	秋	nɑmɤr	〃
260	[illegible]	夏	ʤɵn	〃
261	[illegible]	冬		əbɤl
262	[illegible]	月	sɑr	〃
263	[illegible]	正月	ʧɑgɑːn sɑr	ʃɑgɑːn sɑr
264	[illegible]	腊月	lɑː sɑr	〃
265	[illegible]	月初		sɑriːn əx
266	[illegible]	天，日	ʉdɤr	〃
267	[illegible]	今天	ən ʉdɤr	〃
268	[illegible]	昨天	ʉʧəːdɤr	〃
269	[illegible]	前天	ɵrʤin ʉdɤr	〃
270	[illegible]	明天	mɑgɑːtɤr	mɑgɑːʃ
271	[illegible]	后天	nʉgəːdʉr	
272	[illegible]	初一		ʃyːn nəgɤn
273	[illegible]	初十		ʃyːnn ɑrbɤn
274	[illegible]	正月十五	ɑrbɤn tɑbɤn	〃
275	[illegible]	除夕	(gɵʧin)	bitʉːn
276	[illegible]	早晨	ərtəːgʉr	〃
277	[illegible]	早晨	ərt	〃
278	[illegible]	晚间，晚上	ʉdɤʃ	〃
279	[illegible]	晚上	œrœː	〃

（续表）

280	[illegible]	夜，夜间	sʉn	〃
281	[illegible]	午夜，半叶	sʉn dʉl	sʉn dɷnd
282	[illegible]	时间，时刻	ʧag	ʃag
283	[illegible]	刻		
284	[illegible]	五行	tabɤn maxmɔd	〃
285	[illegible]	阴		jiŋli:（汉）
286	[illegible]	阳		jaŋli:（汉）
287	[illegible]	季节		ɷja:rɤl
288	[illegible]	荒地	atɤ r	atɤr gaʤir
289	[illegible]	田，庄稼	tɛrɛ:	〃
290	[illegible]	原野	xə:r	〃
291	[illegible]	平原，平川	tal	〃
292	[illegible]	草场	xadɤlɤŋ	xadlɤŋ
293	[illegible]	牧场，草场		bəlʧə:r
294	[illegible]	戈壁	gœb	
295	[illegible]	沙，砂	əlɤs	xɔmɤg
296	[illegible]	沙岗，沙丘	maŋ	maŋk
297	[illegible]	岸，坎，崖	ərɤg	〃
298	[illegible]	火石，硅		ʃɛxʉ:r
299	[illegible]	岩	xad	〃
300	[illegible]	粗	bʉdʉ:n	〃
301	[illegible]	细	nɛri:n	〃
302	[illegible]	隧道	səbɤg	sœbɤg
303	[illegible]	洞		
304	[illegible]	煤炭	mi:（汉）	〃
305	[illegible]	柴火	tʉlɛ:	〃
306	[illegible]	水	ɷs	〃
307	[illegible]	海	dɛlɛ:	〃
308	[illegible]	大湖	tɛŋxɤs	〃
309	[illegible]	湖	nɷ:r	〃
310	[illegible]	泉	bɔlɤg	〃
311	[illegible]	井	xɷdɤg	〃
312	[illegible]	江	mərɤn	〃
313	[illegible]	河	gɔl	〃
314	[illegible]	桥	xʉərɤg	xə:rɤg
315	[illegible]	松，松树	narɤs	〃

（续表）

316	ᠮᠠᠶᠢᠯᠠᠰᠤ	柏	mɛːlʏs	〃
317	ᠬᠤᠯᠤᠰᠤ	竹，竹子	xɷls	xɷlʏs
318	ᠬᠠᠶᠢᠯᠠᠰᠤ	榆	xɛːlʏs	〃
319	ᠪᠠᠷᠠᠭᠠᠰᠤ	柳，柳条	bargas	bargaːs
320	ᠣᠢ	林，森林	œː	〃
321	ᠰᠢᠭᠤᠢ	林，树林		
322	ᠯᠠᠪᠴᠢ	叶子	lɛbʏʃ	lɛbʃ
323	ᠤᠭ	根	ɷg	〃
324	ᠢᠰᠢ	茎	əʃ～iʃ	iʃ
325	ᠰᠠᠯᠠᠭ᠎ᠠ	枝	salaː	〃
326	ᠳᠤᠷᠤᠰᠤ	榆树皮	dɔrʏs	〃
327	ᠥᠪᠡᠰᠦ	草	əbʏs	〃
328	ᠨᠠᠷᠠᠨ ᠬᠤᠸᠠᠷ	葵花	mɔːskɔː	narʏn xɷaːr
329	ᠨᠠᠷᠮᠠᠰᠤ	谷子，小米	nɛrʏm	〃
330	ᠰᠢᠰᠢ	高粱	ʃiʃi badaː	ʃiʃ badaː
331	ᠰᠠᠭᠠᠳ	荞麦	sagʏd	〃
332	ᠪᠤᠭᠤᠳᠠᠢ	小麦		bɔːdɛː
333	ᠲᠦᠲᠡᠷᠡᠭ᠎ᠡ	水稻	dɔtʏrʏg	sɔgsʏr badaː
334	ᠮᠣᠩᠭᠣᠯ ᠠᠮᠤ	蒙古米	mɔŋʏl am	
335	ᠴᠡᠴᠡᠭ	花		ʃiʃig
336	ᠮᠢᠯᠠᠩ ᠴᠡᠴᠡᠭ	兰花	miːlaŋ	mɛːlaŋ
337	ᠪᠣᠣᠮᠢ ᠠᠮᠤ	包米	bɔːmi	〃
338	ᠪᠠᠯ	蜂蜜	bal	〃
339	ᠤᠳᠠ	柳树	ɷd	〃
340	ᠤᠯᠢᠶᠠᠰᠤ	杨树	ɷlaːs	
341	ᠪᠤᠷᠴᠠᠭ	豆，豆子	bɔrʧʏg	bɔrʃig
342	ᠨᠣᠭᠣᠭᠠᠨ ᠪᠤᠷᠴᠠᠭ	绿豆	liːdʉː	lyːdʉː
343	ᠰᠢᠷ᠎ᠠ ᠪᠤᠷᠴᠠᠭ	黄豆	xɷaŋdʉː	〃
344	ᠲᠦᠮᠦᠰᠦ	土豆	diːdʉːl	〃
345	ᠬᠠᠰᠢ	茄子	xaʃ	〃
346	ᠴᠠᠭᠠᠨ ᠨᠣᠭᠣᠭ᠎ᠠ	白菜	ʃagan nɔgɔː	〃
347	ᠬᠤᠰᠢᠭ᠎ᠠ	核桃	xɷʃʏg	〃
348	ᠪᠠᠯᠠᠩ	芝麻	balʏŋ	〃
349	ᠯᠤᠤᠪᠠᠩ	萝卜	lɔːbʏŋ	〃
350	ᠮᠡᠨᠵᠢᠩ	芥菜	mɛnʤiŋ	〃
351	ᠠᠷᠰᠯᠠᠩ	狮子	arsʏlʏŋ	〃

（续表）

352	[illegible]	虎	bar	〃
353	[illegible]	狼	ʧɔn	ʃɔn
354	[illegible]	鹿	bɔg	〃
355	[illegible]	猴子	samʤ	〃
356	[illegible]	狐狸	ʉnɤg	〃
357	[illegible]	獭		
358	[illegible]	貂		
359	[illegible]	松树		
360	[illegible]	老鼠		xɷlgɤn
361	[illegible]	蝗虫	paːrʃag	ʃɛrʃag
362	[illegible]	蟋蟀，蛐蛐	gɷːgɷː	gɷːgɷːl
363	[illegible]	人	xʉn	〃
364	[illegible]	蒙古族	mɔŋɤl	〃
365	[illegible]	满族	manʤ	〃
366	[illegible]	汉族	xɛtɤd	jirgɤn
367	[illegible]	回族		xɷis
368	[illegible]	藏族		tʉbɤd
369	[illegible]	老百姓		（arɤd）
370	[illegible]	喇嘛	lam	〃
371	[illegible]	尼姑	ʃabgnʧ	ʃabgɤnʃ
372	[illegible]	道人		xœbɤlgɔːn dɔːʃ
373	[illegible]	摔跤手		bʉxʃiːn
374	[illegible]	和尚		xəːʃɤŋ
375	[illegible]	民间艺人		xɷːrʃ
376	[illegible]	歌唱家	dɷːʃ	〃
377	[illegible]	巫，巫师	bʉəː	〃
378	[illegible]	丫鬟		ʃibɤgʃin
379	[illegible]	老师	bagʃ	〃
380	[illegible]	徒弟	ʃɛb	〃
381	[illegible]	男人，男子	ər	〃
382	[illegible]	女人，女子	əm	〃
383	[illegible]	寡妇	gɷaːfʉ（汉）	gɷaː xʉː（汉）
384	[illegible]	孤儿	ʉnʧin	ʉnʃin
385	[illegible]	祖父	jəːjəː（汉）	〃
386	[illegible]	祖母	nɛːnɛː（汉）	〃
387	[illegible]	父亲	aːbəː	〃

（续表）

388	[illegible]	母亲	əmə:	〃
389	[illegible]	姊子		
390	[illegible]	朋友		
391	[illegible]	妻子	gərgi:	
392	[illegible]	原配夫人		abli:
393	[illegible]	臣妾		
394	[illegible]	哥哥	aʤa:	a:ʤa:
395	[illegible]	嫂子	bərgi:	〃
396	[illegible]	弟弟	dʉ:	〃
397	[illegible]	儿子	xʉ:	〃
398	[illegible]	儿媳	bir	〃
399	[illegible]	侄子	ɛʃ	〃
400	[illegible]	孙子		ɔmbɤl
401	[illegible]	亲戚	tʉrɤl	(œ:r)
402	[illegible]	血统，血族	ɷdɤm	(ɛ:mɤg)
403	[illegible]	姓	ɔmɤg	〃
404	[illegible]	辈	ʉj	〃
405	[illegible]	亲戚	satɤn	〃
406	[illegible]	舅	nagʧ	nagɤʃ
407	[illegible]	舅舅	ʤʉ:ʤʉ:（汉）	〃
408	[illegible]	舅妈	ʤʉ:mʉ:（汉）	〃
409	[illegible]	岳父	xadɤm a:b	〃
410	[illegible]	岳母	xadɤm ə:j	〃
411	[illegible]	我	bi:	〃
412	[illegible]	你	ʧi:	〃
413	[illegible]	她	ta:	tɤr
414	[illegible]	我们	bidɤn	〃
415	[illegible]	这些人	ədɤn	idɤn
416	[illegible]	他们	tədɤn	〃
417	[illegible]	谁	xən	〃
418	[illegible]	什么	jʉ:	〃
419	[illegible]	什么样的	jamɤr	〃
420	[illegible]	鸡蛋	tɛxa:n ʉndɤg	〃
421	[illegible]	酒	ɛrɤx	〃
422	[illegible]	茶	ʧɛ:	ʃɛ:
423	[illegible]	啤酒	piʤiʉ（汉）	〃

（续表）

424	[illegible]	耳环	əːmɤg	〃
425	[illegible]	手镯	bɔgʉː	〃
426	[illegible]	戒指	bilʤɤŋ	bəlʤiŋ
427	[illegible]	后面	xœːtɛː	〃
428	[illegible]	前面	ɷrtɛː	〃
429	[illegible]	前	əmɤn	
430	[illegible]	后	xœːn	〃
431	[illegible]	东	ʤʉːn	〃
432	[illegible]	西	barʉn	〃
433	[illegible]	东边	ʤʉːntɛː	〃
434	[illegible]	西边	barʉːntɛː	barʉntɛː
435	[illegible]	大	jəx	jixəː
436	[illegible]	小	bag	〃
437	[illegible]	高	ʉndɤr	〃
438	[illegible]	低	bœgɤn	（dɔːr）
439	[illegible]	薄	niŋxɤn	miŋxɤn
440	[illegible]	厚	ʤɷʤan	ʤɷʤaːn
441	[illegible]	肥	targɤn	〃
442	[illegible]	瘦	ganbaː	（maraː ʉgɛː）
443	[illegible]	长	ɷrtaː	〃
444	[illegible]	短	（ɔgtɤr）	〃
445	[illegible]	满	dʉːrɤŋ	〃
446	[illegible]	多	ɛrbɤn	〃
447	[illegible]	少	ʧʉəxɤn	（bagaː）
448	[illegible]	直	asgɤːn	asxɤn
449	[illegible]	歪	mœʃgœː	mɔrɔŋxɔː
450	[illegible]	黑	xar	〃
451	[illegible]	白	ʃagaːn	〃
452	[illegible]	红	ɷlaːn	〃
453	[illegible]	绿	nɷgɔːn	〃
454	[illegible]	重	xʉndəː	〃
455	[illegible]	轻	xʉŋxɤn	〃
456	[illegible]	硬	xatʉː	〃
457	[illegible]	软	ʤʉəlɤn	ʤʉəːlxɤn
458	[illegible]	新	ʃin	〃
459	[illegible]	旧	xɷːʧin	xɷːʃin

（续表）

460	[illegible]	苦	gaʃu:n	″
461	[illegible]	咸	ʃɛndi:（汉）	″
462	[illegible]	酸	sɑandi:（汉）	″
463	[illegible]	辣	la:di:（汉）	″
464	[illegible]	甜	tɛndi:（汉）	″
465	[illegible]	热	xalʉ:n	″
466	[illegible]	冷	xy:tʉ:n	xi:tʉ:n
467	[illegible]	聋	dʉli:	″
468	[illegible]	哑	ja:ba:	″
469	[illegible]（[illegible]）	别(不)	bʉ:	″
470	[illegible]	鬼	ʤytgɤr	ʃydgʉr
471	[illegible]	永远	xəʤə:də:n	xiʤə:də:n
472	[illegible]	时刻		
473	[illegible]	永远		
474	[illegible]	永久，长久		（xiʤiə:d）
475	[illegible]	突然	gəntɤ:n	gəntɤgnə:n
476	[illegible]	草率地		（də:mdə:gʉ:r）
477	[illegible]	一闪一闪地	gɛlɤs gɛlɤs	″
478	[illegible]	瑟瑟，习习	sər sər	″
479	[illegible]	叽叽咕咕	ʃibɤr	″
480	[illegible]	很，非常		（ʉnən sɛ:n）
481	[illegible]	极，很，颇		
482	[illegible]	绝对		
483	[illegible]	一样	ɛdɤl	″
484	[illegible]	犹如，宛如	mət	
485	[illegible]	由于		
486	[illegible]	为了	tʉlɛ:	
487	[illegible]	多，余	garʉi	（ilʉ:）
488	[illegible]	每，各	bəri:	
489	[illegible]	吗		
490	[illegible]	是	mʉ:nə:	″
491	[illegible]	不是	biʃɛ:	″
492	[illegible]	仅，只		
493	[illegible]	是，好	ʤa:	
494	[illegible]（[illegible] [illegible]）	和	bɔlɔ:d	″
495	[illegible]	但是，可是	gəlɛ:	

（续表）

496	ᠬᠡᠷᠪᠡ	如果，假如		
497	ᠶᠣ ᠶᠣ	啊唷，哎哟	jɔː jɔː	〃
498	ᠬᠠ ᠬᠠ	哈哈	xɑː xɑː	〃
499	ᠮᠢ ᠮᠢ	咪咪	miː miː	〃
500	[illegible] [illegible]	咕来咕来		

四　“混合话”实例

这里列举的“混合话”是我们从科左中旗蒙古族人集会和日常口语中选取的实例(其中也包括了其他学者们的“混合话”实例)。

1. <u>ʤʉŋ jaŋ</u> <u>min ʤʉ daʃyɛ</u>* nɛː ɷlsɷːd jirəːd bɛːn。

   中央　民族　大学　人们　来

   (中央民族大学的人来了。)

2. tədən <u>biŋgɷand</u> bɷːʤ baː?

   他们　宾馆　住了吗?

   (他们住宾馆了吧?)

3. <u>minwəinɛː</u> darɤg narɷːd mɔŋɤl ʉndɤstɤnɛː tʉlɛː əŋɤʤ ʧɛrmɛːʤ bɛːxɤd biː jix ɔmɤgʃɤʤ bɛːn。

   民委　领导们　蒙古　族　为了 这样　努力　我 大 自豪

   (民委领导为蒙古族事业这样努力工作,我感到很自豪。)

4. <u>ʉː ʤyːʤaɲiːn</u> ɛrxiː ʤəːlʤɛːgaːd biː nəg <u>tiːjəː</u>。

   吴　局长　酒　借　我 一　提

   (借吴局长的酒,我提一杯。)

5. ən ʉdɤr bagʃtɛːgaːn ɷːlʤaːd <u>ʧyɛʃʅ</u> jix bajilʤɛːn。

   这　天　老师　见面　确实 大　高兴

   (今天见到老师确实很高兴。)

6. ən ʃin <u>ʣʉŋ jaŋ min ʤʉ daʃyɛ</u> nɛː <u>ʤiɔʃʉː</u> ʃʉː。

   这　中　央 民　族　大学　教授

   (这是中央民族大学的教授。)

7. ʃamaːtɛː <u>dandʉdiː</u> ɷːjaː。

   跟你　单独　喝

   (跟你单独喝。)

8. ən ʃin <u>diɚbəi</u>, baraːdɛː ʃʉː。

   这　第二杯　未完

   (这是第二杯,还没有完。)

---

* 下面画横线的是借词。

9. darxɤn xɷʃɑːnɛː ixɤn əŋgɤʤ faʤanʤ bɛːx ʃin amɤr ʉgɛ。

达尔罕 旗 姑娘 这样 发展 容易 没有

(达尔罕旗姑娘这样发展，真不容易。)

10. mɔŋɤl ʉg xəl bɔʉʤɤŋ ʉldɤn gəʤ biː bɔdʤɛːn。

蒙古 话 语 保证 留 我 想

(我想蒙古语保证还能保存下去。)

11. biː ɔdɔː bɔltɤl 36 gɷaŋpan gargaʤɛːn。

我 现在 到 36 光盘 出了

(我至今已出了36张光盘。)

12. ʤəŋ fʉːnɛː ʉnʤeniː xɔːni xɛtdaːr ʧɷandaːn。

政府 文件 全 汉文 传达

(都用汉文传达政府文件。)

13. ʃʅɚdɛn bɔltɤl tsʉnʤəgəːn əːrʤ ɔlsɤŋgʉɛː。

十二点 到 存折 找 得 没有

(直到十二点还没有找到存折。)

14. biː gɔʉʤʉŋəːn tʉgsbɤl ərgəːd daːʃyɛd ɔrɤn，ʧiŋxɷa daːʃyɛd ɔrɤn gəʤ bɔdɤʤɛːn。

我 高中 毕业 再 大学 入 清华 大学 入 想

(我高中毕业后想上大学，想上清华大学。)

15. biː daxʉəfaŋd tʉrʤɛː，miniː aːb dɛngʉŋ。

我 大伙房 生，我的 爸爸 电工

(我出生在大伙房，我的父亲是电工。)

16. miniː nəriː gʉːgʉː ʉgʤɛː。

我的 名字 姑姑 给

(我的名字是姑姑起的。)

17. tər sʅʤiː jɛbʧigsɤn jimʉː?

那 司机 走了 吗？

(那个司机走了吗？)

18. tər ɔdɔː gammɔːgɔːd bɛːnaː。

他 现在 感冒了

(他现在感冒了。)

19. fəiʤipiɔgiːn diŋnəːd bɛːn。

飞机票 定

(飞机票已经定了。)

20. ʃyɛʧɛnbɑnːs sʅnɛnʤi xʉrtɤl 40 ʃyɛʃɤŋ bɛːn。

学前班 四年级 到 40 学生 在

（从学前班到四年级共有40名学生。）

21. dɛnʃʅ dəːr tɛbʤɛːx nəimənŋtainɛː mɔŋɤlɑːr xəlxiː tʉxʉəːrxʉɛː bɔlʧigʤɛː。

电视 上 放 内蒙古电台 蒙古 说 懂 没有 成了

（看不懂在电视上播出的内蒙古台的蒙古语节目。）

22. mɔŋɤlɔːr ʧʉːʤʉŋ gɔʉʤʉŋ ʉʤɤʤɛː。

蒙古 初中 高中 看了

（用蒙古语学了初中、高中。）

23. bɔʉlɒŋʃand barɤg liaŋʧɛndʉə ʃyɛʃɤŋ tɛː。

宝龙山 约 两千多 学生 有

（在宝龙山有两千多学生。）

24. ɑːb kɒiʤi dɑŋɤnʤɛːn。

爸爸 会计 当

（父亲当会计。）

25. mɑnɛː xɒʃɒːndɑːn minʤʉ tɒʃʉʃʅ gɑrgɑːx gəʤɛːn。

我们 旗 民族 图书室 出

（在我们旗正准备建民族图书室。）

26. ʃiɔ xʉːxɤd xɔːni xɛtɤd bɔlʧiglɔː。

小 孩子 全 汉人 成了

（小孩都变成汉族了。）

27. dɛnxɒɑ dɑːlɛː ʉgɛː bɛːn。

电话 打 没有 在

（打电话时不在。）

28. ʃiː xədiː liaŋʃin ʉgɛː xʉn mœ。

你 几 良心 没有 人

（你真是没有良心的人。）

29. bədɤn ʃin lɔː tɛnɤl bɔlʧigʤɛː。

我们 老 熟人 成

（我们是老熟人。）

30. biː ɔdɔː nəg bɑg mɑŋdiː bɛːn。

我 现在一 小 忙 在

（我现在比较忙。）

31. ʃiɔdiː dɔːn nɷtɤgdaːn bɛːʤɛː, lɔːdiː bɔlɔːd xʉxxɔtɤnd jirʤɛː。

小时候 故乡 在， 老 了 呼和浩特 来了

（小时候住在故乡，长大后来到了呼和浩特。）

32. jinliɔ ɷːbɤl ɷlɤm targɤn bɔlɤn ʃʉː, tɛndiː jim idbɤl paŋdiː bɔlnɔː。

饮料 喝 越 胖 ， 甜 东西 吃 胖

（喝饮料要胖，吃甜的东西也能胖。）

33. nəg xaŋ ʉsəgtɛː。

一 行 字 有

（有一行字。）

34. tanɛː miɔtiɔdiː bɔlxiː ʤʉŋɤnʤɛːn。

您 苗条 祝福

（祝您苗条。）

35. xʉŋʤiʉ piʤiʉgəːs idtɛː ʃʉː。

红酒 比啤酒 劲有

（红酒比啤酒有劲。）

36. bid bʉgdəːrəːn ʤɔːʃiaŋ ʤɔːjɔː。

我们 大家 照相 照

（我们大家照个相吧。）

37. nadtɛː liːxʉnɤngəːd aːʃɤlʤɛːn。

我 离婚 闹

（正在跟我闹离婚。）

38. tər sɷrɤgʧ waŋbaːd ɔʧsɔːr bɛːgaːd ʧəŋʤiːgɤn ʃiaʤiaŋnaːd ʧʉːʃiːx jaŋs ʉgɛːlɛː。

那 学生 网吧 去 成绩 下降 出息 样子 没有

（那个学生经常去网吧，成绩下降了，不会有出息了。）

39. bid ʧɛnguəʃɛntɛː xɛrɤlʧaː tɛː, ʥiŋʥʉibiŋ、nɔʉʃyɛʃɷaniː ʤasnaː。

我们 前郭县 联系有 颈椎病 脑血栓 治

（我们与前郭县有联系，治颈椎病、脑血栓病。）

40. bid gan iŋxɷa、niɔdʉʤɤŋiː ʤasʤɛːna, sɛnː bɔlɔːd mʉnəː ʃaŋbanʤɛːnaː。

我们 肝硬化 尿毒症 治， 好 了 现在 上班

（我们治疗肝硬化、尿毒症，……现在治好，已上班。）

41. ban ban ʉdɤr bɛxɛraːd……

半 半 天 喊

（喊了半天……）

五　调查表及调查问卷选登

（一）个人语言使用情况调查表

表 5－1

		姓名	年龄	民族	籍贯	文化程度	蒙古语水平	汉语水平	混合话情况
第一代	父亲	关宝玉	59	蒙古	祖籍山东	初中	A	A	E
	母亲	郎红小	60	蒙古	辽宁阜新	文盲	A	D	E
第二代	儿子	关学智	38	蒙古		初中	A	A	E
	儿媳	刘玉花	42	蒙古		高中	A	A	E
第三代	孙女	关朦朦	15	蒙古		初中	A	A	E

受访人：关宝玉

调查对象：宝龙山镇前查干吉嘎查关宝玉一家

调查时间：2008 年 5 月 13 日

表 5－2

		姓名	年龄	民族	籍贯	文化程度	蒙古语水平	汉语水平	混合话情况
第一代	父亲	汤振武	55	蒙古	宝龙山镇前查干花嘎查	初中（汉）	C	A	F
	母亲	李桂芝	53	蒙古	宝龙山镇前查干花嘎查	文盲	A	A	E
第二代	儿子	汤宝海	29	蒙古	宝龙山镇前查干花嘎查	初中（汉）	C	A	F
	儿媳	张玉荣	28	蒙古	宝龙山镇前查干花嘎查	初中	A	A	F
第三代	孙女	汤嘉馨	7	蒙古	宝龙山镇前查干花嘎查	幼儿园（汉）	A	A	F

受访人：汤振武

调查对象：宝龙山镇前查干花嘎查汤振武一家

调查时间：2008 年 5 月 12 日

表 5－3

		姓名	年龄	民族	籍贯	文化程度	蒙古语水平	汉语水平	混合话情况
第一代	父亲	代·照那斯图	60	蒙古	宝龙山镇后查干花嘎查	初中	A	B	E
	母亲	张八月	57	蒙古	宝龙山镇后查干花嘎查	小学	A	B	E
第二代	儿子	代双喜	33	蒙古	宝龙山镇后查干花嘎查	高中	A	B	E
	儿媳	孙铁英	32	蒙古	宝龙山镇后查干花嘎查	初中	A	B	E
	女儿	代春荣	23	蒙古	宝龙山镇后查干花嘎查	初中	A	B	E
第三代	孙子	代文栋	8	蒙古	宝龙山镇后查干花嘎查	小学（汉）	A	A	E

受访人：代·照那斯图

调查对象：宝龙山镇后查干花嘎查代·照那斯图一家

调查时间：2008 年 5 月 11 日

表 5－4

		姓名	年龄	民族	籍贯	文化程度	蒙古语水平	汉语水平	混合话情况
第一代	父亲	何根祥	72	蒙古	宝龙山镇后查干花嘎查	小学	A	B	E
	母亲	包宝吉	68	蒙古	宝龙山镇后查干花嘎查	小学	A	C	E
第二代	儿子	何长福	41	蒙古	宝龙山镇后查干花嘎查	初中	A	B	E
	儿媳	白福荣	41	蒙古	宝龙山镇后查干花嘎查	高中	A	B	E
第三代	孙子	何富宽	12	蒙古	宝龙山镇后查干花嘎查	小学	A	B	E
	孙女	何旭芳	15	蒙古	宝龙山镇后查干花嘎查	小学	A	A	F

受访人：何根祥

调查对象：宝龙山镇后查干花嘎查何根祥一家

调查时间：2008 年 5 月 12 日

表 5－5

		姓名	年龄	民族	籍贯	文化程度	蒙古语水平	汉语水平	混合话情况
第一代	父亲	鲍树良	54	蒙古	巴彦塔拉镇宝日花嘎查	小学	A	B	E
	母亲	金水连	52	蒙古	巴彦塔拉镇宝日花嘎查	小学	A	C	E
第二代	儿子	鲍·巴特尔	30	蒙古	巴彦塔拉镇宝日花嘎查	小学	A	A	F
	儿媳	张·塔娜	33	蒙古	巴彦塔拉镇宝日花嘎查	初中	A	A	F
	儿子	鲍·少布	28	蒙古	巴彦塔拉镇宝日花嘎查	初中	A	A	F
第三代	孙子	鲍幸世	9	蒙古	巴彦塔拉镇宝日花嘎查	小学	A	B	F

受访人：鲍树良
调查对象：巴彦塔拉镇宝日花嘎查鲍树良一家
调查时间：2008 年 7 月 18 日

表 5－6

		姓名	年龄	民族	籍贯	文化程度	蒙古语水平	汉语水平	混合话情况
第一代	父亲	王英	66	蒙古	巴彦塔拉镇敖日其格嘎查	初中	A	C	E
	母亲	李梅兰	62	蒙古	巴彦塔拉镇宝日花嘎查	小学	A	C	E
第二代	儿子	王福泉	34	蒙古	巴彦塔拉镇敖日其格嘎查	初中	A	C	E
	儿媳	陈明云	35	蒙古	巴彦塔拉镇敖日其格嘎查	初中	A	C	E
第三代	孙子	王立强	5	蒙古	巴彦塔拉镇敖日其格嘎查				
	孙女	王立春	10	蒙古	巴彦塔拉镇敖日其格嘎查	小学	A	C	E

受访人：王英
调查对象：巴彦塔拉镇敖日其格嘎查王英一家
调查时间：2008 年 7 月 17 日

表 5－7

		姓名	年龄	民族	籍贯	文化程度	蒙古语水平	汉语水平	混合话情况
第一代	父亲	王宝山	65	蒙古	花胡硕苏木大伙房嘎查	小学	A	C	E
	母亲	白・哈日义很	59	蒙古	花胡硕苏木大伙房嘎查	小学	A	C	E
第二代	儿子	王海青	37	蒙古	花胡硕苏木大伙房嘎查	高中	A	B	F
	儿媳	赵海棠	39	蒙古	花胡硕苏木大伙房嘎查	小学	A	B	F
第三代	孙子	王・敖日格乐	6	蒙古	花胡硕苏木大伙房嘎查	小学	A	C	E
	孙女	沙其日嘎	17	蒙古	花胡硕苏木大伙房嘎查	初中	A	B	F

受访人：王宝山
调查对象：花胡硕苏木大伙房嘎查王宝山一家
调查时间：2008 年 7 月 23 日

（二）家庭内部语言使用情况调查表

表 5－8

交际双方		蒙古语	汉语
长辈对晚辈	父母对儿子		√
	奶奶爷爷对孙子（女）		√
	公婆对儿媳	√	
晚辈对长辈	孙子（女）对奶奶爷爷		√
	儿媳对公婆	√	
	儿子与儿媳		√
同辈之间	父亲与母亲	√	
主人对客人	对蒙古族客人	√	
	对汉族客人		√
	对蒙古族干部	√	
	对汉族老师		√
	对陌生人	√	√

调查对象：宝龙山镇前查干花嘎查汤振武一家
调查时间：2008 年 5 月 12 日

表 5－9

交际双方		蒙古语	汉语
长辈对晚辈	父母对儿子	√	
	奶奶爷爷对孙子(女)	√	
	公婆对儿媳	√	
晚辈对长辈	孙子(女)对奶奶爷爷	√	
	儿媳对公婆	√	
	儿子与儿媳	√	
同辈之间	父亲与母亲	√	
主人对客人	对蒙古族客人	√	
	对汉族客人		√
	对蒙古族干部	√	
	对汉族老师		√
	对陌生人	√	

调查对象：宝龙山镇后查干花嘎查何根祥一家
调查时间：2008 年 5 月 12 日

表 5－10

交际双方		蒙古语	汉语
长辈对晚辈	父母对儿子	√	
	奶奶爷爷对孙子(女)	√	
	公婆对儿媳	√	
晚辈对长辈	孙子(女)对奶奶爷爷	√	
	儿媳对公婆	√	
	儿子与儿媳	√	
同辈之间	父亲与母亲	√	
主人对客人	对蒙古族客人	√	
	对汉族客人		√
	对蒙古族干部	√	
	对汉族老师		√
	对陌生人	√	√

调查对象：花胡硕苏木大伙房嘎查刘金德一家
调查时间：2008 年 7 月 18 日

表 5－11

交际双方		蒙古语	汉语
长辈对晚辈	父母对儿子	√	
	奶奶爷爷对孙子(女)	√	
	公婆对儿媳	√	

（续表）

晚辈对长辈	孙子(女)对奶奶爷爷	√	
	儿媳对公婆	√	√
	儿子与儿媳	√	√
同辈之间	父亲与母亲	√	
主人对客人	对蒙古族客人	√	
	对汉族客人	√	
	对蒙古族干部	√	
	对汉族老师	√	
	对陌生人	√	

调查对象：花胡硕苏木大伙房嘎查吴宝玉一家

调查时间：2008 年 7 月 18 日

表 5－12

交际双方		蒙古语	汉语
长辈对晚辈	父母对儿子	√	
	奶奶爷爷对孙子(女)	√	
	公婆对儿媳	(无公婆)	
晚辈对长辈	孙子(女)对奶奶爷爷	√	
	儿媳对公婆	(无公婆)	
	儿子与儿媳	√	√
同辈之间	父亲与母亲	(无母亲)	
主人对客人	对蒙古族客人	√	
	对汉族客人		√
	对蒙古族干部	√	
	对汉族老师		√
	对陌生人	√	√

调查对象：巴彦塔拉镇敖日其格嘎查贾文全一家

调查时间：2008 年 7 月 17 日

（三）不同时期、不同场合语言使用情况调查表

表 5－13　宝龙山镇前查干花嘎查不同时期、不同场合语言使用情况调查表

交际场合	新中国成立前(1949 年前)	改革开放前(1949—1978 年)	改革开放后(1978 年后)
见面打招呼	蒙古语	蒙古语	蒙、汉语
聊天	蒙古语	蒙古语	蒙古语
生产劳动	蒙古语	蒙古语	蒙古语
买卖	蒙古语	汉语	蒙、汉语

（续表）

看病		蒙古语	蒙、汉语	蒙、汉语
开会	开场白	蒙古语	蒙古语	蒙、汉语
	传达上级指示	蒙古语	蒙古语	蒙、汉语
	讨论、发言	蒙古语	蒙古语	蒙、汉语
公务用语		蒙古语	汉语	蒙、汉语
广播用语		蒙古语	蒙古语	蒙、汉语
学校	课堂用语	蒙古语	蒙古语	蒙、汉语
	课外用语	蒙古语	蒙古语	蒙、汉语
节日、集会		蒙古语	蒙古语	蒙、汉语
婚嫁		蒙古语	蒙古语	蒙古语
丧葬		蒙古语	蒙古语	蒙古语

调查对象：额尔敦巴雅尔，男，59岁，教师

调查时间：2008年5月12日

表5－14　宝龙山镇前查干吉嘎查不同时期、不同场合语言使用情况调查表

交际场合		新中国成立前(1949年前)	改革开放前(1949—1978年)	改革开放后(1978年后)
见面打招呼		蒙古语	蒙古语	蒙古语
聊天		蒙古语	蒙古语	蒙古语
生产劳动		蒙古语	蒙古语	蒙古语
买卖		蒙古语	汉语	蒙、汉语
看病		蒙古语	蒙(对蒙)、汉语	蒙(对蒙)、汉语
开会	开场白	蒙古语	蒙古语	蒙古语
	传达上级指示	蒙古语	蒙古语	蒙古语
	讨论、发言	蒙古语	蒙古语	蒙古语
公务用语		蒙古语	汉语	汉语
广播用语		蒙古语	蒙古语	蒙古语
学校	课堂用语	蒙古语	蒙古语	蒙古语
	课外用语	蒙古语	蒙古语	蒙、汉语
节日、集会		蒙古语	蒙古语	蒙古语
婚嫁		蒙古语	蒙古语	蒙古语
丧葬		蒙古语	蒙古语	蒙古语

调查对象：姚翠芳，女，72岁，农民

调查时间：2008年5月13日

表 5－15　宝龙山镇后查干花嘎查不同时期、不同场合语言使用情况调查表

交际场合		新中国成立前(1949年前)	改革开放前(1949—1978年)	改革开放后(1978年后)
见面打招呼		蒙古语	蒙古语	蒙古语
聊天		蒙古语	蒙古语	蒙古语
生产劳动		蒙古语	蒙古语	蒙古语
买卖		汉语	蒙古语	汉语
看病		汉、蒙古语	蒙古语	蒙古语
开会	开场白	蒙古语	蒙古语	蒙古语
	传达上级指示	汉语	汉语	汉语
	讨论、发言	蒙古语	汉语	蒙古语
公务用语			汉语	蒙古语
广播用语		蒙古语	汉语	蒙古语
学校	课堂用语	蒙古语	汉语	蒙古语
	课外用语	蒙古语	蒙古语	蒙古语
节日、集会		蒙古语	蒙古语	蒙、汉语
婚嫁		蒙古语	蒙古语	蒙古语
丧葬		蒙古语	蒙古语	蒙古语

调查对象：代八月，女，61岁，农民

调查时间：2008年5月11日

表 5－16　巴彦塔拉镇敖日其格嘎查不同时期、不同场合语言使用情况调查表

交际场合		新中国成立前(1949年前)	改革开放前(1949—1978年)	改革开放后(1978年后)
见面打招呼		蒙古语	蒙古语	蒙古语
聊天		蒙古语	蒙古语	蒙古语
生产劳动		蒙古语	蒙古语	蒙古语
买卖		蒙古语	蒙古语	汉语
看病		蒙古语	蒙古语	汉语
开会	开场白		蒙古语	蒙古语
	传达上级指示		蒙古语	蒙古语
	讨论、发言		蒙古语	蒙古语
公务用语				汉语
广播用语			蒙古语	蒙古语
学校	课堂用语	蒙古语	蒙古语	蒙古语
	课外用语	蒙古语	蒙古语	蒙古语
节日、集会		蒙古语	蒙古语	蒙、汉语
婚嫁		蒙古语	蒙古语	蒙古语
丧葬		蒙古语	蒙古语	蒙古语

调查对象：贾海山，男，63岁，农民

调查时间：2008年7月17日

表 5－17 花胡硕苏木大伙房嘎查不同时期、不同场合语言使用情况调查表

交际场合		新中国成立前(1949 年前)	改革开放前(1949—1978 年)	改革开放后(1978 年后)
见面打招呼		蒙古语	蒙古语	蒙古语
聊天		蒙古语	蒙古语	蒙古语
生产劳动		蒙古语	蒙古语	蒙古语
买卖		蒙古语	汉语	汉语
看病		蒙古语		汉语
开会	开场白		蒙古语	蒙古语
	传达上级指示		蒙古语	蒙古语
	讨论、发言		蒙古语	蒙古语
公务用语			蒙古语	蒙古语
广播用语			蒙古语	蒙古语
学校	课堂用语		蒙古语	蒙古语
	课外用语		蒙古语	蒙古语
节日、集会		蒙古语	蒙古语	蒙、汉语
婚嫁		蒙古语	蒙古语	蒙古语
丧葬		蒙古语	蒙古语	蒙古语

调查对象：李舍乐，男，61 岁，农民

调查时间：2008 年 7 月 23 日

（四）科左中旗蒙古族语言观念调查问卷

（一）

宝龙山镇前查干花嘎查农民：汤振武

请在您所选答案前的拉丁字母下画横线。例如：A。

1. 您怎么看待蒙古族掌握蒙古语的作用？

A. 很有用　　B. 有些用　　C. 没有用

2. 您认为掌握蒙古语的目的是什么？（按重要程度依次标出顺序，最重要的标“1”，依次类推）

A. 找到好工作，得到更好的收入（ 2 ）　　B. 便于与本族人交流（ 1 ）

C. 了解本族文化（ 3 ）　　D. 为了发展蒙古族（ 4 ）

3. 您怎么看待蒙古族掌握汉语文的作用？

A. 很有用　　B. 有些用　　C. 没有用

4. 您认为学好汉语的目的是（按重要程度依次标出顺序，最重要的标“1”，依次类推）

A. 找到好的工作，得到更多的收入（ 3 ）　　B. 升学的需要（ 4 ）

C. 便于与外族人交流（ 1 ）　　D. 了解汉族文化（ 2 ）

5. 您对蒙古人都成为“蒙古语—汉语”双语人的态度是什么？

A. 顺其自然　　B. 无所谓　　C. 不希望　　D. 迫切希望

6. 如果蒙古人成为汉语单语人，您的态度是什么？

A. 顺其自然　　B. 无所谓　　C. 不希望　　D. 迫切希望

7. 如果有人在外地学习、打工或工作几年后回到原籍不会说蒙古语，您如何看待？

A. 可以理解　　B. 反感　　C. 听着别扭　　D. 不习惯　　E. 无所谓

8. 您希望子女最好会说什么语言？

A. 蒙古语（标准音）　B. 汉语　　C. 蒙古语和汉语　　D. 科尔沁土语　　E. 无所谓

9. 您对所谓“混合话”的态度是什么？

A. 可以理解　　B. 无所谓　　C. 不习惯　　D. 反感

10. 您愿意把子女送到什么学校学习？

A. 用蒙古语授课的学校　　B. 用汉语授课的学校　　C. 用蒙古语和汉语授课的学校

11. 您想让子女学习什么外语？

A. 日语　　B. 英语

12. 您希望本地广播电台和电视台使用什么语言播音？

A. 蒙古语（标准音）B. 汉语　　C. 科尔沁土语　　D. 蒙古语和汉语　　E. 无所谓

（二）

宝龙山镇后查干花嘎查农民：代・照那斯图

请在您所选答案前的拉丁字母下画横线。例如：A。

1. 您怎么看待蒙古族掌握蒙古语的作用？

A. 很有用　　B. 有些用　　C. 没有用

2. 您认为掌握蒙古语的目的是什么？（按重要程度依次标出顺序，最重要的标“1”，依次类推）

A. 找到好工作，得到更好的收入（ 3 ）　　B. 便于与本族人交流（ 2 ）

C. 了解本族文化（ 4 ）　　D. 为了发展蒙古族（ 1 ）

3. 您怎么看待蒙古族掌握汉语文的作用？

A. 很有用　　B. 有些用　　C. 没有用

4. 您认为学好汉语的目的是（按重要程度依次标出顺序，最重要的标“1”，依次类推）

A. 找到好的工作，得到更多的收入（ 2 ）　　B. 升学的需要（ 1 ）

C. 便于与外族人交流（ 3 ）　　D. 了解汉族文化（ 4 ）

5. 您对蒙古人都成为“蒙古语—汉语”双语人的态度是什么？

A. 顺其自然　B. 无所谓　C. 不希望　D. 迫切希望

6. 如果蒙古人成为汉语单语人，您的态度是什么？

A. 顺其自然　B. 无所谓　C. 不希望　D. 迫切希望

7. 如果有人在外地学习、打工或工作几年后回到原籍不会说蒙古语，您如何看待？

A. 可以理解　B. 反感　C. 听着别扭　D. 不习惯　E. 无所谓

8. 您希望子女最好会说什么语言？

A. 蒙古语(标准音) B. 汉语　C. 蒙古语和汉语　D. 科尔沁土语　E. 无所谓

9. 您对所谓"混合话"的态度是什么？

A. 可以理解　B. 无所谓　C. 不习惯　D. 反感

10. 您愿意把子女送到什么学校学习？

A. 用蒙古语授课的学校　B. 用汉语授课的学校　C. 用蒙古语和汉语授课的学校

11. 您想让子女学习什么外语？

A. 日语　B. 英语

12. 您希望本地广播电台和电视台使用什么语言播音？

A. 蒙古语(标准音) B. 汉语　C. 科尔沁土语　D. 蒙古语和汉语　E. 无所谓

(三)

花胡硕苏木大伙房嘎查农民：王宝山

请在您所选答案前的拉丁字母下画横线。例如：A。

1. 您怎么看待蒙古族掌握蒙古语的作用？

A. 很有用　B. 有些用　C. 没有用

2. 您认为掌握蒙古语的目的是什么？（按重要程度依次标出顺序，最重要的标"1"，依次类推）

A. 找到好工作，得到更好的收入(2)　B. 便于与本族人交流(3)

C. 了解本族文化(4)　D. 为了发展蒙古族(1)

3. 您怎么看待蒙古族掌握汉语文的作用？

A. 很有用　B. 有些用　C. 没有用

4. 您认为学好汉语的目的是(按重要程度依次标出顺序，最重要的标"1"，依次类推)

A. 找到好的工作，得到更多的收入(4)　B. 升学的需要(2)

C. 便于与外族人交流(1)　D. 了解汉族文化(3)

5. 您对蒙古人都成为"蒙古语—汉语"双语人的态度是什么？

A. 顺其自然　B. 无所谓　C. 不希望　D. 迫切希望

6. 如果蒙古人成为汉语单语人，您的态度是什么？

A. 顺其自然　B. 无所谓　C. 不希望　D. 迫切希望

7. 如果有人在外地学习、打工或工作几年后回到原籍不会说蒙古语，您如何看待？

A. 可以理解　B. 反感　C. 听着别扭　D. 不习惯　E. 无所谓

8. 您希望子女最好会说什么语言？

A. 蒙古语（标准音）　B. 汉语　C. 蒙古语和汉语　D. 科尔沁土语　E. 无所谓

9. 您对所谓“混合话”的态度是什么？

A. 可以理解　B. 无所谓　C. 不习惯　D. 反感

10. 您愿意把子女送到什么学校学习？

A. 用蒙古语授课的学校　B. 用汉语授课的学校　C. 用蒙古语和汉语授课的学校

11. 您想让子女学习什么外语？

A. 日语　B. 英语

12. 您希望本地广播电台和电视台使用什么语言播音？

A. 蒙古语（标准音）　B. 汉语（普通话）　C. 科尔沁土语　D. 蒙古语和汉语　E. 无所谓

六　照片

1. 课题组成员与协助人员在科左中旗旗政府门口

2. 哈斯额尔敦教授对民间艺人班巴尔进行访谈

3. 美丽的科尔沁草原

4. 课题组成员在民族英雄嘎达梅林纪念碑前

5. 课题组成员与科左中旗旗领导、民委主任在一起

6. 哈斯额尔敦教授对科左中旗副旗长李寿江进行访谈

7. 课题组成员及协助人员与科左中旗蒙古族中学领导在学校门前

8. 宝龙山镇后查干花嘎查一农民家

9. 科左中旗旗所在地保康镇商业街一角

10. 在花胡硕苏木中学

11. 科左中旗蒙古族实验小学

12. 快乐的蒙古族儿童

13. 课题组成员及协助人员在巴彦塔拉镇宝日花嘎查

14. 课题组成员调查旗直属机关蒙古族干部蒙古语言使用情况

15. 课题组成员及协助人员与花胡硕苏木领导在一起

16. 课题组成员在宝龙山镇后查干花嘎查调查蒙古语言使用情况

17. 课题组成员及协助人员与科左中旗宝龙山镇政府干部在镇政府门前

18. 在花胡硕苏木测试蒙古族青年蒙古语能力

19. 课题组成员与巴彦塔拉镇乌斯吐嘎查领导在一起

20. 课题组成员与巴彦塔拉镇政府领导在一起

21. 课题组成员在前查干吉嘎查达铁桩家门口

22. 课题组成员入户调查蒙古语言使用情况

23. 课题组成员和后查干花嘎查何春祥老人一家

24. 在科左中旗乌斯吐自然保护区

25. 科左中旗农民新式砖房

26. 科左中旗农民旧式土房

27. 花胡硕苏木中心小学
正在举行民族运动会

参考文献

1. 白音朝克图著 《科尔沁土语研究》,内蒙古大学出版社,2002 年。
2. 戴庆厦主编 《社会语言学概论》,商务印书馆,2004 年。
3. 戴庆厦主编 《基诺族语言使用现状及其演变》,商务印书馆,2007 年。
4. 金星华主编 《中国民族语文工作》,民族出版社,2005 年。
5. 舍那木吉拉著 《语言与智力开发》,内蒙古人民出版社,1990 年。
6. 图力古尔、波・索德著 《科尔沁土语演变与发展趋势研究》,内蒙古人民出版社,2008 年。
7. 文精主编 《蒙古族大辞典》,内蒙古人民出版社,2004 年。
8. 赵海山主编 《科尔沁左翼中旗志》,内蒙古文化出版社,2003 年。